U0943164

本书为

国家创新与发展战略研究会社会建设与社会治理研究中心

上海华夏社会发展研究院

合作研究成果

中国社会建设蓝皮书
Blue Book of China's Social Construction

中国社会建设报告

Annual Report on Social Construction of China

宋贵伦　鲍宗豪　主编

中国社会科学出版社

图书在版编目（CIP）数据

中国社会建设报告. 2016 / 宋贵伦，鲍宗豪主编. —北京：中国社会科学出版社，2017.8

ISBN 978 - 7 - 5203 - 1069 - 7

Ⅰ. ①中…　Ⅱ. ①宋…②鲍…　Ⅲ. ①社会主义建设—研究报告—中国—2016　Ⅳ. ①D61

中国版本图书馆 CIP 数据核字(2017)第 228259 号

出 版 人　赵剑英
责任编辑　王　茵
特约编辑　马　明
责任校对　李　莉
责任印制　王　超

出　　版　中国社会科学出版社
社　　址　北京鼓楼西大街甲 158 号
邮　　编　100720
网　　址　http://www.csspw.cn
发 行 部　010 - 84083685
门 市 部　010 - 84029450
经　　销　新华书店及其他书店

印　　刷　北京君升印刷有限公司
装　　订　廊坊市广阳区广增装订厂
版　　次　2017 年 8 月第 1 版
印　　次　2017 年 8 月第 1 次印刷

开　　本　710 × 1000　1/16
印　　张　26
插　　页　2
字　　数　299 千字
定　　价　68.00 元

凡购买中国社会科学出版社图书，如有质量问题请与本社营销中心联系调换
电话：010 - 84083683

《中国社会建设蓝皮书》编委会

《中国社会建设报告2016》编委会

目　录

导论　社会建设与中国可持续发展模式

2017年1月18日，习近平总书记在联合国日内瓦总部的演讲中提出了有关“人类”的两个判断：“人类正处在大发展大变革大调整时期。”同时，“人类也正处在一个挑战层出不穷、风险日益增多的时代”。面对大发展大变革大调整时期的种种挑战和风险，英国的“脱欧”，美国特朗普当选总统后的“穆斯林禁令”而引发的民意分裂、社会分裂日益加剧，法国、德国等国家对美国“限穆令”纷纷谴责……中国社会虽然也面临发展中的经济、社会和生态的种种问题，但中国以民族复兴“中国梦”凝聚人心、凝聚社会，始终在坚持“文明发展”的宗旨下实现“稳中求进”，和平崛起，在以社会建设促进中国特色社会现代化，促进中国可持续发展模式形成的过程中，促进“构建人类命运共同体”。

一　从金融危机到美国社会分裂的警示

2009年上半年，本书主编之一鲍宗豪教授在《人民日报》《马克思主义研究》发文强调：2008年由美国次贷风波引发的全球金融危机，其表现是在金融领域，但影响则是全社会、全世界——是全社会资产（银行、企业乃至个人资产）的缩水，全社会失业人口、贫困人口的增加，全社会不稳定因素乃至冲突的增加。在这个意义上可以说，“金融危机”本质上是“社会性”的“金融危机”。从 2008 年的金融危机再到美国社会的分裂危机，给我们的深刻警示。

（一）社会分裂加深美国的“社会危机”

9 年之后，美国不仅没走出金融危机，经济仍低迷，民粹主义、保护主义抬头，而且随着美国第 45 届总统的大选，给美国社会带来了前所未见的分裂，家人、社区、朋友之间的观点对立、激烈争执，两个候选人的铁杆支持者翻脸，几乎每天都在发生。特朗普胜选成为第 45 届总统之后，美国进入了一个持续思变、持续要求改革，甚至整个社会思潮比较混沌、反全球化倾向加剧的“特朗普时代”。虽然精英政治开始弱化，社会改革的呼声高涨，但因缺乏平衡各种需求、各种利益的权威致使社会矛盾、社会分裂凸显。

可以说，“特朗普时代”，使美国更全面、更深刻地进入了一个金融资本、金融寡头绑架国家权力、国家利益的时代。国家与社会的发展一切均按少数金融寡头的意志来决策，美国的“两院”也是无法改变这一决策取向的。这样，美国社会的分裂必将加深且呈现以下特征：一是传统白人人口成为最大少数族裔的趋势越来越明显；二是随着中产阶级成为全球化的失落者，美国社会以往在资本和劳动之间的合作和利益共享体系趋于瓦解；三是在移民、福利制度以及“全球化”和“去全球化”等重要政治议题上的意见对立明显；四是在身份认同上也出现分裂，这是由美国人口结构变化而引起的“美国到底应该是什么样的国家”问题的认知分裂。

19世纪60年代美国曾因南北社会的分裂、冲突而导致南北战争，当今的美国社会是否也会因社会分裂而形成利益博弈，最后形成水火不容的政治集团，虽有待于观察，但是以“资本”为核心的社会制度，“资本”不可能不贪、不榨取，也绝不可能改变“吸血”的本性，所以，当今美国社会的贫富分化仍在加大。“2014年有4670万人处于贫困状态。每年至少有4810万人缺乏食物保障。2015年有超过56万人无家可归。79%的美国人相信更多人会掉出而不是上升到中产阶级行列。如今，美国仍有3300万人没有医疗保险，4400万受雇于私人部门的劳动者无法享受带薪病假的权利，占私人部门劳动者总数的40%。”[①] 这些使美国社会不平等愈演愈烈，动摇了“美国梦”的现实基础。

（二）“社会危机”的本质是“资本”的制度安排

美国等资本主义的社会危机，本质上是与资本主义精神、资本主义的制度安排一致的。被“金融资本”绑架的国家权力，不可能跳出资本主义的制度安排，不可能破解社会建设、社会现代化面临的贫富分化和社会公平公正问题。

面对“资本”随着全球化而追逐高利润回报给美国社会带来的失业问题，特朗普试图通过振兴制造业、贸易战等来破解“社会危机”，这是不现实的。因为，在以“资本”为核心的制度安

① 中华人民共和国国务院新闻办公室：《2015年美国的人权纪录》，新华社，2016年4月14日电。

排下，不可能“约束”资本逐利的本性。这也是以美国为代表的发达国家的社会发展、社会现代化遇到的难题，遇到的难以跨越的“坎”，即难以“约束”资本，以解决大多数低收入阶层、贫困群体的就业、住房、医保的需求问题。不仅如此，富起来的中产阶级生活水平也不断下降。实际上，资本主义是永远不可能解决大多数人生活需求和富裕起来的问题的。正因为如此，马克思当年就号召全世界无产者联合起来，摧毁资本主义的世界，以“社会”、以“社会主义”的制度安排来破解难以跨越的“坎”，给社会更多的公平公正。

二　社会建设凸显破解“资本”“社会危机”的价值

“资本”在本质上反映的是社会关系。但是，“资本”“盈利”的特性，使“资本”的“盈利”活动不可能顾及社会，“资本”的本能不可能容纳“社会建设”。富有启发的是：第一次世界大战后，瑞典诺贝尔经济学奖获奖者缪尔达尔等学者到美国做调研，尤其是调研了从 19 世纪中到 20 世纪初移民美国的 120 万瑞典移民中的部分移民，发现美国社会贫富差距很大、种族矛盾深。所以，后来瑞典的社民党决定要“约束”资本，建立福利社会，解决社会贫富分化矛盾。[①] 瑞典和欧洲的福利社会虽然也有种种缺憾，但它从根本上解决了社会的公平公正问题，防止了社

① 参见丁刚《行走 50 国深思对西方“拿来主义”》，《环球时报》2016 年 5 月 6 日。

会贫富分化，防止了社会分裂。在这个意义上，全球化更深入，更凸显社会建设对“约束”资本、破解资本的“社会危机”的价值。

（一）社会建设是推进社会共识的基础

社会分裂的直接表征便是缺乏“社会共识”。无论是东方还是西方社会，社会共识是一个社会有序、和谐发展的思想基础；又是一个社会的共同理想，反映了该社会大多数人的价值追求；还是维持一个社会健康发展的精神支柱。社会共识的内容表现在理想信念、伦理规范、价值评价、情感体验、理论观点等各个方面。

全球化推进的全球社会转型，其有序、和谐、稳定有三个要素：一是靠生产关系对生产力的适应；二是靠政治设施和法律制度的强力；三是靠社会各阶级、各阶层在思想意识中达成的妥协，即社会共识。这三种因素分别为经济因素、政治因素、精神因素。前两种因素可以借助强制手段以经济制度和政治制度固定下来，而精神因素却只能以语言、符号为媒介，经过交往、沟通、传播等途径形成，它是维持社会和谐有序诸因素中最复杂、最易变动、最难控制的因素。正是基于此，中国封建社会历代明君贤臣都把民心看作稳定天下的第一要义。所谓得民心者得天下，就是指赢得社会共识才能取得或保住江山。欧洲近代资产阶级思想家也都一再强调“社会契约”“公意”等理论观点，其实说的也是社会共识问题。西方社会主要通过宗教来凝聚社会共识，但当宗教面临异教的冲击，或恐怖主义打着宗教的旗帜损害宗教信仰、对社会造成危害时，“社会共识”的形成便受到了前所未有的挑战。

当今美国社会的分裂某种意义上正是无“社会共识”的表现。中国在融入全球发展过程中，不仅要通过坚持中国传统的优秀文化，传播社会主义核心价值观来凝聚社会共识，更需要通过加强社会建设，推进社会现代化，展示其文明和谐有序的社会形象来凝聚“社会共识”。

（二）社会建设有助于全球转型社会的社会秩序构建

全球化在更广泛、更深刻的意义上促进社会转型。社会转型过程中常常会出现种种失序、无序的现象。为此，还需要通过加强社会建设，完善社会秩序以保障转型社会的有序发展。

秩序在自然界和人类社会都普遍存在，因其性质不同，而有自然秩序和社会秩序之分。所谓社会秩序，就是人与人之间社会关系的制度化、规范化，它表示在社会中存在着一定的社会组织制度、结构体系和社会关系的稳定性、规律性、均衡性、连续性。

西方对于社会秩序的论述，从“霍布斯的秩序问题”到亚当·斯密关注的人类理性选择的自发倾向的秩序论，从哈耶克的自发的秩序和人造的秩序到吉尔茨提出的“地方性知识”，再到福柯、布迪厄对空间秩序的强调，为我们建构社会秩序提供了一种思路和一种新的诠释方式。

在中国语境中，社会学思想的基本问题同样是行动和秩序的关系问题，很多中国学者试图从儒家文化的社会建构、家族主义、中国人的天命观等传统文化资源来解释中国社会是如何的、中国社会的秩序是如何运作的。这一解释思路通过对人情、面子、日常权威、关系等重要概念的重新诠释和概念框架的重新建立，来解释中国社会是如何运作的，体现在费孝通的乡土社会、苏力的本土资源论、秦晖的“小共同体”理论等。

社会秩序是推进社会现代化的前提条件。社会需要秩序，才能使自己的生产、生活、交往、合作得以正常进行，人的权利、自由得以顺利享有和实现。在维系社会或共同体内部关系正常化的层面，秩序的价值表现为让权力结构能够维持现有状态，并正常运行。在这一层意义上，秩序的本质是社会成员对权力控制的认同与接受。无论是被迫的还是出于自愿，社会控制体系最有效的控制机制之一，是社会中存在一个占主导地位的、共享的价值观。当这一价值观内化为大多数社会成员的观念，构成了社会成员行动的目标、标准甚至习惯时，它就具有了行为导向和规范的作用：社会是由人们有秩序的交往所构成的规范世界。只有当一定的规范体系成为人们社会交往的行为模式时，只有当人们的交往倾向于接受这些规范支配时，社会才是有序的。

全球社会转型过程中，合理的社会秩序的构建是一个过程，只有将“社会秩序”的理念与要求转化为一种制度与规则，尤其是内化为公民的一种心理素质与行为方式时，整个社会的运行才是自然有序的。2014 年鲍宗豪教授第三次去东欧的奥地利、匈牙利、捷克、斯洛伐克考察，并将东西欧的社会做了比较，给鲍宗豪教授最大的启示就是：社会秩序内化为公民的行为与内在素质，这远远超过对一个城市、一个国家社会管理投资的效益。

（三）社会建设有助于转型社会的社会规则构建

社会秩序的合理合法有序运作，除了法的约束外，还要有相应的社会规则。规则，就是规定出来供大家遵守的制度或章程，或者说是规定出来让大家遵守的做事规程和行动准则。规则意识即遵守这些制度或章程的良好态度和习惯，或者说是一个人对于社会行为准则的自我认识和体验。规则意识较强的人，自律精神也较强，较容易适应群体生活，也容易适应社会生活。

规则无处不在，一定的规则能保证人们更好地生活。例如，人们要遵守交通规则、经商规则、竞赛规则，就连做游戏也要遵守游戏规则。没有规矩，不成方圆。其实规则不仅是制度和章程，更是权利、责任和义务。每个人用规则约束自己行为的同时，也从中获得了最大的自由和安全。规则是享受权利的保证。也就是说，人们在享受权利的同时，必须约束自己的行为，这就是要尊重规则。不完善的规则带来的是不公正、不合理的秩序。如果规则是不完善的规则，那么也就不可能有良好的秩序。因为规则的不完善就意味着规则体系中有不合理、不科学、不公正的地方。有了规则不很好地遵守，就会破坏已有的规则，使已有的规则没有权威性，使规则形同虚设。人人都不遵守规则，不仅建立不起新的良好的秩序，就是社会原有的秩序都会被破坏，最终导致整个社会在一种无序状态中运行。

中国在融入全球社会全面深刻转型过程中，面对国内外的风险、挑战更尖锐。所以必须通过完善社会规则促进社会建设。转型社会的规则，主要是指政府对社会的非统治型的监管干预，即政府在规制经济以解决市场失灵的同时，通过意识形态的社会化、法律法规、政府政策与行动、资金以及税收与福利分配等手段和途径，监管和规范各种社会制度、社会组织与社会的风俗习惯等，从而影响集体与个人行为，调节社会关系和社会秩序，解决社会失序、社会分化，实现社会的有序与和谐。

三　形成约束“资本”、促进社会建设的动力机制

在经济全球化的条件下，中国如何尽快从“发展中国家”迈向世界中等发达国家，实现伟大的“中国梦”?

如何通过约束“资本”，破解中国在运用“资本”过程中出现的电信诈骗、假医假药、劣质产品等给社会带来的危机?我们不能仅限于“资本批判”，而应该致力于一种中国特色社会主义资本“文明化”的积极建构，找到一条适合中国国情的利用资本、超越资本的自觉的“社会现代化”之路。如果说资本主义社会的“资本”文明是一种缺乏“约束”“调控”和“治理”的“不自觉文明”，那么，中国特色社会主义社会现代化对资本的需求和利用，则应使资本走出“野蛮化”状态，通过对“资本”有序和有效的“约束”“调整”，使“资本”能走向“自觉文明”境界，使“资本”真正成为为人民大众谋福祉的工具。这里着重在依法治国框架内，提出促进中国特色社会建设动力机制的三条路径。

（一）立足社会主义市场经济，规范并促进资本的“文明化”

社会主义市场经济所要解决的就是市场经济的效率和社会主义的公平问题。市场经济体制是现代社会运行机制的一个重要组成部分，其对整个社会的影响是全面而深远的。市场经济从来就不是一种纯粹的经济学意义的配置资源的含义，而是塑造一种“市场利益”至上的生活意识。这种切实的“市场利益”一旦成为整个社会运行的法则，那么，自然而然就会形成一种社会机制，

使每个人都关心公平的“交换价值”。

可以说，市场经济的日常公平交换是训练现代社会自由、民主、平等现代意识的最重要、最日常的学校。市场经济的“交换价值”直接指向每一个市场经济的参与者，这是“个体意识”觉醒的最直接、最现实的土壤。正是通过市场经济机制塑造出一种重视现实利益的客观选择，使得每个人注重现实生活，摒弃各种“乌托邦”的生活。[①] 也就是说，“市场经济”一开始就与任何意义的“乌托邦”背道而驰，造就出一种实实在在的普遍的现实性的生活景象。正是这种现实性，决定了“市场经济”条件下的自由、民主和平等具有最现实的“实用性”，任何不能通过市场经济获得利益的自由、民主、平等都被视为“非自由”“非民主”“非平等”。

正是由于“市场经济”本身所具有的这种复杂特征，坚定了我们必须通过社会主义公有制和国家调控的力量，来限制“市场经济失灵”所带来的各种弊端，善于发挥社会主义和市场经济的双重优势。那么，如何让民众直接感受到市场经济微观机制和政府宏观调控相互结合的双重优势呢？我们认为，最直接、最现实的实现路径，就是依法规范并促使资本“文明化”（如国家信用体系建设、诚信的“红黑名单”等制度），使得“资本”在充分发挥市场竞争力的同时，能够超越“资本逻辑”中的狭隘利己主义，将外部成本内部化，而不是推卸“资本”应该肩负的社会责任；摒弃“资本”的种种“不文明”手段，使资本的“文明化”

① 我们应该反对两类“乌托邦”思想与模式：其一，超越社会主义初级阶段，实现“一大二公”的共产主义；其二，“纯粹市场经济”本身也是一种乌托邦，在现实生活中是不存在的。

成为推进中国特色社会现代化的重要机制。

（二）有序推进新型城镇化，引导资本的“文明化”

当今中国，市场经济条件下的“资本”的“文明化”建构，聚焦中国新型城镇化进程中“资本”的“文明化”需求，这是反思中国30多年来快速城镇化进程中，由于“资本”的种种“不文明”现象导致交通拥堵、环境污染、生态危机、社会冲突等而提出来的。新型城镇化是中国社会现代化的最大“特色”。新型城镇化将在一定程度上影响中国特色社会主义现代化的成效。当今中国快速城镇化进程中出现的种种资本的“非文明化”现象，根本上是由“土地资本化”的运作造成的。

中国的城镇化，离不开土地的资本化。在中国，最早的土地资本化就是城市土地批租制；1998年，城市房地产改革则开启了“土地资本化”驱动中国“城市化”的新阶段。但是，2000年以后，以“土地资本化”为主要驱动力的中国城市化，日益演变成为中国各级政府的“土地财政”。一些地方政府不仅越来越依赖出让土地使用权的收入来维持地方财政支出，而且还能获取包括建筑业、房地产业等营业税为主的财政预算收入，这些收入全部归地方支配。“土地资本化”（土地财政）驱动城市化的运作机制，使中国各级政府日益驾轻就熟地按照“征地—卖地—收税收费—抵押—再征地”的滚动模式，拓展城市空间，推动城市化。在这一过程中，地方政府、开发商、银行成为最大的受益者。地方政府不但是征地的大买家、土地出让的大卖家，还是收支的大账房。

随着城镇化的深入，以“土地财政”为核心的城市的“资本化”驱动，凸显了资本“非文明化”的四大悖论：一是以“土地财政”为核心的“资本化”驱动，导致可持续城镇化的“目的悖论”。城市化、可持续城镇化是为了“城市，让生活更美好”，是为了让全体市民享受城镇化带来的生活水平提高。但是，试图通过“土地财政”来解决城镇化资金不足，进而实现城市繁荣、城市发展目的的城镇化。其实际效果是：在持续升温的“卖地”“为民”，为城市发展、“以地生财”的目标追求中，手段本身反而成为目的。民众不仅没有享受到城市繁荣、城市发展带来的实惠，反而大部分的老百姓因买不起房而感到生活压力越来越大，幸福感日益下降。二是以“土地财政”为核心的城市“资本化”驱动，导致可持续城镇化的“经济悖论”。土地资本扩张加剧土地稀缺，设置了自身扩张的空间障碍；同时“土地财政”增加了资本的成本。由于城市土地租金价格日益昂贵，自然资源稀缺问题以及由交通运输问题带来额外成本，使得“寻租”行为依然较突出，成为腐败高发的重要诱因，从而直接或间接地增加资本的成本。三是以“土地财政”为核心的“资本化”驱动，导致可持续城镇化的“社会悖论”。在“土地财政”模式下，难免产生高价地进而产生高价房，有悖于国有土地为全民所有这一基本属性；在高价地、高价房的推动下，就会导致住房不断向富人、富裕家庭集中，大多数市民百姓获得住房的能力减弱、机会减少，有损社会公平。四是以“土地财政”为核心的“资本化”驱动，导致可持续城市镇化的“生态悖论”。过度的“土地财政”，资本无限制地扩张需求，使越来越多的自然资源通过土地财政、土地资本“机器”，变成废气、废水和垃圾排放出来，毒害生态环境。温室效应、水资源危机和城市垃圾危机越来越严重，生态链越来越脆弱，将人类的生存环境推向极限。

破解“土地资本”（土地财政）驱动新型城镇化的重要路径选择是：组建“土地资本国资委”，改革集土地管理与土地经营于一身的行政体制，分离政府经营土地的职能，有效评估与监控“土地资本化”的规范运作；同时允许农民的“集体土地”“私有土地”进入城市土地市场，通过市场机制运作，相关的收入可用于保障已变为市民的农民的长远生计，保障农民能真正得益；同时也有助于从源头上抑制土地财政的片面增长，化解社会矛盾，促进可持续城市化。

（三）以国有企业改革为示范，保证资本的“文明化”

与中国社会有着天然渊源关系的国有企业，在中国特色社会主义建设中起着示范和引领的作用，因此，要实现资本“文明化”，国有企业必须以主体角色发挥主导作用。以“国有资本”为本质特征的社会主义国有企业，区别于一般的“资本”运作逻辑就在于：“不能唯利是图”地追求经济效率，在促进资本积累的同时，要比非国有企业上缴更多的利润（不是一般意义的税收），而且肩负着社会主义改革开放事业的最后“兜底责任”。在这个意义上，如果从西方主流经济学的角度来评判国有企业，这显然是片面的，本身带着意识形态的偏执。国有企业改制的目的，就是改变国营企业效率低下、创新动力弱的弊端，通过引入“混合经济”模式，将市场经济的竞争机制注入国有企业内部。在“资本”全球化的时代里，促使国有资本发展壮大，促使中国国有企业的“资本”以“文明化”的姿态走向世界。另外，国家要通过更完善的法制、更有力的舆论监督，来促使各类“非国有企业”的资本“文明化”，不能重蹈西方资本主义早期所出现的“野蛮化”现象。

如果说，西方资本的“文明化”还带着被迫的性质，因为它既是西方社会各阶层劳动者反抗的产物，也是资本主义为了减少社会主义文明的竞争压力，并向社会主义制度学习的产物。而在苏东解体后，欧美资本主义的这种“竞争压力”顿失，2008 年发生美国的金融危机和欧洲债务危机，这些都显示出在西方在以“资本”为核心的制度安排下，所谓的资本“文明化”有其鲜明的局限：“资本”的自我逻辑往往占据上风，其所谓的资本的“文明化”显得极其脆弱、不可持续。

“资本”在中国特色社会主义的制度安排下，既注重“资本”的逐利性，又通过“文明化”的方式，约束和限制资本的“不文明”发展，使之朝着有利于中国特色社会主义现代化的方向发展，使“资本”能造福“中国梦”，使“资本”能造福人类文明的未来。

四 融入全球社会建设，完善中国可持续发展模式

在全球化背景下形成的中国发展模式，经过 10 多年的质疑、讨论和论证，中国以其和平崛起的“硬实力”和“软实力”，获得了国际社会的普遍认可。随着特朗普当选美国第 45 届总统以及新一轮“反全球化”浪潮的掀起，中国模式面临可持续发展的挑战，面临能否引领全球走出经济危机的阴影，促进中国“两个一百年”目标的实现，以及人类命运共同体构建的挑战。2012 年里

约的全球可持续发展大会，强调了经济发展、社会发展和环境保护是可持续发展的三大支柱。在这个意义上说，中国模式要持续在未来10—20年发展其“示范”作用，必须加强社会建设，社会建设是中国模式可持续发展的重要基石。

（一）全面系统地推进社会建设

社会是一个活的有机体。社会建设就是根据社会有机体的需求，全面系统地开展社会服务，加强社会治理，提供社会保障，完善社会环境。中国社会建设由政府主导和推进。但是由于中国不同地区、不同城市的经济社会基础不同，对社会建设重要意义的认识存在差异，中国31个省市自治区社会建设的水平差异明显。为了评估中国全面系统推进社会建设的水平和特点，2012年以来的中国社会建设报告，以全面系统观念为指导，全面评价中国内地31个省市自治区社会建设的水平。

2016年的“中国31个省市自治区社会建设指数”体系，仍然设置了“社会保障”“社会服务”“社会治理”“社会环境”四大评价维度，四大评价维度具有内在的逻辑关联。

社会保障是指国家和社会在通过立法对国民收入进行分配和再分配，对社会成员特别是生活有特殊困难的人们的基本生活权利给予保障的社会安全制度。社会保障的本质是维护社会公平进而促进社会稳定发展。2012年到2015年，社会保障水平在提高，2015年社会保障指数得分为85.83分，比2012年提高了4.18%。社会保障惠及各层次人群，不同类别、层次的人群都能从经济社会的发展中受益。从城乡收入水平来看，城镇居民人均可支配收入和农村居民纯收入这两项指标都呈持续上升的态势。2012—

2015 年，中国城镇居民人均可支配收入呈持续上升态势，2015 年比 2014 年增加了 2409.00 元，比 2012 年增加了 7225.28 元；农村居民人均纯收入也呈持续上升态势，2015 年比 2014 年增加了 880.00 元，比 2012 年增加了 2855.42 元，说明城乡居民都能够分享经济发展的成果。

社会服务是以提供劳务的形式来满足社会需求的社会活动。社会服务包括生活福利性服务、生产性服务和社会性服务。生产性服务指直接为物质生产提供的服务，社会性服务指为整个社会正常运行与协调发展提供的服务。2012 年到 2015 年，社会服务水平在提高，2015 年社会服务指数得分为 65.36 分，比 2012 年提高了 2.35%。社会服务业投入稳中有增，社会服务资源不断丰富。

社会服务经费支出占国家财政支出的比重 2015 年比 2014 年增加 0.4 个百分点，国家财政性教育经费占国内生产总值比例 2015 年比 2014 年增长 0.16 个百分点，政府卫生支出占卫生总费用比重 2015 年比 2014 年上升 0.49 个百分点。

虽然投入增长速度较为平稳，但社会服务资源却呈现较快速的增长态势，以医疗资源来看，卫生技术人员数、医疗卫生机构床位数、每千人口执业（助理）医师、每千人口注册护士四项指标 2015 年比 2012 年的增长率均达到了两位数，分别为 19.95%、22.54%、13.4%、29.73%。

社会治理是党的十八届三中全会正式提出的一个概念。社会治理是在承认个性化、多元化的基础上，通过对话、协商、沟通、互动和协调，进而整合各社会阶层、各社会群体都能接受的社会整体利益，最终形成社会各方都必须遵守的社会规则。当今中国的社会治理是指在执政党领导下，由政府组织领导、吸纳社会组织等多方面治理主体参与，对社会公共事务进行的治理活动。因此社会治理的特征：一是突出党的领导；二是突出社会组织的参与；三是突出社会治理的过程和绩效。据此，社会治理指数评价设置了“每万人口建立党组织的社会组织数”“每十万人口组织”和“每万人口社会志愿者服务人次”以及“每万人口劳动争议结案率”等指标。2012—2015 年，社会治理水平在提高，2015 年社会治理指数得分为 56.36 分，比 2012 年提高了 3.45%，社会组织分担治理责任，社会治安环境较为稳定。

我国社会服务机构、社会组织的数量不断上升，在社会治理的格局中担当起不可忽视的责任。其中，社区服务机构数 2015 年比 2014 年增加 109588 个，比 2012 年增加了 160794 个；社会组织数 2015 年比 2014 年增加 56377 个，比 2012 年增加 163157 个。

刑事案件立案数虽然在 2015 年有所上升，但 2012—2014 年间较为平稳，2014 年甚至还有所下降，而每万人口受理案件数则在 4 年中持续下降，社会治安环境较为稳定。

社会环境是以“自然环境”为基础，聚焦影响一个地区、一个城市绿色和谐有序发展的生态环境（自然保护区与辖区面积比重等指标）、生活环境（生活垃圾无害化处理等指标）、交往环境（人均城市道路面积等指标）。生态环境、生活环境、交往环境三位一体地构成一个地区、一个地市的社会环境。因此对生态环境、生活环境、交往环境相关指标的评价分析，可以总体上反映一个地区、一个城市的社会环境水平。从 2012—2015 年 10 个社会环境指标看，该下降的万元 GDP 能源消费量、全国二氧化硫（SO_2）排放量、生产安全事故死亡人数、亿元国内生产总值生产安全事故死亡人数 4 个指标数据均持续下降。其中，万元 GDP 能源消费量 2014 年比 2011 年下降 0.11 吨标准煤，全国二氧化硫（SO_2）排放量 2015 年比 2012 年下降了 258.5 万吨，生产安全事故死亡人数 2015 年比 2012 年下降 5801 人，亿元国内生产总值生产安全事故死亡人数 2015 年比 2012 年减少 0.044 人。

以上述四大维度为内在逻辑而构建的中国社会建设指数评价体系，是对社会建设全面系统的评价。中国社会建设指数评价体系中的社会环境，作为社会建设工程的立足点和出发点，以社会保障为条件，以社会服务为路径，以社会治理为手段，不断完善社会环境，以良好的社会环境影响并促进社会的全面发展。

（二）社会建设对中国可持续发展模式的价值

“十三五”时期，中国的可持续发展模式既要破解生态环境污染的难题，又面临“中等收入陷阱”和“修昔底德陷阱”的挑战。从可持续发展模式的三大支柱之一：社会建设来看，加强社会建设对中国可持续发展模式意义重大。

1. 发展完善可持续的中国模式

不管中国模式是经济模式还是政治模式，或者说是民族复兴的模式、后发国家赶超发达国家的现代化模式，论述的是中国模式的主要特征。无论从哪个视角评价中国模式，该模式的根本价值都在于可持续，即能可持续地促进中国的发展，能可持续地成为发展中国家的示范，能可持续地成为现代化建设的一种借鉴，能可持续地引领“一带一路”建设，能可持续地促进人类命运共同体的构建。这样，要实现中国模式的价值，就必须擎起“社会建设”“社会发展”的大旗，让中国的社会建设成为中国可持续发展模式的一大支柱。

在以往中国模式的探讨中，社会建设是很明显的“缺项”“短板”，以至中国模式成了一种中国发展的经济模式，而经济模式或经济现代化给中国30多年的和平崛起付出的生态环境代价、社会代价是沉重的，以致各种环境风险、社会危机的警钟不断敲响，给国外各种敌对势力造谣惑众、资本主义意识形势的渗透以可乘之机。也正因为经济模式有明显的“软肋”，所以一些不理解不支持改革和发展的人，能不恰当地“放大”改革和发展中的问题；处于发展边缘的群体，有“理由”埋怨改革，并以种种消极心态批判改革和发展。国内外各种声音交织在一起，给中国模式的发展完善造成很大的压力，根本原因在于片面研究和宣传中国模式。所以，中国模式必须放在可持续的视域中探讨、研究和宣传，缺乏可持续的价值，中国模式会逐渐失去生命力，逐渐离开全球的关注。

从上述意义上说，“十三五”时期中国的发展，必须摒弃“经济模式”的局限，为缺失或弱化的“生态环境”“社会建设”埋单。通过加强“社会建设”和“生态环境”建设，完善“中国模式”，使“中国模式”真正成为引领人类社会文明的一种模式。

2. 树立可持续发展中国模式的形象

“中国模式”不仅要以经济、社会、生态为三大支柱，而且要在科学发展的实践中，向国内外展示可持续发展的形象。

中国模式可持续发展的形象是在发展实践中形成和完善的。“十三五”时期，中国经济的可持续发展，关键是要通过深化供给侧改革，解决“产能过剩”问题，解决可能发生的中美贸易战、防范贸易保护等带来的问题。中国社会的可持续发展，要解决各种不同群体、不同层次、不同类型的社会矛盾，而且要重塑中国社会的信誉，尤其要通过社会诚信体系、社会信用体系建设，重建中国社会人与人之间、企业之间、政府与社会之间的诚信关系，重建中国社会的诚信形象，向国内外展示一个负责任大国的“信誉”，不断提高中国的国际信誉。

3. 促进可持续发展中国模式成果的共享

“共享发展”，是党的十八届五中全会提出的新发展理念。习近平总书记强调：“共享发展是人人享有、各得其所，不是少数人共享、一部分人共享。”“共享发展”既是一个大多数人能享受发展成果的理念，又是一个可持续共享的理念。因为“共享”不仅是一个空间——大多数地区人群共享的——概念，而且是一个时间概念，即大多数人能否在可持续发展中享受发展成果。不同地区、不同民族、不同群体的富裕有“先富”“后富”的差异，但是，中国改革发展的理念是必须大多数人能先后地达到富裕，先后进入小康。在中国大多数人民能共享发展成果，能实现富裕的目标，才是真正的“共享发展”。就是在美国经济学家杰里米·里夫金的新书《零边际成本社会》中，也提出了令人震惊的共享社会观点：“互联网带来的近乎零边际成本的社会，未来30年可能终结资本主义经济形态，一个倡导共享主义理念的社会新范式将出现，中国将在这一变革中担任领袖地位。”①

为此，中国模式必须通过经济、社会、生态“三位一体”的全面建构，解决中国模式的可持续发展问题，解决绝大多数人的

---

① 王一若：《30年内，共享社会终结资本主义》，《环球时报》2015年1月24日。

富裕问题，解决社会公平正义问题，保障人平等参与、平等发展的权利，真正使中国模式具有引领中国乃至人类文明发展的普遍价值。

第一章 2012—2015年中国社会建设新特点、新走势

根据从《中国统计年鉴》(2013—2016年)、《中国民政统计年鉴》(2013—2016年)、《中国社会统计年鉴》(2013—2016年)、《中国文化文物统计年鉴》(2013—2016年)、《国民经济和社会发展统计公报》(2012—2015年)、《中国环境统计年报》(2012—2015年)收集的有关城镇居民人均可支配收入、每千名老年人口拥有养老床位数、每十万人拥有社会组织数、万元地区生产总值能耗下降率等32个指标，从社会保障、社会服务、社会治理、社会环境等四个维度做评价分析，可以发现2012—2015年中国社会建设的新特点、新走势。

一 社会保障惠及各层次人群，城市低保人数持续下降

从2012—2015年的有关社会保障的具体指标走势来看，不同类别、不同层次的人群都能从经济社会的发展中受益。

从城乡来看，城镇居民人均可支配收入和农村居民纯收入这两项指标都呈持续上升的态势。2012—2015年，中国城镇居民人

均可支配收入呈持续上升态势，2015 年比 2014 年增加了 2350.90 元，比 2012 年增加了 6630.10 元；农村居民人均纯收入也呈持续上升态势，2015 年比 2014 年增加了 932.80 元，比 2012 年增加了 3505.10 元，说明城乡居民都能够分享经济发展的成果。

从不同收入层次的人群来看，城市居民最低生活保障人数呈逐年下降的趋势，2015 年城市居民最低生活保障人数比 2014 年减少了 175.9 万人，比 2012 年减少了 442.4 万人，说明低收入居民的生活境况在改善，就业情况也较好。

从参加保险的人数来看，基本养老保险、失业保险的参保人数持续增加，2015 年比 2012 年分别增加了 4934.4 万人、2101.3 万人，向着“应保尽保”的全覆盖目标大步迈进。

（一）城镇居民人均可支配收入（元）

2012—2015 年，中国城镇居民人均可支配收入呈持续上升态势。2015 年比 2014 年增加了 2350.90 元，比 2012 年增加了 6630.10 元（见图 1—1）。城镇居民人均收入在全球经济复苏乏力、国内经济增速放缓的背景下，实现稳定增长实属不易，并且从 2013 年开始，全国居民人均可支配收入跑赢了 GDP 的增长[①]，逐步形成合理有序的收入分配格局。

（二）农村居民人均纯收入（元）

2012—2015 年，农村居民人均纯收入与城镇居民人均收入一

---

① 《2013 年全国居民收入增速跑赢 GDP》，《21 世纪经济报道》2014 年 2 月 25 日（http：//money.163.com/14/0225/02/9LT8BFTR00253B0H.html）。

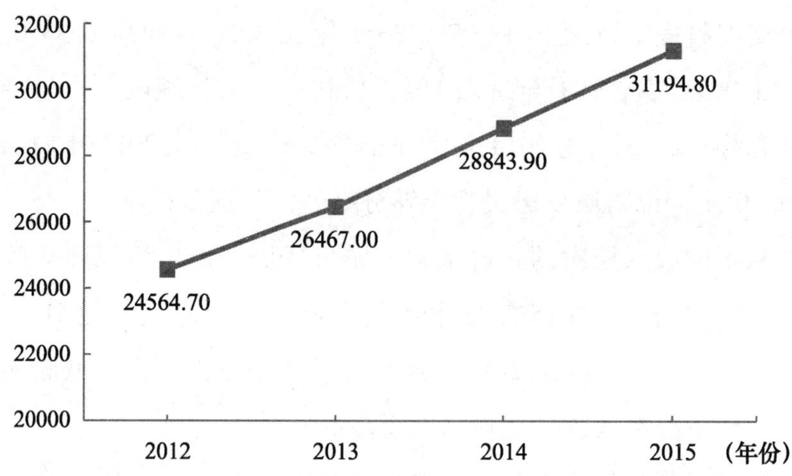

图 1—1　城镇居民人均可支配收入近四年走势（单位：元）

样也稳步上升。2015 年比 2014 年农村居民人均纯收入增加了 932.80 元，比 2012 年增加了 3505.10 元（见图 1—2）。2005—2015 年 10 年间，农民收入增长了 3 倍多，农村居民人均可支配收入突破 1 万元。而且，农民收入不仅再次跑赢 GDP，其增速也

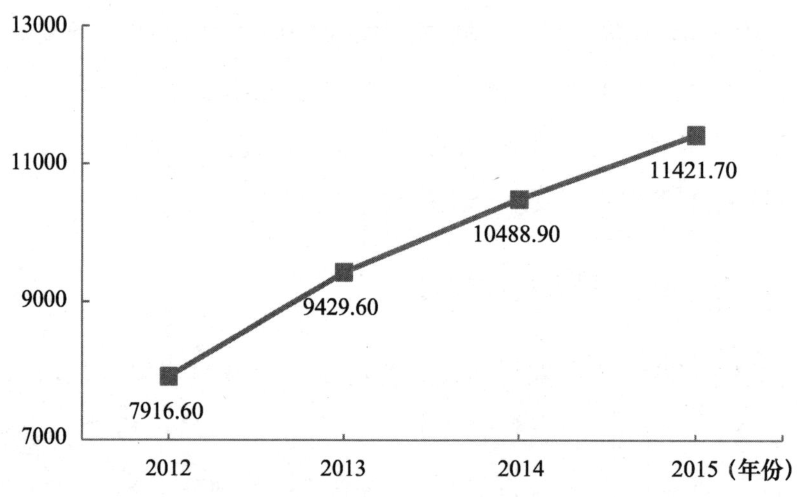

图 1—2　农村居民人均纯收入近四年走势（单位：元）

快于城镇居民收入。①

（三）参加城镇职工基本养老保险人数（万人）

2012—2015年，中国参加城镇职工基本养老保险人数呈持续上升态势，2015年比2014年增加1236.8万人，比2012年增加4934.4万人（见图1—3）。

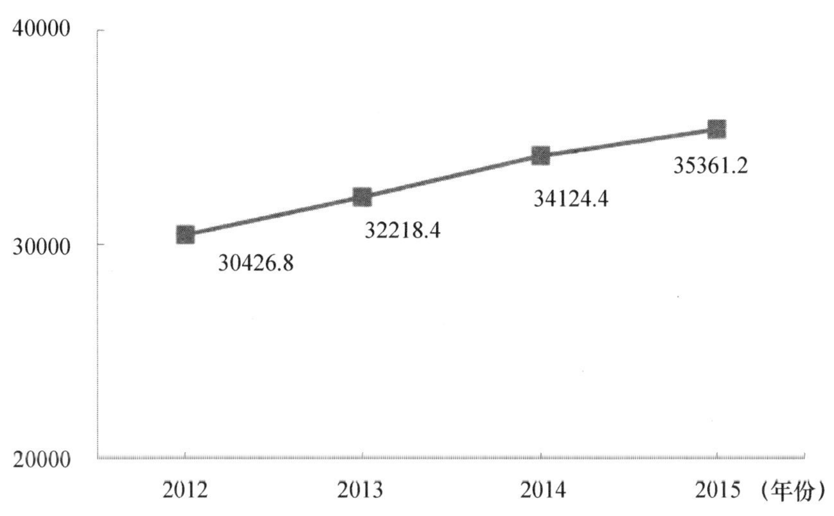

图1—3 参加基本养老保险人数近四年走势（单位：万人）

随着2009年新型农村社会养老保险、2011年城镇居民社会养老保险开始试点，到2014年两种养老保险制度进行整合，形成统一的城乡居民基本养老保险制度，中国城乡居民基本养老保险覆盖范围不断扩大，逐步实现基本养老保险的全覆盖。随着基本

---

① 李婧：《中国农民收入首次突破万元 10年间增长3倍》，2016年1月19日，中国经济网（http://www.ce.cn/xwzx/gnsz/gdxw/201601/19/t20160119_8375012.shtml）。

养老保险覆盖范围的不断扩大，基本养老保险参保总人数也在不断增加。

不过，随着老龄化社会的来临，中国职工养老保险抚养比继续下降，养老资金的来源压力也将持续增大，因此有必要做好政策上的准备和应对。

（四）新型农村合作医疗参合率（%）

2012—2015 年，中国新型农村合作医疗参合率总体呈上升态势。2015 年比 2014 年略有下降，比 2012 年增加 0.5 个百分点。（见图 1—4）。

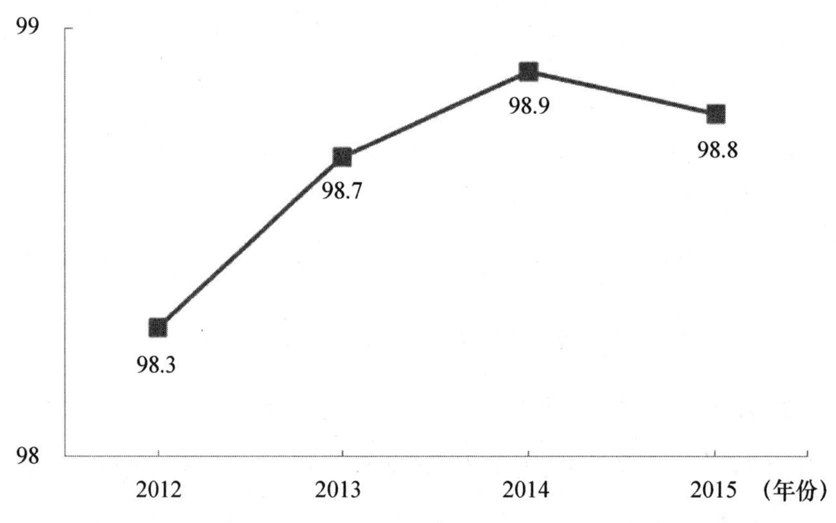

图 1—4　新型农村合作医疗参合率近四年走势（单位:%）

中国的新农合制度以人均年 150 元的成本，为 8 亿多农村人口提供了基本的医疗保障，投入少、见效快。目前，新农合已逐步形成了卫生部门监管、多种形式经办的机制，促进了补充医疗保险的发展和多层次医疗保障体系的建立，帮助政府改进和优化新农合统筹补偿方案设计，提高了新农合运行管理水平。新农合下一步的工作应进一步提高筹资水平，并重点提高新农合运行绩效。

（五）参加失业保险人数（万人）

2012—2015 年，中国参加失业保险人数呈持续上升态势。2015 年比 2014 年增加 283.4 万人，比 2012 年增加 2101.3 万人（见图 1—5）。

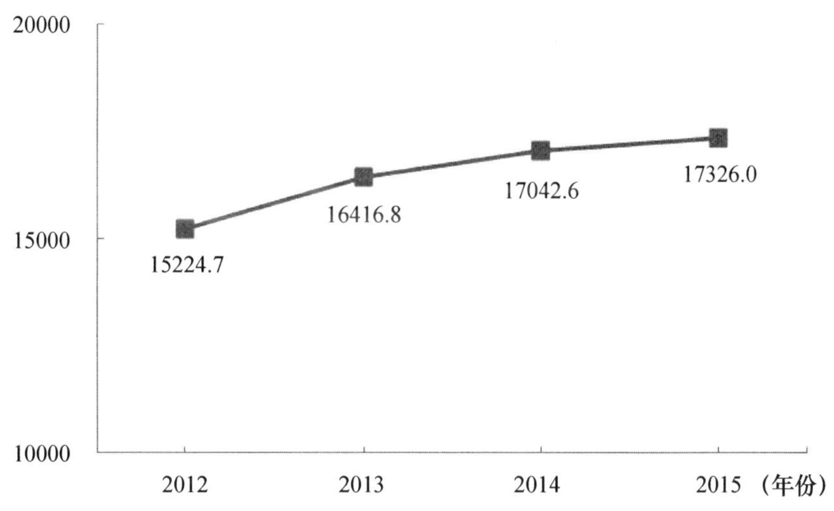

图 1—5　参加失业保险人数近四年走势（单位：万人）

随着经济与社会转型的深化，不仅周期性失业、结构性失业、摩擦性失业问题都将不可避免，而且由我国人口大国基本国情所决定，就业总量压力和结构性矛盾并存将长期存在，因此失业保险作为一项重要的社会保障，必须持续推进。目前，中国正继续推进失业保险基金支出范围试点工作，稳步推进失业动态监测和失业预警工作，同时进一步做好失业保险各项管理工作，让失业保险真正惠及民众。

（六）城镇登记失业率（%）

2012—2015 年，中国城镇登记失业率基本稳定，保持在 4% 左右。2015 年比 2014 年下降了 0.04 个百分点，比 2012 年下降了 0.06 个百分点（见图 1—6）。近三年来，城镇失业率始终控制在 4.1% 以内，2015 年则控制在 4.05%，完成了既定目标。“十三五”期间，中国将把全国城镇登记失业率控制在 5% 以内，努力实现就业结构的优化。

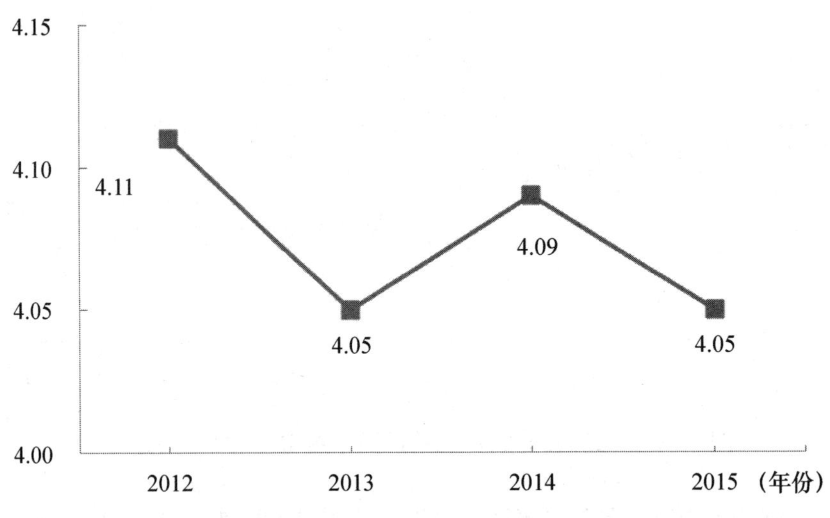

图 1—6　城镇登记失业率近四年走势（单位:%）

（七）年末城镇就业人员数（万人）

2012—2015 年，中国年末城镇就业人员数呈持续上升态势，

2015 年比 2014 年增加 1100 万人，比 2012 年增加 3308 万人（见图 1—7）。

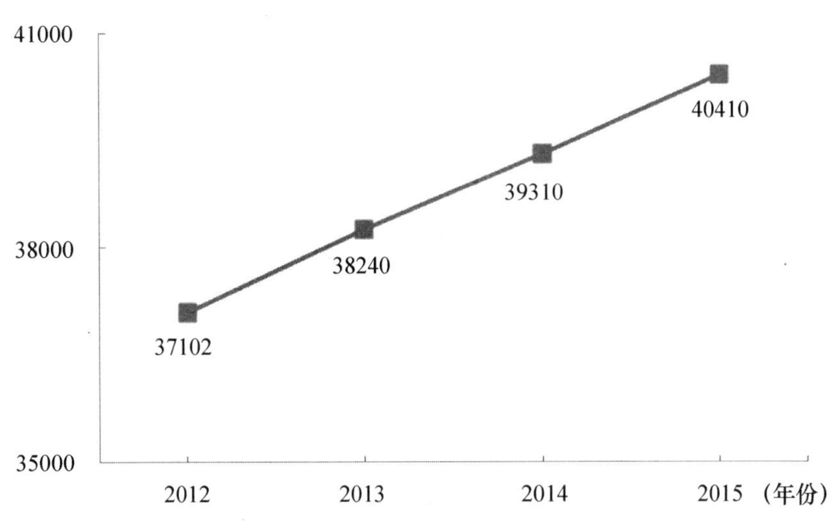

图 1—7　年末城镇就业人员数近四年走势（单位：万人）

虽然就业人数呈逐年递增的趋势，但是面对新增劳动力的增长，就业形势仍然存在压力。由于教育等因素的影响，劳动者进入劳动力市场存在滞后期，所以目前城镇新增劳动力仍然处于高位，农业转移劳动力仍然保持一定的规模，近年来就业总量的压力依然比较大。今后，应继续完善落实稳定和扩大就业的政策，通过产业、财税、金融、贸易等政策的协同配合，推动经济增长带动就业，扶持新就业形态发展，不断拓展就业新空间。

（八）城镇单位在岗职工平均工资（元）

2012—2015 年，中国城镇单位在岗职工平均工资呈持续上升态势。2015 年比 2014 年增加 5880 元，比 2012 年增加 15648 元

（见图 1—8）。

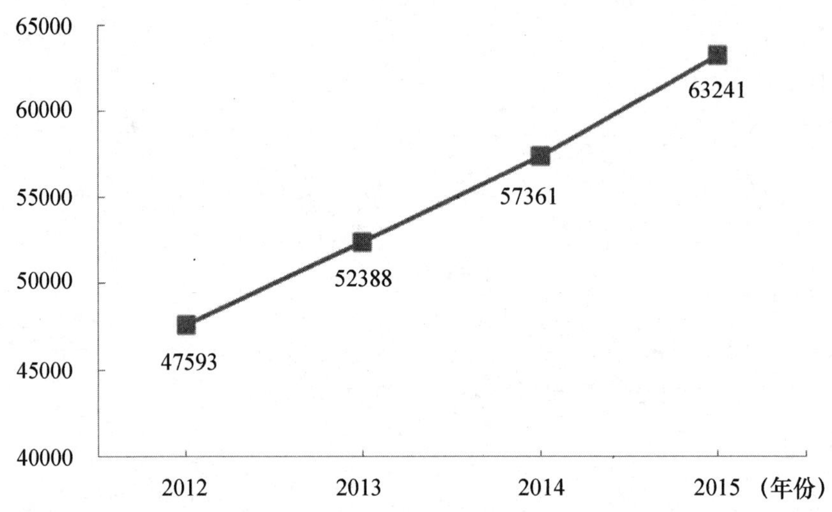

图 1—8 城镇单位在岗职工平均工资近四年走势（单位：元）

平均工资除了反映劳动力用工成本、用于制定社会保障政策和赔偿标准之外，还反映国民收入初次分配状况。由图 1—8 可以看出居民收入的整体水平不断提升，但也应注意到不同行业、职位工资水平的差异性仍然存在。

（九）城市居民最低生活保障人数（万人）

2012—2015 年，中国城市居民最低生活保障人数呈持续下降态势，需享受最低保障的人数越来越少，2015 年比 2014 年减少了 175.9 万人，比 2012 年减少了 442.4 万人（见图 1—9）。

城市居民最低生活保障的对象是家庭收入低于当地最低生活保障标准的城市居民，低保人数的减少说明居民收入有所增加，就业情况较好。当然最低生活保障工作仍应继续加强，采取多种

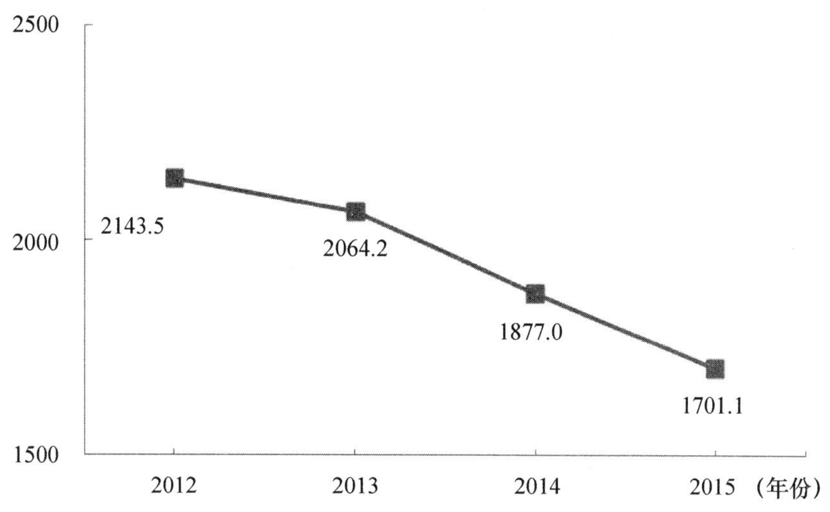

图 1—9 城市居民最低生活保障人数近四年走势（单位：万人）

形式完善低保制度，逐步扩大保障范围，加强对保障资金的发放管理和监督等，让最低生活保障真正成为社会保障制度中的一道安全网。

（十）城市居民最低生活保障平均标准（元）

2012—2015 年，中国城市居民最低生活保障平均标准不断提高，2015 年比 2014 年提高了 40.6 元，比 2012 年增加了 121 元（见图 1—10）。

城乡居民最低生活保障制度是实现“社会政策要托底”的主要政策工具。当前我国最低生活保障资格是其他专项救助资格的基本依据，其他救助制度与最低生活保障制度捆绑执行，即只有享受最低生活保障的家庭才有可能享受其他各项救助制度。所以最低生活保障制度的标准问题十分重要，它是涉及我国社会救助制度能否发挥托底作用的关键枢纽。

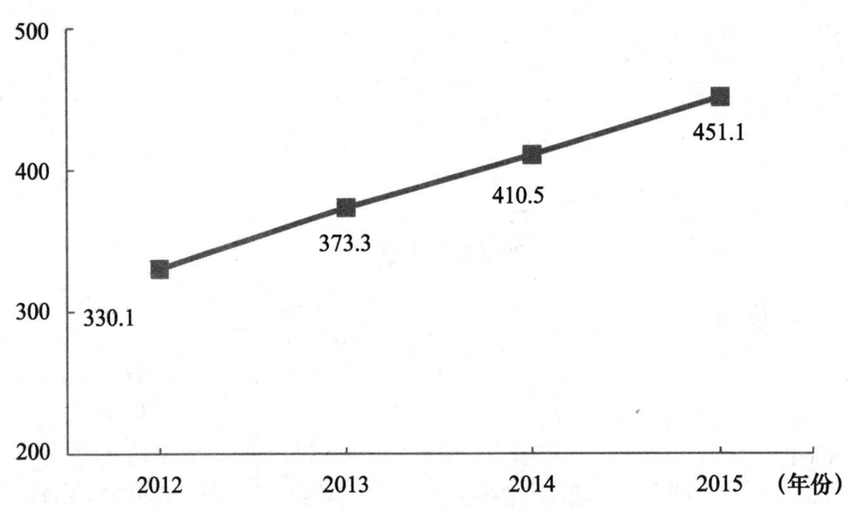

图 1—10　城市居民最低生活保障平均标准近四年走势（单位：元）

作为最后一道安全网，城乡居民最低生活保障制度的有效实施可以解决贫困家庭的基本生活问题，对促进经济发展和社会稳定发挥着基础性的作用。目前，随着我国经济和社会的发展，一方面，城乡最低生活保障功能不断扩展、救助标准逐渐提高、综合救助体系得以确立；另一方面，在制度建设不断完善、政策执行日益规范的情况下，对救助精准性和有效性的要求进一步提高。同时，应为最低生活保障家庭营造良好的社会环境，通过提供多种就业服务激活有劳动能力的受助对象，促进其就业。

二　社会服务业投入稳中有增，社会服务资源不断丰富

2012—2015 年，社会服务的投入基本稳定并有所增长，社会服务经费支出占国家财政支出比重、国家财政性教育经费占国内生产总值比例、政府卫生支出占卫生总费用比重等指标虽个别年

份略有下降，但总体仍然呈持稳或增长趋势。其中，社会服务经费支出占国家财政支出的比重 2015 年比 2014 年增加 0.4 个百分点，国家财政性教育经费占国内生产总值比例 2015 年比 2014 年增长 0.16 个百分点，政府卫生支出占卫生总费用比重 2015 年比 2014 年上升 0.49 个百分点。

虽然投入增长速度较为平稳，但社会服务资源却呈现较快速的增长态势。以医疗资源来看，卫生技术人员数、医疗卫生机构床位数、每千人口执业（助理）医师、每千人口注册护士四项指标 2015 年比 2012 年的增长率均达到了两位数，分别为 19.95%、22.54%、13.4%、29.73%。

（一）社会服务经费支出占国家财政支出的比重（%）

2012—2015 年，中国社会服务经费支出占国家财政支出的比重虽然在 2014 年略有下降，但总体呈增长态势，2015 年比 2014 年增加 0.4 个百分点，比 2012 年增加 0.3 个百分点（见图 1—11）。

社会服务经费包括城市最低生活保障支出、农村最低生活保障支出、救灾支出、医疗救助支出等内容。随着最低生活保障标准的不断提高，资助参加社保人群的增多，以及救助、救济人群覆盖范围的不断扩大，社会服务经费支出也不断增加，为促进社会和谐稳定做出了积极贡献。不过，在提高社会服务政策保障力度的同时，也应意识到社会服务政策如何更加有效地满足大量差异化、多样化、个性化的社会服务需求，如何在治理理念引领下，通过社会化的参与提供社会服务，使社会服务的供给向多层次的人群延伸，通过多样化、多层次的服务进一步改善困难群众的生

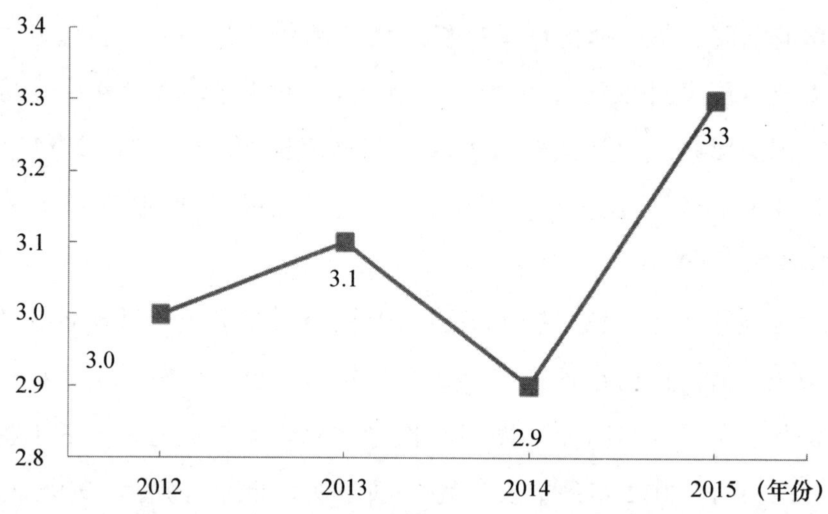

图 1—11　社会服务经费支出占国家财政支出的比重近四年走势（单位:%）

活，提升城市社会福利的总体水平。

（二）社会服务增加值占服务业增加值比重（%）

2011—2014 年，中国社会服务增加值占服务业增加值比重呈持续下降态势（见图 1—12）。2014 年比 2013 年下降 0.04 个百分点，比 2011 年下降 0.28 个百分点。

2011—2014 年，中国社会服务增加值分别为 2246.9 亿元、2128.9 亿元、2251.9 亿元、2515.2 亿元①，除 2012 年之外都呈上升趋势，2014 年比 2011 年增长了 11.94%。然而，服务业增加值在四年中的增长势头更为迅猛，2011—2014 年分别为 204982.5 亿

① 中华人民共和国民政部编:《2015 中国民政统计年鉴》，中国统计出版社 2015 年版，第 43 页。

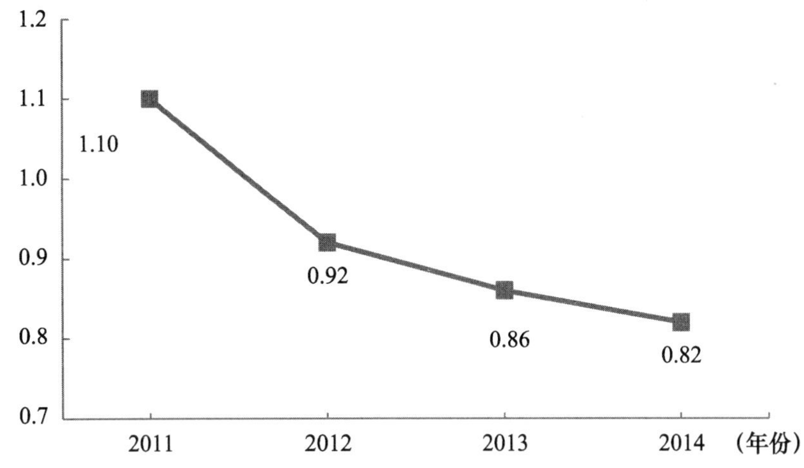

图 1—12 社会服务增加值占服务业增加值比重近四年走势（单位:%）

元、231626 亿元、262204 亿元、306739 亿元,[①] 2014 年比 2011 年增长了 49.64%，远远超出社会服务增加值的增长水平。可见，社会服务增加值未能跑赢服务业增加值的增长，一方面说明服务业发展速度迅猛，另一方面也说明社会服务还需继续提高自身的运营效率，提升为群众提供服务的价值内容。

（三）国家财政性教育经费占国内生产总值比例（%）

2012—2015 年，中国国家财政性教育经费占国内生产总值比例先降后升，2015 年比 2014 年增长 0.16 个百分点（见图 1—13）。

国家财政性教育经费支出占国内生产总值 4% 的指标是世界衡量教育水平的基础线，经过努力，我国财政性教育经费支出

① 中华人民共和国民政部编:《2015 中国民政统计年鉴》，中国统计出版社 2015 年版，第 43 页。

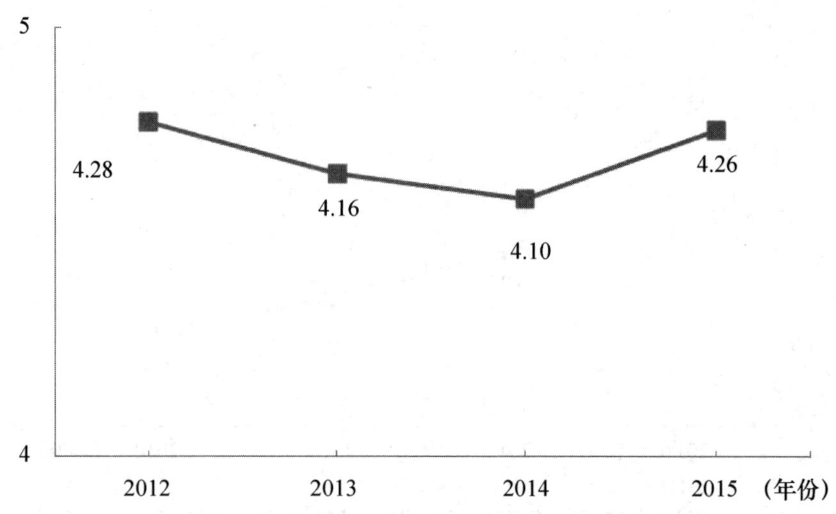

图 1—13 国家财政性教育经费占国内生产总值比例近四年走势（单位:%）

2013 年、2014 年虽然有所下降，但连续四年占国内生产总值比例超过 4%。在经济增长速度放缓、各国纷纷削减教育投入的背景下，中国国家财政性教育经费支出却大幅增加，显示了中央加强教育事业的坚定决心。不仅是教育经费支出不断增加，我国政府还始终重视促进教育公平，加强贫困地区义务教育薄弱学校建设，提高家庭经济困难学生资助水平，上调国家助学贷款资助标准，让大多数人享受到教育投入的成果。

（四）政府卫生支出占卫生总费用比重（%）

2012—2015 年，中国政府卫生支出占卫生总费用比重虽在 2014 年略有下降，但整体呈上升态势，2015 年比 2014 年上升 0.49 个百分点，比 2012 年上升 0.46 个百分点（见图 1—14）。

从 2009 年中国医改启动以来，中国各级财政努力调整支出结构，不断加大投入力度，政府卫生投入实现了跨越式增长。根据

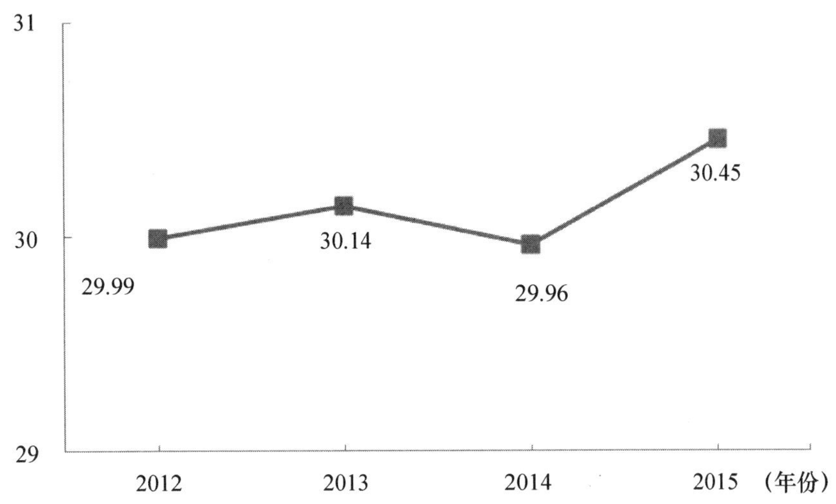

图 1—14　政府卫生支出占卫生总费用比重近四年走势（单位：%）

财政决算数据，2009 年到 2015 年全国各级财政医疗卫生累计支出达到 56400 多亿元，年均增幅达到 20.8%，比同期全国财政支出增幅高 4.8 个百分点，医疗卫生支出占财政支出的比重从医改前 2008 年的 5.1% 提高到 2015 年的 6.8%。[①] 今后，政府卫生投入重点将用于健全全民医保体系、促进基本公共卫生服务均等化、公立医院改革、健全基层医疗卫生服务体系、实施国家基本药物制度等方面的改革。

（五）卫生技术人员数（人）

2012—2015 年，中国卫生技术人员数呈持续上升态势，2015 年比 2014 年增加 417747 人，比 2012 年增加 1331988 人（见图 1—15）。

---

① 董子畅：《2016 年中国财政医疗卫生支出预算 1.2 万亿元》，2016 年 4 月 28 日，中国新闻网（http：//news. ifeng. com/a/20160428/48620875_0. shtml）。

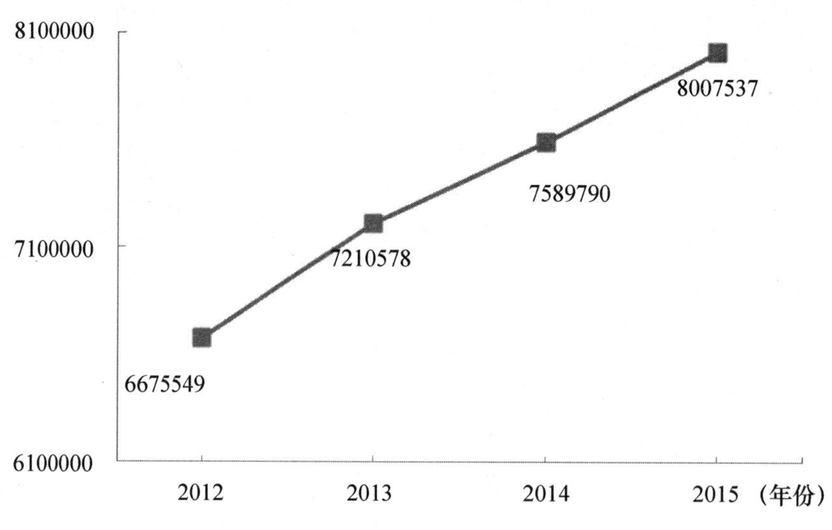

图 1—15 卫生技术人员数近四年走势（单位：人）

我国卫生技术人员不仅数量逐年上升，而且质量也不断提升，卫生技术人员中本科以上学历比例从 2010 年的 24.9% 提高到 30.6%。[①] 不过值得注意的是，卫生计生人才发展的一些结构性、制度性矛盾仍然突出，人才队伍仍存在结构不均衡、质量不高等问题。2017 年 1 月国家卫生计生委发布了《“十三五”全国卫生计生人才发展规划》，规划指出，要以需求为导向更加注重基层、急需紧缺和健康服务人才队伍，适应新的健康服务需求。下一步，国家卫计委将明确责任、细化措施、抓好落实，助力卫生计生人才队伍不断发展壮大。

① 王宾：《我国发布〈“十三五”全国卫生计生人才发展规划〉》，2017 年 1 月 6 日，中国政府网（http://finance.sina.com.cn/roll 或 2017－0106/doc-ifxzkfuk2653041.shtml? t＝1484808229656）。

（六）医疗卫生机构床位数（万张）

2012—2015 年，中国医疗卫生机构床位数呈持续上升态势。2015 年比 2014 年增加了 41.4 万张，2015 年比 2012 年增加了 129.04 万张（见图 1—16）。

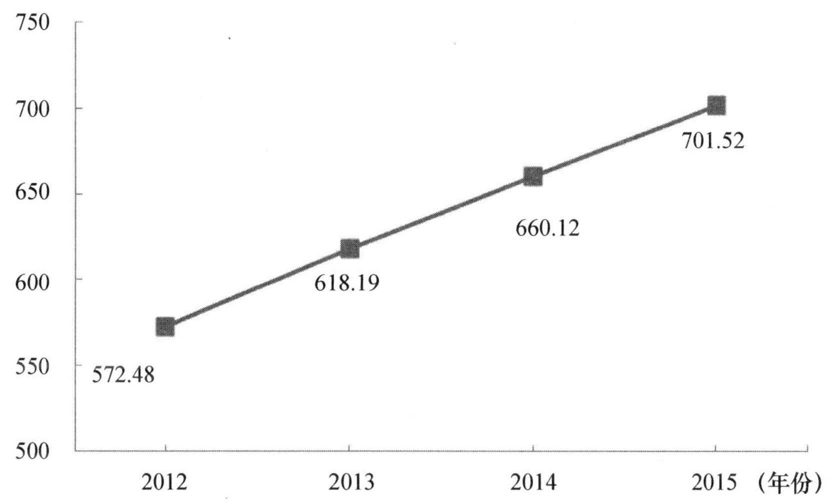

图 1—16　医疗卫生机构床位数近四年走势（单位：万张）

医疗卫生机构床位数在一定程度上更能说明医疗机构的服务水平和所拥有的医疗资源。2011—2015 年，我国各类医疗机构的总床位数从 515.99 万张增长到 701.52 万张，净增长 185.53 万张，增长率达 35.96%。[①] 值得注意的是，医疗资源的增长分布并非平均，增长床位数中大部分是公立医院床位数的增长。应当看到，健康服务资源总体不足和结构性短缺的供需矛盾还继续存在，这

① 中国国家统计局：《2016 中国统计年鉴 · 22—6 医疗卫生机构床位》（http://www.stats.gov.cn.tjsj/ndsj/2016./indexdh.htm）。

也是“十三五”时期要解决的一项重要任务。

（七）每千人口执业（助理）医师（人）

2012—2015 年，中国每千人口执业（助理）医师呈持续上升态势。2015 年比 2014 年增加了 0.08 人，比 2012 年增加了 0.26 人（见图 1—17）。

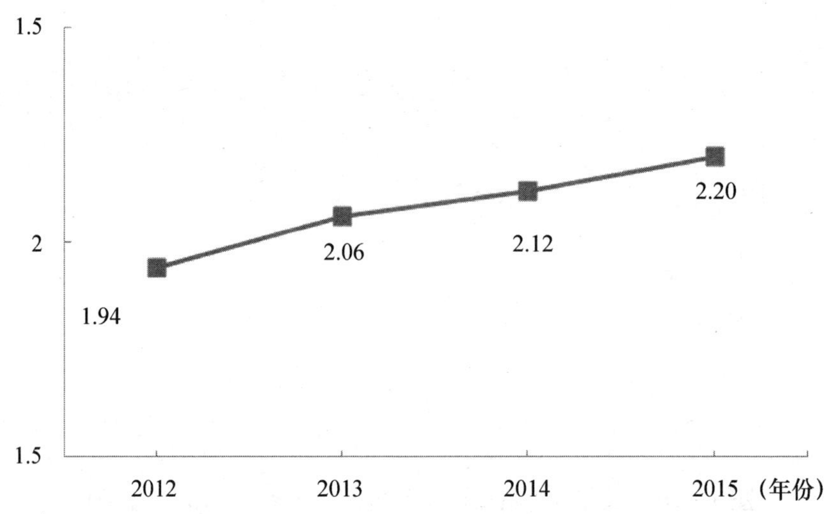

图 1—17 每千人口执业（助理）医师近四年走势（单位：人）

卫生技术人员中执业（助理）医师承担了医疗服务中最重要的角色，执业（助理）医师从 246.6 万人增长到 303.9 万人[①]，增长了 57.3 万人，增长率达 23%。不过，卫生人员的受教育水平和服务能力还存在着结构性差异，农村地区的医师数量与城市相比也有着相当大的差距。

---

① 中国国家统计局：《2016 中国统计年鉴 · 22 – 2 卫生人员》（http://www.stats.gov.cn/tjsj/ndsj/2016/indexch.htm）。

（八）每千人口注册护士（人/千人）

2012—2015 年，中国每千人口注册护士呈持续上升趋势。2015 年比 2014 年增加 0.20 人，比 2012 年增加了 0.55 人（见图 1—18）。

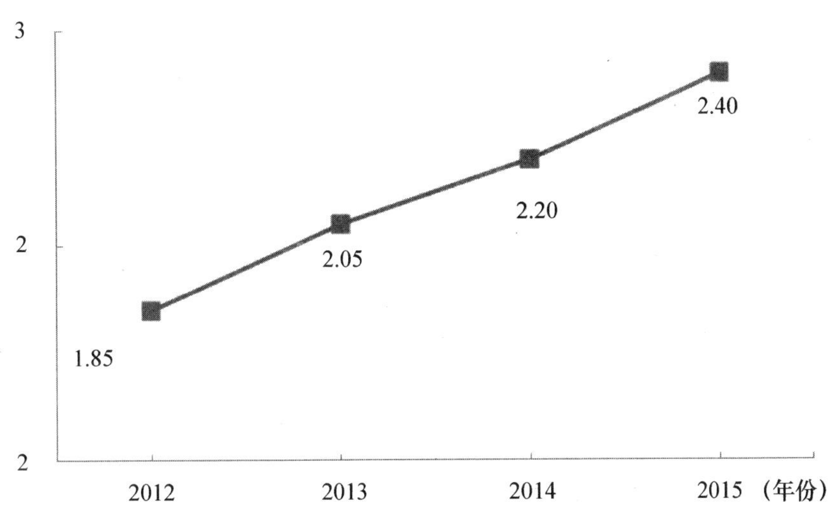

图 1—18 每千人口注册护士近四年走势（单位：人/千人）

注册护士数量的持续增长，使得我国长期以来医护比例倒置的问题得到扭转，全国医护比由 2010 年的 1：0.85 提高到 2015 年的 1：1.07。截至 2015 年底，我国注册护士总数达到 324.1 万人，较 2010 年的 205 万人增加了 119.1 万人，增长幅度为 58%，年均增速为 9%，增幅和年度增速均为历史新高。[①] 我国下一步将继续大力发展护士队伍，加强护士的护理能力培养，持续推进优

① 《我国每千人口护士数将达 3.14 人》，《北京日报》2016 年 5 月 12 日（http：//news.ifeng.com/a/20160512/48754414_0.shtml）。

质护理服务。

（九）人均拥有公共图书馆藏量（册、件）

2012—2015 年，中国人均拥有公共图书馆藏量呈持续上升态势。2015 年比 2014 年上升 0.03 册、件，比 2012 年上升 0.1 册、件（见图 1—19）。不过虽然藏书量逐年丰富，公共阅读资源仍亟须增加，中国人均拥有公共图书馆藏书 0.61 册，与国际图联和联合国教科文组织推荐的人均 1.5—2.5 册图书馆藏书量等国际标准相比存在显著差距。

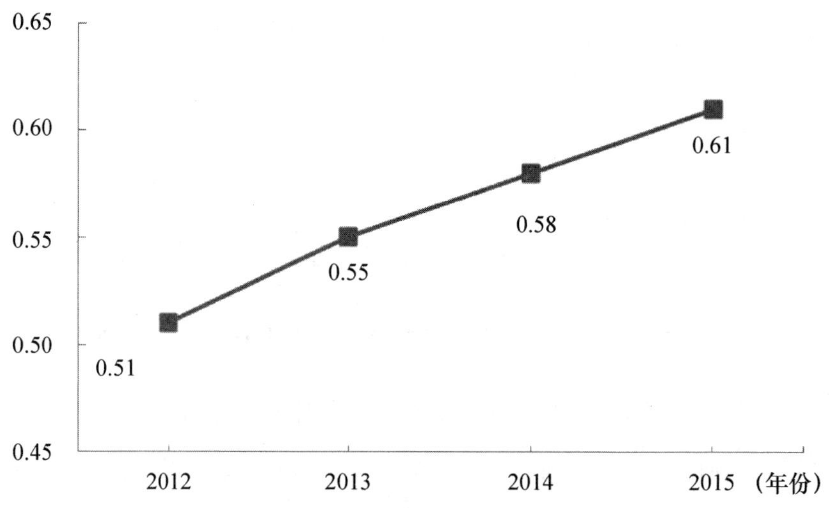

图 1—19　人均拥有公共图书馆藏量近四年走势（单位：册、件）

（十）公共图书馆总流通人次（万人次）

2012—2015 年，中国公共图书馆总流通人次呈持续上升态势。2015 年比 2014 年增加 5856 万人次，比 2012 年增加 15455 万人次（见图 1—20）。

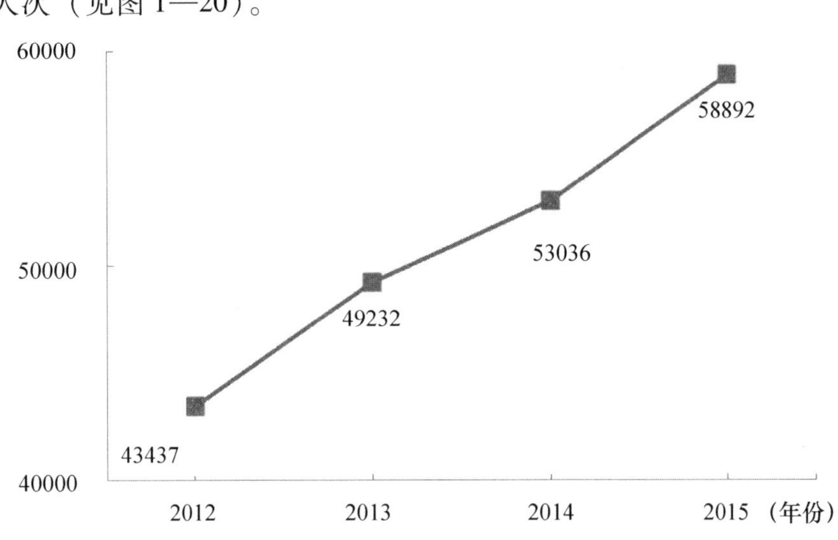

图 1—20　公共图书馆总流通人次近四年走势（单位：万人次）

随着国家级公共文化服务示范区等公共文化建设工程的开展，政府对图书馆建设日趋重视，政府投入的持续加大使图书馆的硬件环境有了巨大改进，为公共文化服务打下了坚实的硬件基础。另外，图书馆服务模式的创新也是吸引读者的利器。近年来，各地图书馆通过推出“你看书，我埋单”“24 小时图书馆”等优良的软件服务和先进的硬件设施推升了读者的借阅热情。目前各大中型图书馆还普遍开设了传统文化等各类讲座，开创了图书馆利用的新模式，吸引了大量的人群。

三　社会组织分担治理责任，社会治安环境良好

2012—2015 年，中国社会服务机构、社会组织的数量不断上升，在社会治理的格局中担当起不可忽视的责任；刑事案件立案

数虽然在 2015 年有所上升，但 2012—2014 年较为平稳，2014 年甚至有所下降，而每万人口受理案件数则在四年中持续下降，社会治安环境良好。

（一）社区服务机构数（个）

2012—2015 年，中国社区服务机构数基本呈上升态势（见图 1—21）。2015 年比 2014 年增加 109588 个，比 2012 年增加了 160794 个。

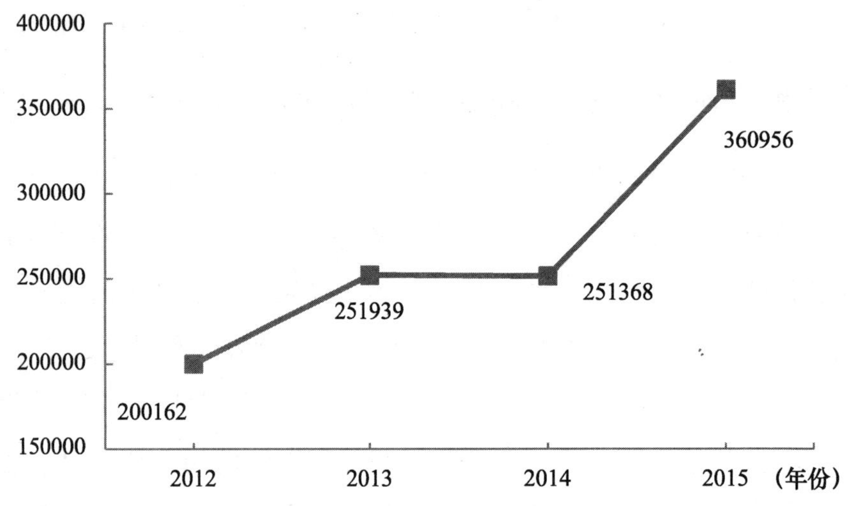

图 1—21 社区服务机构数近四年走势（单位：个）

近年来，中国城乡社区服务体系建设逐步完善，截至 2015 年底，中国城市社区综合服务设施覆盖率达到 82%，农村社区综合服务设施覆盖率达到 12.3%。[①] 目前，多元参与、协商共治的治

① 任欢：《〈2015 年中国社区发展报告〉发布》，2016 年 9 月 13 日，光明网（http：//politics. gmv. cn/2016 - 09/13/conteit_21965952. htm）。

理模式在中国城乡社区普遍形成，公共服务提供方式发生重大变革，社区公益服务走向专业化、常态化。我国社区服务机构数连年增加，而且服务能力也不断提升，迈上新的台阶。如北京的“一刻钟社区服务圈”，就将社区资源高效整合。专业社会工作也纳入顶层设计，社工成为社区服务的有效支撑。

（二）社会组织数（个）

2012—2015 年，中国社会组织数呈持续上升态势。2015 年比 2014 年增加 56377 个，比 2012 年增加 163157 个（见图 1—22）。

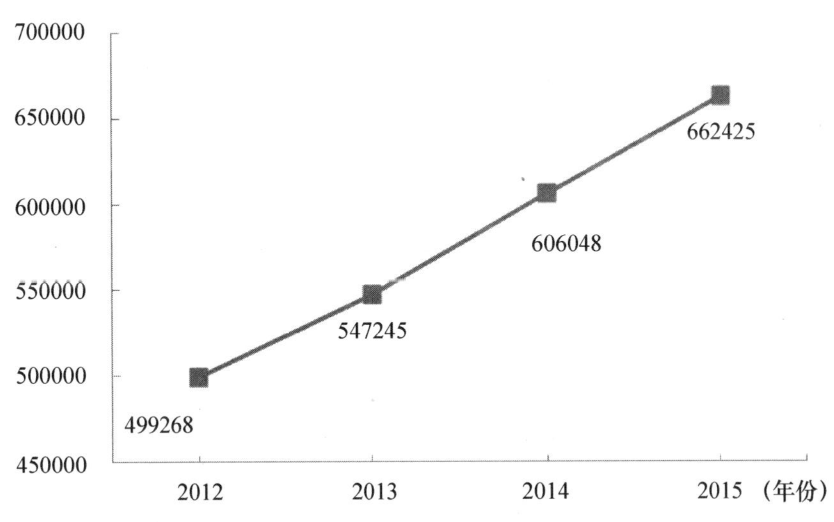

图 1—22　社会组织数近四年走势（单位：个）

近年来，随着我国社会经济不断发展，社会组织的数量不断增加，种类也不断增多，自身建设能力逐渐提高，在促进经济建设、推进社会事业、维护社会稳定、提供公共服务等方面发挥了积极作用。今后我国社会组织的建设工作，将继续围绕党和国家工作大局，积极承担社会责任，增强服务功能，为社会提高服务能力，提供更为优质的服务。

（三）每十万人口社会组织（个）

2012—2015 年，中国每十万人口社会组织呈持续上升态势。2015 年比 2014 年增加了 3.9 个，比 2012 年增加了 11.3 个。（见图 1—23）。

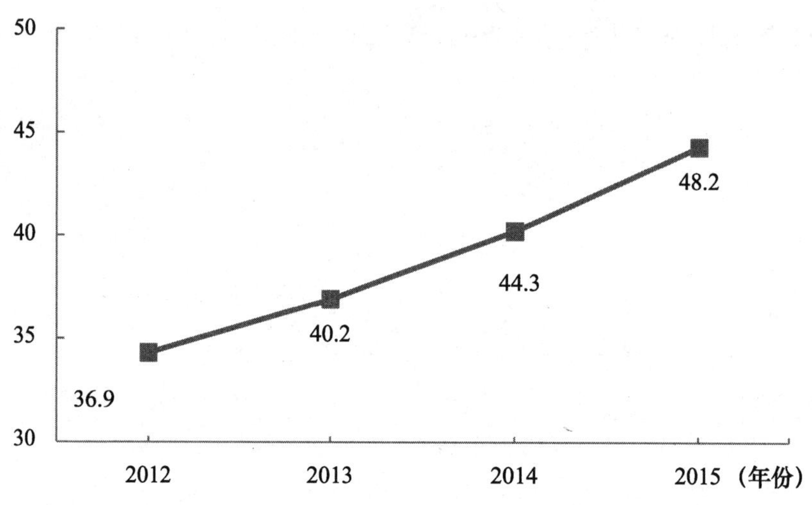

图 1—23　每十万人口社会组织近四年走势（单位：个）

随着多年改革开放的持续努力，我国社会组织获得了历史上少有的发展契机，进入了新的加速发展阶段，也将承担越来越多的公共服务责任。近年来，有利于社会组织发展改革的顶层设计已全面展开，2016 年中央印发了《关于改革社会组织管理制度促进社会组织健康有序发展的意见》。从政策上来说，我国正加速推进社会组织登记管理体制的创新，为社会组织的发展提供了条件。再加上政府职能转移、购买服务力度的加大等，为社会组织创设良好的发展环境，促进了社会组织的发展，同时也提升了社会组织的服务能力。

在社会组织的数量不断提升的背景下，管理工作也应相应加强。在今后对社会组织的管理和监管工作中，应全面提升社会组织管理服务能力，积极协调业务主管单位、行业管理部门及相关职能部门，建立健全工作机制，让社会组织更好地服务于社会。

（四）刑事案件立案数（起）

2012—2015 年，中国刑事案件立案数基本呈上升态势（见图 1—24）。2015 年比 2014 年刑事案件立案数增加了 634345 起，比 2012 年增加了 622597 起。

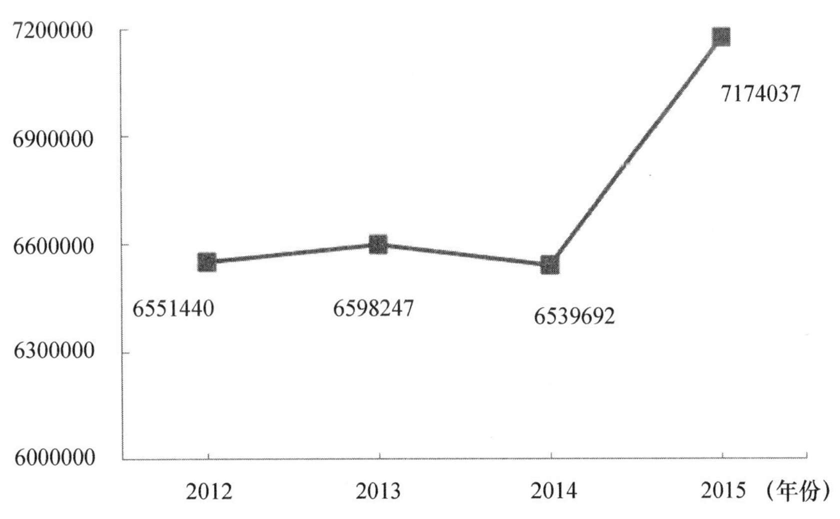

图 1—24　刑事案件立案数近四年走势（单位：起）

近年来，全国公安机关根据“更快破大案、更多破小案、更好控发案”的指导思想，加大了对盗窃、诈骗等常发性侵犯财产犯罪“小案件”的打击力度，因此全国公安机关刑事案件立案数和治安案件查处数有所增长。

（五）每万人口受理案件数（起）

2012—2015 年，中国每万人口受理案件数呈持续下降趋势。2015 年比 2014 年下降 0.6 起，比 2012 年下降 16.6 起（见图 1—25）。

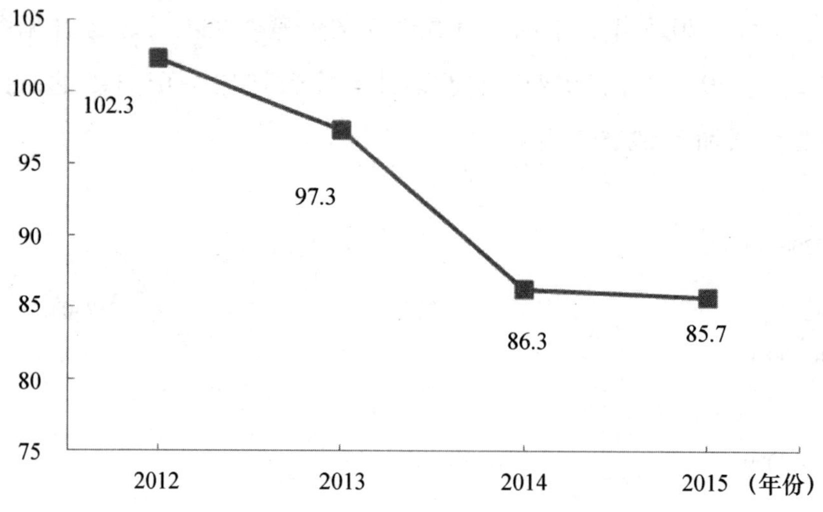

图 1—25　每万人口受理案件数近四年走势（单位：起）

近年来，各地积极开展法院诉讼服务规范化建设和服务标准，从基础建设、职能配置、行为规范等各方面实现诉讼服务的标准化、精细化和规范化，同时积极回应群众关切，严格执行立案登记制，杜绝有案不立、有诉不理及拖延立案现象，为人民群众提供了更加便捷高效的诉讼服务。

四　环境治理收效明显，社会安全得到保障

从 2012—2015 年 10 个社会环境指标看，该下降的万元 GDP 能源消费量、全国二氧化硫（SO_2）排放量、生产安全事故死亡人数、亿元国内生产总值生产安全事故死亡人数 4 个指标数据均持续下降；生活垃圾无害化处理率、建成区绿地率、节能环保财政支出等 3 个指标数据均呈上升趋势，充分反映了 2012—2015 年环境治理收效明显、社会安全得到保障的特点。

（一）万元 GDP 能源消费量（吨标准煤）

2011—2014 年，中国万元 GDP 能源消费量呈持续下降态势（见图 1—26）。2014 年比 2013 年下降 0. 04 吨标准煤，比 2011 年下降 0. 11 吨标准煤。

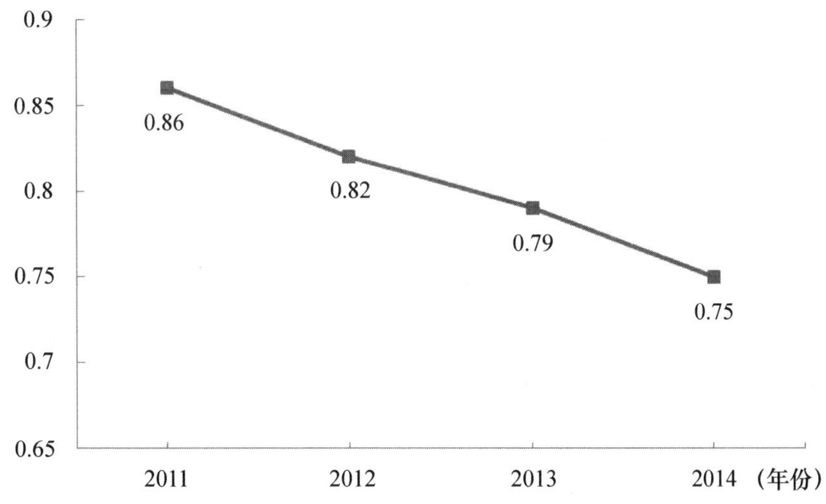

图 1—26　万元 GDP 能源消费量 2011—2014 年走势（单位：吨标准煤）

当前，在中国社会经济发展过程中，能源、资源、环境问题越来越受到人们的关注，万元 GDP 能源消费量是目前节能降耗考核的关键指标，对于衡量经济发展、能源消耗和环境保护都具有重要意义。随着中国能源消费增速下降、单位 GDP 能耗降低，能源消费总量控制可行性正在增强。按照国家能源战略行动计划，到 2020 年一次能源消费总量控制在 48 亿吨标准煤左右，煤炭消费总量控制在 42 亿吨左右。从目前的趋势来看，我国正稳步向这个目标迈进。

（二）生活垃圾无害化处理率（%）

2012—2015 年，中国生活垃圾无害化处理量和处理能力不断提升，2015 年比 2014 年提高了 2.3 个百分点，比 2012 年提高了 9.3 个百分点（见图 1—27）。

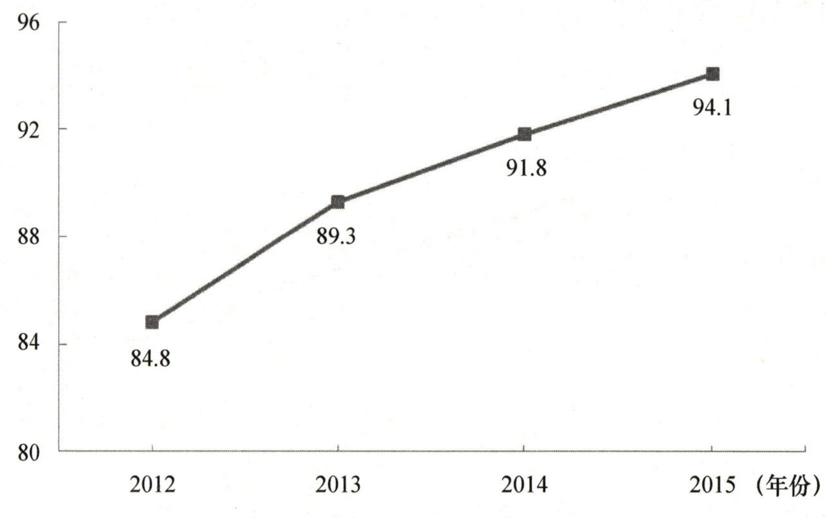

图 1—27　生活垃圾无害化处理率近四年走势（单位:%）

随着生活垃圾资源化、无害化处理的推进，我国生活垃圾处理体系也逐步完善。不过，由于生活垃圾源头分类工作的实施水平还有待提高，资源回收率并不理想，人均生活垃圾清运量还不会出现明显减少，这是今后垃圾处理工作中需要注意的问题。

（三）全国二氧化硫（SO_2）排放量（万吨）

2012—2015 年，全国二氧化硫（SO_2）排放量呈持续下降态势。2015 年比 2014 年下降 115.3 万吨，比 2012 年下降了 258.5 万吨（见图 1—28）。

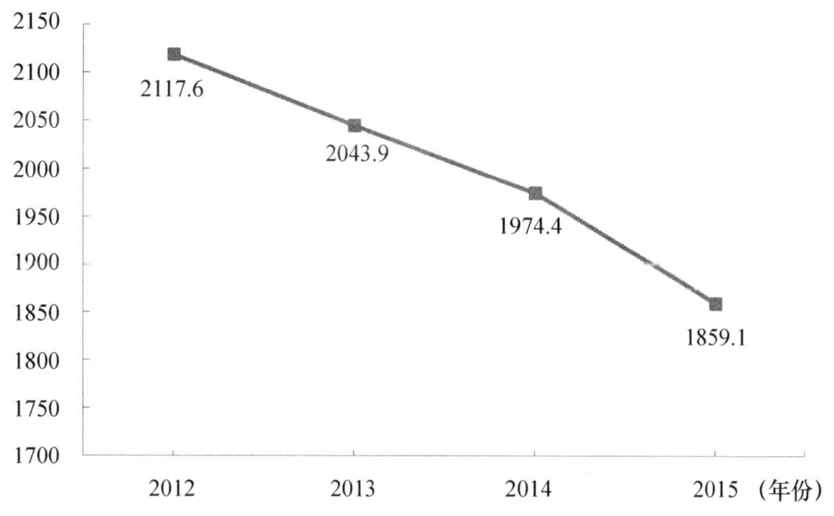

图 1—28　全国二氧化硫（SO_2）排放量近四年走势（单位：万吨）

近年来，中国通过落实重点行业大气污染限期治理方案、建设项目总量指标管理办法，以及淘汰京津冀、长三角、珠三角等区域内黄标车，实施脱硫脱硝除尘电价政策等措施，切实有效地控制了二氧化硫等污染物的排放。

（四）生产安全事故死亡人数（人）

2012—2015 年，中国生产安全事故死亡人数呈持续下降态势（见图 1—29）。2015 年比 2014 年下降 1879 人，比 2012 年下降 5801 人。

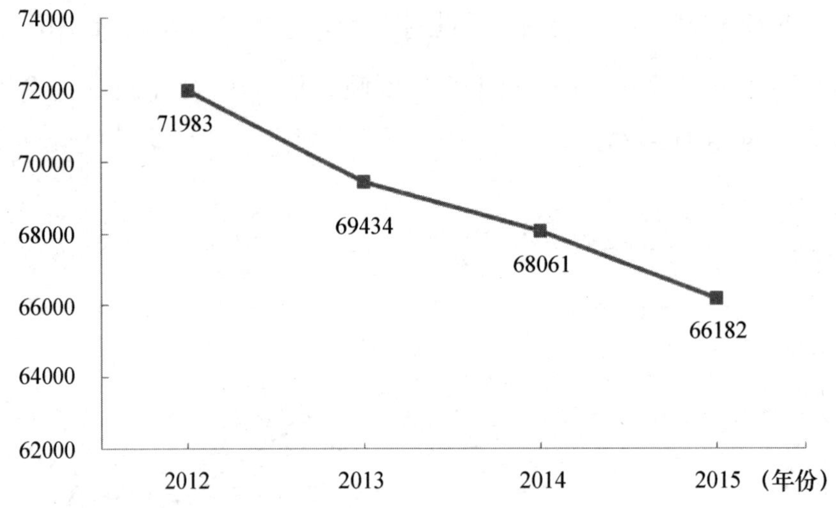

图 1—29　生产安全事故死亡人数近四年走势（单位：人）

生产安全事故死亡人数的持续下降，与有效的法律保障是分不开的。《中华人民共和国安全生产法》自 2002 年颁布实施以来，连续 13 年实现事故起数和死亡人数“双下降”[①]。《安全生产法》强化了生产经营单位主体责任和政府监管责任，强化了安全生产责任追究，为促进安全生产形势持续稳定好转提供了有力的法律保障。不过，虽然安全生产工作取得不小成效，但与党中央、

① 李楠楠：《安全生产事故起数和死亡人数连续 13 年“双下降”》，2016 年 12 月 21 日，人民网（http://www.chinacourt.org/article/detail/2016/12/id/2485842.shtml）。

国务院的要求和人民群众的期望相比，仍然存在较大差距，要让重特大事故、非法违法行为、安全隐患得到更有效的抑制，还需进一步的努力。

（五）亿元国内生产总值生产安全事故死亡人数（人）

2012—2015 年，中国亿元国内生产总值生产安全事故死亡人数呈持续下降态势。2015 年比 2014 年减少 0.009 人，比 2012 年减少 0.044 人（见图 1—30）。

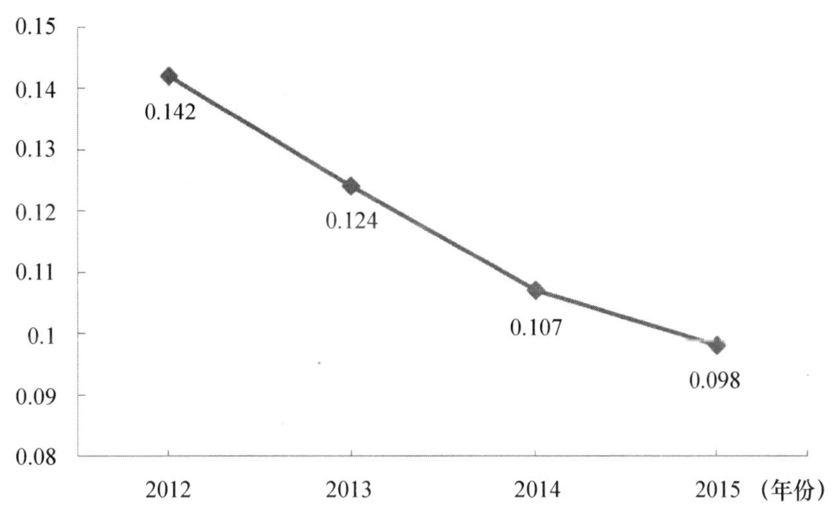

图 1—30　亿元国内生产总值生产安全事故死亡人数近四年走势（单位：人）

（六）节能环保财政支出（亿元）

2012—2015 年，中国节能环保财政支出呈持续上升态势。2015 年比 2014 年增加 987.25 亿元，比 2012 年增加 1839.43 亿元。(见图 1—31)。

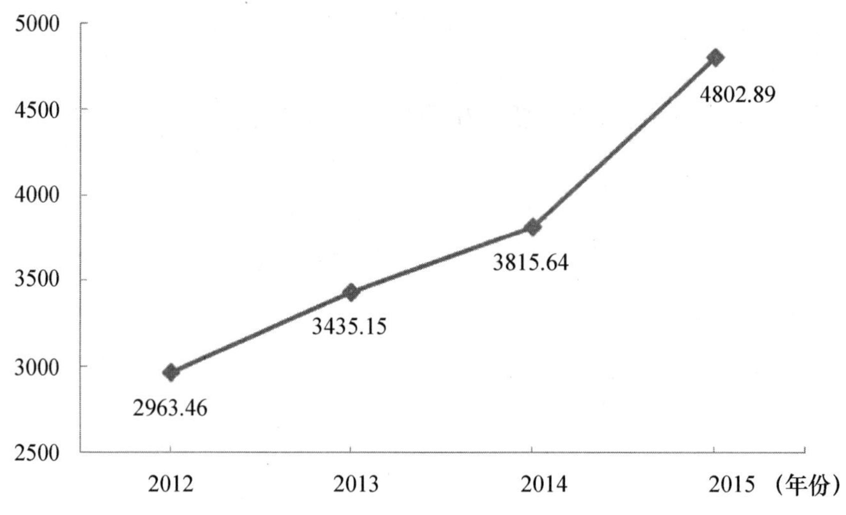

图 1—31 节能环保财政支出近四年走势(单位:亿元)

环保投入是环境保护事业发展的物质基础,其中,财政支持是开展环保工作的重要保障。近年来,中国环保投资总量增长较快,政府投入和私人部门投资都参与其中。在环境保护的投入中,政府财政投入具有明确的政策导向和示范意义,私人部门的环保投资往往取决于政府财政支出的水平和力度,因此,环境保护的政府财政支出对于环境保护工作的开展至关重要。

通过政府的财政投入,可以创造有利条件,以 PPP 方式引导社会资金进入环境保护领域。政府财政支持还有利于建立环保工作监管体系,保证各方主体依法履行职责。此外,环境保护财政支出还可以依据地方发展差异和自身局限进行调节,平衡区域之间的差异。

（七）城市建成区绿地率（%）

2012—2015 年，中国城市建成区绿地率总体呈上升趋势，2015 年比 2014 年下降 0.1 个百分点，但比 2012 年增长了 0.5 个百分点（见图 1—32）。

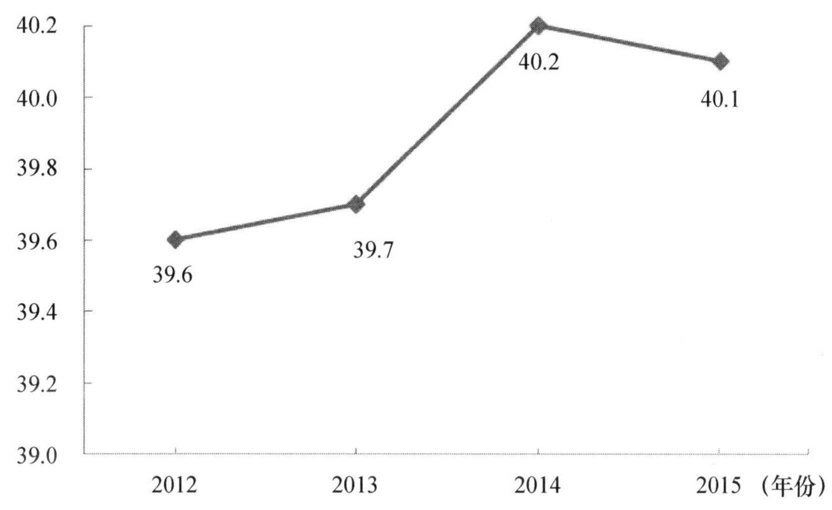

图 1—32　城市建成区绿地率近四年走势（单位：%）

近年来，中国城市园林绿化伴随城市化率的不断提高而稳步成长。在建成区绿化覆盖面积稳步增长的同时，中国人均公共绿地面积也呈逐年增长的态势。目前，全国大中小城市以城市改造和建设为契机，积极扩大公共绿地，改善绿地结构，美化城市环境，城市绿化数量不断扩大，质量不断提高，改善了城市生态环境的宜居性。

第二章　中国内地 31 个省市自治区社会建设指数

2016 年中国内地 31 个省市自治区社会建设指数得分为 76.81 分，比 2015 年提高 0.82 分，比 2013 年提高 6.89 分，一直保持增长的趋势。

2016 年中国内地 31 个省市自治区社会建设水平的总体排序仍然是北京、上海、浙江等东部地区处于第一梯队，占据领先位置。西部地区虽然在整体上仍然落后于东部地区，但进步较为明显，其中内蒙古和西藏的社会建设指数得分达到了两位数的增长水平，分别为 14.35%、13.68%。西部地区在社会建设进步指数的前十位排名中占据多数席位，始终保持社会建设的前进步伐，不断缩小与东部地区的差距。

一　中国内地 31 个省市自治区社会建设总指数

根据从《中国统计年鉴（2015 年）》《中国区域经济统计年鉴（2015 年）》《中国民政统计年鉴（2015 年）》《中国社会统计年鉴（2015 年）》等采集的中国内地 31 个省市自治区社会建设 44 个指标的数据，经计算分析，得出中国内地 31 个省市自治区总指数的得分及其排序。[①]

（一）社会建设总指数得分排序

从整体上看，中国内地31个省市自治区社会建设总指数得分平均水平为76.81分，有11个省市自治区高于平均水平；从排名上看，排在前五位的是北京93.44分、上海88.84分、浙江86.34分、天津84.06分、江苏83.43分，排在后五位的是甘肃72.89分、贵州72.86分、青海71.30分、云南70.13分、西藏66.70分；排在第一位的北京得分比排在最后一位的西藏高出26.74分（见图2—1）。

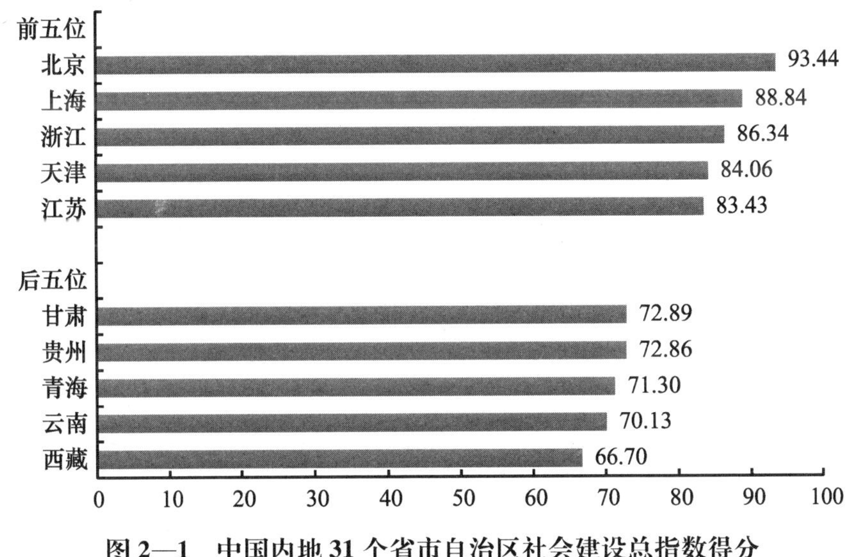

图2—1　中国内地31个省市自治区社会建设总指数得分前后五位排序（单位：分）

① 2016年中国社会建设报告主要以2015年的《中国统计年鉴》等年鉴为依据。2015年各种年鉴统计的是2014年的数据。在对具体指标做分析时，本书以实际数据的年份来表示。以后年份均同此。

中国内地31个省市自治区社会建设总指数得分比较及其排序，见表2—1。

表2—1 2016年中国内地31个省市自治区社会建设指数

排名	省市自治区	社会建设指数得分	社会建设指数百分制得分
1	北京	28.55413901	93.44
2	上海	25.81297900	88.84
3	浙江	24.37757746	86.34
4	天津	23.10696780	84.06
5	江苏	22.76242424	83.43
6	广东	21.63038617	81.33
7	山东	20.26470927	78.72
8	福建	20.24061014	78.67
9	重庆	20.12008072	78.44
10	辽宁	20.07160163	78.34
11	内蒙古	19.77769014	77.77
12	湖北	19.13813677	76.50
13	陕西	18.76259302	75.74
14	河北	18.70529458	75.63
15	四川	18.62651704	75.47
16	宁夏	18.52883252	75.27
17	安徽	18.33775375	74.88
18	吉林	18.33239259	74.87
19	海南	18.22779124	74.66
20	山西	18.17911313	74.56
21	广西	17.88627921	73.95
22	新疆	17.72079713	73.61
23	江西	17.67428743	73.51

续表

排名	省市自治区	社会建设指数得分	社会建设指数百分制得分
24	湖南	17.53010607	73.21
25	黑龙江	17.51849834	73.19
26	河南	17.39067467	72.92
27	甘肃	17.37303132	72.89
28	贵州	17.36223320	72.86
29	青海	16.62610318	71.30
30	云南	16.08275288	70.13
31	西藏	14.54871891	66.70
	百分标准值	32.70331392	100

（二）社会建设总指数比较分析

从2016年中国内地31个省市自治区社会建设总指数的排序分析，可以得出以下判断。

1. 中国社会建设紧扣增进民生福祉，促进和谐稳定

2016年中国内地31个省市自治区的社会建设总指数均在65分以上，从2015—2016年中国内地31个省市自治区社会建设指数看，总指数平均得分从75.99分提高到76.81分，一年内提高了0.82分。进步指数提高最快的省市自治区，2个年度有所不同：2015年进步指数提高最快的是广东省为1.96%、贵州省为1.94%；2016年进步指数提高最快的是西藏自治区为4.38%、青海省为4.34%。可以看出，无论是东部发达地区，还是西部的省份，都在面对新的形势、新的任务、新的挑战的情况下，坚持增进民生福祉，促进和谐稳定的宗旨，不断推进社会建设工作的开

展，不断完善社会结构的均衡与公平，努力将社会建设水平推向新的高度。

2. 中国社会建设正扎实推向纵深，区域差异仍然存在

从 2016 年和 2015 年的排序名次看，排名前五位和排名后五位的省市自治区基本一致，只是个别位次有些变化。同时，东中西部的社会建设发展水平仍有一定的差距。2014—2016 年，中国内地 31 个省市自治区社会建设水平总体格局（排序）没有大的变化，北京、上海、浙江、江苏和广东仍远远领先其他省市自治区。西部地区的社会建设仍落后于东部地区。在社会建设指数排名前十位的省市自治区中，东部地区的省市自治区占了九席，而后十位则全部为中西部地区的省市自治区，与 2015 年的排名情况类似。因此，政府不仅要高度重视社会建设，而且要把它作为一项长期的任务来推进，社会建设在中国还任重道远。

3. 北京市社会建设继续保持领先地位

2013—2016 年北京市的社会建设指数，连续四年在中国 31 个省市自治区中排名第一。从四个维度来看，北京在社会保障指数和社会治理指数上排名全国第一位，社会服务指数排名第二位，社会环境指数排名第三位。

从具体的单个指标来看，北京市也有不错的表现，每百万人口社工助工师、社会志愿者服务人次、每十万人口高等学校平均在校生数、每千人口执业（助理）医师数、建成区绿化覆盖率、城镇单位就业人员平均工资在中国内地 31 个省市自治区中排名第一位，城镇登记失业率和文盲人口占 15 岁及以上人口比重为最低，人口平均预期寿命（2010 年）、城镇居民人均可支配收入、社区服务机构覆盖率在中国内地 31 个省市自治区中排名第二位，

每千老年人口养老床位、文化事业费占财政支出的比重、人均文化事业费在中国 31 个省市自治区中排名第三位，亿元地区生产总值生产安全事故死亡率全国第三低，每千人口社会服务床位数、每千人口医院和卫生院床位（2012 年）、人均拥有公共图书馆藏量在中国 31 个省市自治区中排名第四位。

二　中国内地 31 个省市自治区社会保障指数的比较

在全面推进小康社会建设过程中，中国内地 31 个省市自治区的党委政府将社会保障当作民生基础工作来抓，社会保障水平保持稳定态势。2016 年为 85.83 分；2015 年社会保障指数得分为 85.86 分，2016 年比 2015 略低 0.03 分。

（一）社会保障指数得分排序

从整体上看，中国内地 31 个省市自治区社会保障指数得分平均水平为 85.83 分，有 14 个省市自治区高于平均水平；从排名上看，中国内地 31 个省市自治区社会保障指数得分排在前五位的是北京 97.81 分、上海 94.81 分、天津 93.12 分、浙江 90.47 分、广东 89.51 分，排在后五位的是甘肃 81.83 分、贵州 80.65 分、云南 80.32 分、青海 79.06 分、西藏 73.30 分；排在第一位的北京比排在最后一位的西藏高出 24.51 分（见图 2—2）。

中国内地 31 个省市自治区社会保障指数得分比较及其排序，见表 2—2。

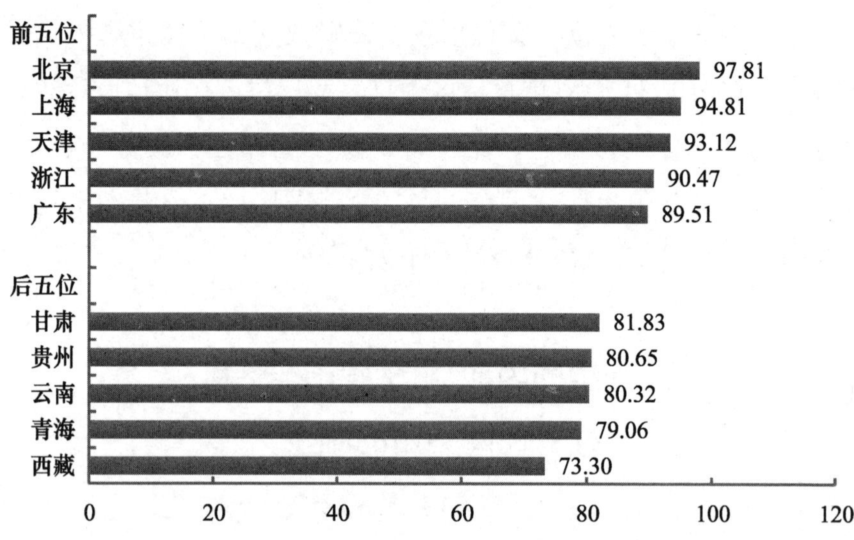

图 2—2　中国 31 个省市自治区社会保障指数得分前后五位排序（单位：分）

表 2—2　2016 年中国内地 31 个省市自治区社会保障指数

排名	省市自治区	社会保障指数得分	社会保障指数百分制得分
1	北京	25. 26148897	97. 81
2	上海	23. 73283441	94. 81
3	天津	22. 89638892	93. 12
4	浙江	21. 60976110	90. 47
5	广东	21. 15437347	89. 51
6	江苏	21. 07107747	89. 33
7	辽宁	20. 48726632	88. 09
8	山东	20. 11073530	87. 27
9	福建	20. 08941863	87. 23
10	吉林	19. 98687179	87. 00
11	重庆	19. 70182976	86. 38
12	海南	19. 57371394	86. 10
13	湖北	19. 56837836	86. 09
14	黑龙江	19. 50550954	85. 95
15	陕西	19. 31980166	85. 54

续表

排名	省市自治区	社会保障指数得分	社会保障指数百分制得分
16	山西	19. 23725952	85. 36
17	内蒙古	19. 15411518	85. 17
18	湖南	19. 15397522	85. 17
19	江西	19. 15037434	85. 16
20	河南	19. 13958370	85. 14
21	河北	19. 11037859	85. 07
22	广西	19. 07803781	85. 00
23	安徽	18. 88840466	84. 58
24	四川	18. 53344285	83. 78
25	新疆	18. 30592819	83. 26
26	宁夏	18. 25261631	83. 14
27	甘肃	17. 68180698	81. 83
28	贵州	17. 17259811	80. 65
29	云南	17. 03242619	80. 32
30	青海	16. 50572477	79. 06
31	西藏	14. 18585880	73. 30
	百分标准值	26. 40458039	100

（二）社会保障指数比较分析

1. 东西部地区的社会保障水平仍有较大差距

社会保障指数排名第一的北京市与排名最后的西藏自治区相差了24. 51分。在新常态经济增长放缓的背景下，社会保障水平依然需要保持稳定甚至增长，这对社会保障工作提出了很高的要求。

社会保障指数排名第一位的北京市，在每十万人口高等学校平均在校生数、城镇单位就业人员平均工资两个指标上排名全国首位，城镇登记失业率和文盲人口占15岁及以上人口比重为全国最低，城镇居民人均可支配收入、人口平均预期寿命（2010 年）排名全国第二位。相比之下，社会保障指数排名最后的西藏，人口平均预期寿命（2010 年）为 68.17 岁，比北京低了 12.1 岁；城镇居民人均可支配收入为 22015.8 元，比北京低了 26516 元，显示出了巨大的差距。地区之间社会保障水平差异，除了地方政府的重视和努力之外，还应通过国家层面的统筹支援来缩小。

2. 各省市自治区的社会保障工作各有侧重、表现各异

2016 年中国内地 31 省市自治区的平均得分为 85.83 分，比 2015 年的 85.86 分低了 0.03 分，总体来说保持较为稳定的水平。分别观察各个省市自治区社会保障维度得分的亮点，可以看出不同地区各有侧重。

例如，社会保险参保率这一类指标，就体现出不同区域间的特点。城镇职工基本养老保险参保人数增长率，广东省以 14.98% 的增速排名 31 个省市自治区的第一位。广东省的城镇化率 2015 年达到 67.76%，居全国省区首位，随着城镇化的推进，社会保险也随之跟进，取得了相应的成绩。城镇基本医疗保险参保人数增长率这一指标，则是浙江省拔得了头筹，以 17.63% 排名第一位。浙江省按照全覆盖、保基本、多层次、可持续的方针制定医保政策，同时对不属于职工基本医疗保险参保范围的人群也给予了明确的优惠政策①，推进了医疗保险体系的完善。

而在失业保险参保人数增长率这个指标的排名上，中西部的西藏、重庆、湖南的增速均超过了 10%，分别以 13.64%、

① 参见《浙江省人民政府办公厅关于深入推进城乡居民基本医疗保险制度建设的若干意见》（浙政办发〔2016〕134 号）（http：//www.jinhua.gov.cn/art/2016/10/31/art_12418_54.html）。

12.68%、10.35% 排名前三位。可见，各省市自治区根据自身的情况制定各有侧重的对应政策，促进社会保障体系不断完善。

3. 社会保障机制有待进一步提升和完善

从社会保险参保率的增长情况来看，中国内地 31 个省市自治区中的绝大部分均取得了正增长，但是应该看到，参保人数的增加并不必然意味着社会保险的福利惠及普通民众，社会保险体系仍有提升和完善的空间。例如，有的省市虽然在城镇职工基本养老保险参保人数增长率上排名靠前，但这些省市的一些地方的社保基金由于领取养老金的人数和参保人数不成比例，造成收支存在着一定的缺口，虽然可以通过省级统筹等方式解决，保证社保金按时发放，但社保机制上的不完善还是应该引起重视。不断完善社保体系，使其提升抵抗风险的能力，才能真正成为保民惠民的防波堤。

三　中国内地 31 个省市自治区社会服务指数的比较

2016 年中国内地 31 个省市自治区社会服务指数仍然通过社区服务设施覆盖率、社区服务机构覆盖率等 13 个指标来计算。2016 年中国内地 31 个省市自治区社会服务指数平均得分比 2015 年高 2.19 分。从数据上看，中国内地 31 个省市自治区社会服务指数得分均在 90 分以下，高于 70 分的省市自治区有 6 个，低于 60 分的省市自治区有 7 个。不过，2016 年只有 7 个省市自治区的得分低于 60 分，相对于 2015 年而言少了 3 个。当然，社会服务水平整体还有待提高，平均分不到 70 分，还须不断加强。

（一）社会服务指数得分排序

从整体上看，中国内地31个省市自治区社会服务指数得分平均水平为65.36分，有11个省市自治区高于中国内地31个省市自治区的平均水平；从排名上看，中国内地31个省市自治区社会服务指数得分排在前五位的是上海86.44分、北京84.59分、浙江83.78分、内蒙古74.75分、江苏74.62分；排在后五位的是广西58.94分、江西57.25分、湖南55.33分、河南54.92分、云南53.39分；排在第一位的上海比排在最后一位的云南高出33.05分（见图2—3）。

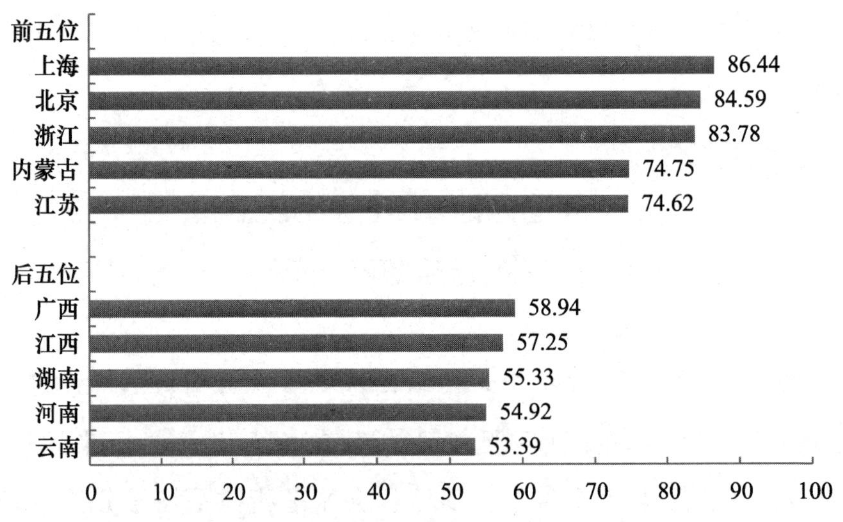

图2—3 中国内地31个省市自治区社会服务指数得分前后五位排序（单位：分）

中国内地31个省市自治区社会服务得分比较及其排序，见表2—3。

表 2—3　2016 年中国内地 31 个省市自治区社会服务指数

排名	省市自治区	社会服务指数得分	社会服务指数百分制得分
1	上海	11. 19015107	86. 44
2	北京	10. 71673063	84. 59
3	浙江	10. 51245716	83. 78
4	内蒙古	8. 367204131	74. 75
5	江苏	8. 339590926	74. 62
6	西藏	8. 112690072	73. 60
7	青海	6. 746055552	67. 12
8	天津	6. 732838601	67. 05
9	广东	6. 656474481	66. 67
10	宁夏	6. 475234847	65. 75
11	四川	6. 400072318	65. 37
12	新疆	6. 363304788	65. 18
13	重庆	6. 316736029	64. 94
14	山东	6. 316379382	64. 94
15	辽宁	6. 263682435	64. 67
16	甘肃	6. 062247797	63. 62
17	河北	6. 020773187	63. 40
18	福建	5. 984203337	63. 21
19	湖北	5. 893319998	62. 73
20	陕西	5. 729162074	61. 85
21	海南	5. 615916983	61. 24
22	吉林	5. 552318372	60. 89
23	贵州	5. 454648593	60. 35
24	安徽	5. 424081627	60. 18
25	山西	5. 371834157	59. 89
26	黑龙江	5. 302083403	59. 50
27	广西	5. 202794335	58. 94

续表

排名	省市自治区	社会服务指数得分	社会服务指数百分制得分
28	江西	4.909326971	57.25
29	湖南	4.584040777	55.33
30	河南	4.517825346	54.92
31	云南	4.268440365	53.39
	百分标准值	14.97633131	100

（二）社会服务指数比较分析

根据社会服务指数的排序结果，比较分析 2016 年与 2015 年中国内地 31 个省市自治区社会服务指数，可得出以下几点认识。

1. 社会服务的均等化正逐步推进

东西部比较来看，在传统的社会服务指标上，东西部地区并没有显现出明显的整体差异，在某些指标上西部地区的表现甚至还好于东部地区。如在“每千人口医疗卫生机构床位/千人”指标上，排名第一位的新疆为 6.2 张，比广东的 3.8 张高出了 2.4 张；新疆还在“每千人口医院和卫生院床位/千人”指标上排名全国第一位，为 5.6 张，比广东高出了 2.53 张。西藏在“人均文化事业费”“每万人拥有群众文化设施建筑面积”两项指标上排名全国第一位，领先于东部地区的省份。在城市社区服务中心（站）覆盖率、每千老年人口养老床位、每千人口社会服务床位数、每千人口执业（助理）医师、人均文化事业费、人均拥有公共图书馆藏量等指标的排名上，均有西部地区进入全国前五位。

从整体水平来看，在传统社会服务指标上，31 个省市自治区之间的差异相对较小，而新兴的社会服务项目指标则差异相对较大。从传统社会服务项目来看，每千人口医院和卫生院床位数排名第一名的新疆是最后一名西藏的2.16倍，每千人口医疗卫生机构床位数排名第一名的新疆是最后一名西藏的1.66倍，每千人口执业（助理）医师数排名第一名的北京是最后一名云南的2.33倍。从新兴社会服务项目来看，每千人口社会服务床位数排名第一名的浙江是最后一名云南的4.63倍，城市社区服务中心（站）覆盖率第一名的甘肃是最后一名西藏的10.49倍，社区服务机构覆盖率第一名的广东是最后一名西藏的291.83倍。可见，在传统社会服务项目上，由于政府重视，长期以来经过持续建设已经取得了普遍的成效，正向均等化的方向迈进，而新兴的社会服务项目，则由于推出不久，方兴未艾，还未在普遍范围内获得大致相同的进展，因此还需在均等化方面继续努力。

2. 社会服务正向多元化的格局迈进

中共十八届三中全会明确提出“推广政府购买服务，凡属事务性管理服务，原则上都要引入竞争机制，通过合同、委托等方式向社会购买”，“加大政府购买公共服务力度”。基本社会公共服务供给种类多样化已成为政府完善和履行公共服务职能的主要目标，推动公共服务供给体系多元化发展，是实现基本公共服务均等化、保障和改善民生的重要方向。

考察社会服务指数排名前三位的上海、北京、浙江，在社会服务供给多元化方面做得较好，走在全国前列。以上海为例，近年来，上海将一些基本公共服务让渡给市场主体或社会组织，建立社会多元合作机制，扩大基本公共服务供给范围，提高供给效率，促进基本公共服务质量的均衡。结合社会服务的具体指标来看，上海的文化事业费占财政支出的比重为0.68%、人均文化事业费为 137.13 元，两项指标均排在全国第二位。应当看到，上海的公共文化投入有相当一部分用于政府购买服务上，每年都开展面向全市的公共文化服务政府采购和整合配送工作，使优质文化资源更为集中，使广大基层文化工作更为便捷，从依靠政府提供公共文化服务的单一方式向多种方式转变，逐步实现由政府、企业、非营利组织和广大群众共同来提供。

目前，全国各地区正努力推行多元主体积极参与、平等竞争的社会服务供给格局，逐步建立合格供应商制度，通过市民自主选择、政府购买服务、合同契约管理的方式，在社会服务领域引入市场机制，使服务体系的效率逐步提升。可以看出，多方参与和多元供给正逐步融入各地社会服务的格局，为社会服务建设贡献力量。

四 中国内地 31 个省市自治区社会治理指数的比较

2016 年的社会治理指数得分比 2015 年上升了 0.54 分，社会治理水平整体趋稳。

（一）社会治理指数得分排序

从整体上看，中国内地 31 个省市自治区社会治理指数得分平均水平为 56.36 分，有 11 个省市自治区高于中国内地 31 个省市自治区的平均水平；从排名上看，中国内地 31 个省市自治区社会治理指数得分排在前五位的是北京 89.50 分、上海 81.35 分、天津 75.92 分、浙江 75.30 分、江苏 71.84 分；排在后五位的是湖南 47.42 分、黑龙江 47.38 分、江西 46.80 分、河南 44.78 分、西藏44.31分；排在第一位的北京比排在最后一位的西藏高出45.19分（见图2—4）。

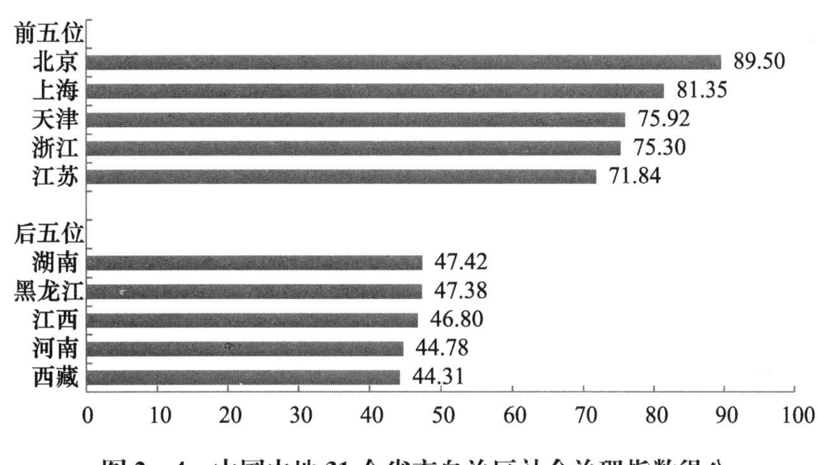

图2—4　中国内地31个省市自治区社会治理指数得分前后五位排序（单位：分）

中国内地31个省市自治区社会治理指数得分比较及其排序，见表2—4。

表2—4　2016年中国内地31个省市自治区社会治理指数

排名	省市自治区	社会治理指数得分	社会治理指数百分制得分
1	北京	9.487198799	89.50
2	上海	7.838193463	81.35
3	天津	6.827476751	75.92
4	浙江	6.715606512	75.30
5	江苏	6.111976309	71.84
6	广东	5.167463856	66.05
7	福建	4.716543031	63.10
8	重庆	4.355280474	60.64
9	辽宁	4.274779765	60.08

续表

排名	省市自治区	社会治理指数得分	社会治理指数百分制得分
10	宁夏	4. 122374735	59. 00
11	山东	4. 033981090	58. 36
12	陕西	3. 501265841	54. 37
13	湖北	3. 499376736	54. 36
14	四川	3. 474293254	54. 16
15	山西	3. 122254830	51. 34
16	广西	3. 040174966	50. 66
17	甘肃	3. 006855744	50. 39
18	贵州	2. 961265911	50. 00
19	内蒙古	2. 928592318	49. 73
20	新疆	2. 925473832	49. 70
21	云南	2. 842050044	48. 99
22	海南	2. 795770597	48. 58
23	安徽	2. 784028556	48. 48
24	青海	2. 762809129	48. 30
25	河北	2. 756587481	48. 24
26	吉林	2. 721697217	47. 94
27	湖南	2. 663317752	47. 42
28	黑龙江	2. 659119723	47. 38
29	江西	2. 594415798	46. 80
30	河南	2. 375390145	44. 78
31	西藏	2. 325472835	44. 31
	百分标准值	11. 84407551	100

（二）社会治理指数比较分析

从 2016 年中国内地 31 个省市自治区社会治理指数得分，可得出以下几个判断。

1. 社会治理正向全民共建共享的新格局转变

从具体指标看，“每万人社区居民委员会数”全国31个省市自治区均达到了0.4个/万人以上，上海、北京、新疆、天津达到了1.0个/万人以上；“每十万人口社会组织”全国有8个省市自治区达到了50个/十万人以上。社区居民委员会是基层社会治理的基本单元，是基层民主议事机制的重要参与者，是社会治理从“政府负责”变“政府主导、群众共同参与”，触角延伸到“最后一公里”的重要载体，而社会组织则是起到激发社会活力、动员和组织社会资源的作用。社会组织的不断发育和完善，使得社会治理朝向社会协同、公众参与的方向发展，向着全民共建共享的新格局转变。

不过从社会治理总指数来看，虽然2016年得分有所上升，但个别指标相对于2015年还是略有下降，如“建立党组织的社会组织数”指标，2016年比2015年下降的省市自治区有17个，辽宁省下降1032个、上海市下降755个、浙江省下降580个、湖北省下降440个、河北省下降293个、四川省下降197个、甘肃省下降192个、江西省下降165个、安徽省下降154个、河南省下降98个、黑龙江省下降91个、重庆市下降61个、海南省下降58个、新疆维吾尔自治区下降40个、山西省下降15个、青海省下降2个、吉林省下降1个①，说明当前社会组织发展迅速、数量增加，但相应的工作还有待跟上社会组织发展的速度，才能更好地保障社会组织作用的充分发挥。

2. 各地区社会治理发展水平差异仍然较大

社会治理指数中具体指标的差异较大，如“万人社区居民委

① 《2015中国民政统计年鉴》，中国统计出版社2015年版，第561页。

员会数”，上海市每万人 1.7 个，而最少的是广西壮族自治区只有每万人 0.4 个，高于每万人 1.0 个的只有 4 个省市自治区。“每百万人口社工助工师”最多的北京市是 431.4 人/百万人，而最少的西藏自治区只有 1.6 人/百万人。

各地区社会治理发展水平的差异，说明制约我国社会治理体系发展的问题有很多，概括起来主要有两方面：一是资源困境。许多社会治理机构尤其是民间社会组织缺乏必要的财力物力支撑，难以有效开展活动。二是人才困境。从制度上看，社会治理的人才管理和待遇管理都缺乏规范，许多社会组织的专职工作人员待遇较低。解决好社会治理中存在的上述问题，必须解放思想、更新理念，促进社会治理体系健康有序发展，更好地激发社会活力。

五　中国内地 31 个省市自治区社会环境指数的比较

2016 年中国内地 31 个省市自治区社会环境指数得分为 89.17 分，比 2015 年的 86.03 分提高了 3.14 分。2016 年的社会环境指数共有 9 个指标，对 31 个省市自治区社会环境的评价更准确合理。

（一）社会环境指数得分排序

从整体上看，中国内地 31 个省市自治区社会环境指数得分平均水平为 89.17 分，有 16 个省市自治区高于中国内地 31 个省市自治区的平均水平；从排名上看，中国内地 31 个省市自治区社会治理指数得分排在前五位的是山东 96.43 分、内蒙古 95.30 分、北京 94.40 分、宁夏 93.69 分、江苏 93.31 分；排在后五位的是上海 85. 97 分、甘肃 84. 02 分、黑龙江 82. 86 分、青海 81. 28 分、西藏 69. 75 分；排在第一位的比排在最后一位的高出 26. 68 分（见图 2—5）。

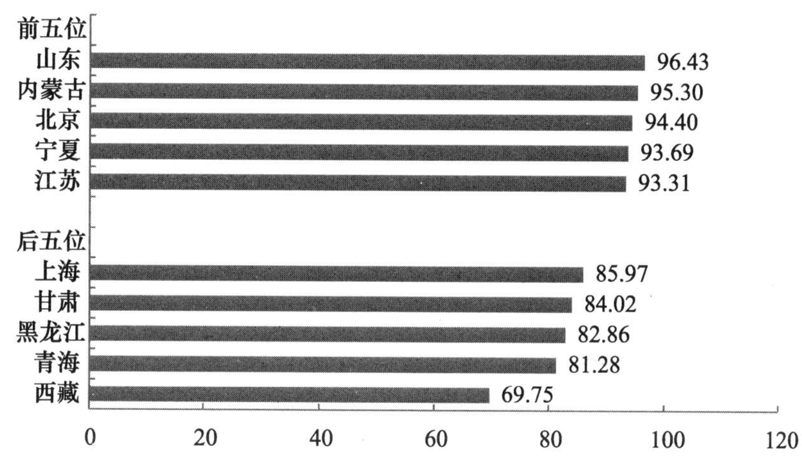

图 2—5　中国内地 31 个省市自治区社会环境指数得分前后五位排序（单位：分）

中国内地 31 个省市自治区社会环境指数得分比较及其排序，见表 2—5。

表 2—5　2016 年中国内地 31 个省市自治区社会环境指数

排名	省市自治区	社会环境指数得分	社会环境指数百分制得分
1	山东	10. 82885455	96. 43
2	内蒙古	10. 57618295	95. 30
3	北京	10. 37643229	94. 40
4	宁夏	10. 22195447	93. 69
5	江苏	10. 13847797	93. 31

续表

排名	省市自治区	社会环境指数得分	社会环境指数百分制得分
6	安徽	10. 13755954	93. 30
7	河北	10. 11021909	93. 18
8	重庆	10. 08953545	93. 08
9	福建	10. 03325859	92. 82
10	浙江	9. 869849779	92. 06
11	广东	9. 828185349	91. 87
12	陕西	9. 573354889	90. 67
13	江西	9. 408677352	89. 89
14	湖北	9. 407102706	89. 88
15	山西	9. 349390827	89. 60
16	海南	9. 261513954	89. 18
17	辽宁	9. 257512878	89. 16
18	天津	9. 238379885	89. 07
19	四川	9. 175919996	88. 77
20	湖南	9. 173608816	88. 76
21	广西	9. 147850111	88. 63
22	贵州	9. 120592428	88. 50
23	云南	8. 951779910	87. 68
24	吉林	8. 851874876	87. 19
25	新疆	8. 830632469	87. 08
26	河南	8. 781746836	86. 84
27	上海	8. 607254176	85. 97
28	甘肃	8. 219926595	84. 02

续表

排名	省市自治区	社会环境指数得分	社会环境指数百分制得分
29	黑龙江	7. 995734717	82. 86
30	青海	7. 693824197	81. 28
31	西藏	5. 664479608	69. 75
	百分标准值	11. 64459532	100

（二）社会环境指数比较分析

社会环境指数兼顾自然环境和社会环境，如设置“自然保护区面积”“建成区绿化覆盖率”等指标，又设置影响城市社会环境质量的“人均城市道路面积”“生活垃圾无害化处理率”“污水处理率”等指标，所以，社会环境指数的内涵超出自然环境的范畴，一些自然生态条件较好的省市自治区，社会环境指数的排名并不十分靠前，如海南、贵州、新疆等，排名只在第16位、第22位、第25位。

1. 环境保护工作扎实推进取得成效，但仍需努力

与2015年相比，2016年社会环境指数有12个省市自治区的得分在90分以上（2015年为9个省市自治区在90分以上），总体呈向好的态势。“十二五”规划实施以来，中国持续加大环境保护工作力度，环境污染治理投资保持快速增长，占GDP比重逐年提高，尤其是加大了对工业污染的治理投资。持续加大节能减排工作力度，大力建设资源节约型、环境友好型社会，在节能减排方面取得了显著成效，能源资源利用效率进一步提高，二氧化硫排放量减少。同时，中国坚持污染防治与生态保护并重、生态

保护与生态建设并举的方针，不断加强自然生态保护，采取了一系列保护和改善自然生态环境的重大举措，实施了一系列重点生态治理工程，自然保护区个数和面积继续扩大，进一步加强、完善或改进了原有的自然生态系统，有效地保护和改善了自然生态环境。

不过，虽然“十二五”时期我国在生态环境的系统保护、综合监管等方面取得积极进展，但总体上生态保护与开发建设活动之间依然存在矛盾，生态安全形势依然严峻。近年来的环境污染治理投资虽有快速增长，但总的来看环境污染治理投资的总量还比较小，占 GDP 的比重还比较低，因此仍需继续努力。

2. 环境保护与经济社会发展正走向协调共赢的可持续发展之路

观察社会环境指数排名前五位的省市自治区，山东、北京、江苏均为经济发达地区，2015 年 3 个省市自治区的人均 GDP 排在全国前十位，江苏和山东的 GDP 总量排名全国第二、第三位。从这些地区环境保护取得的成绩可以看出，环境保护和经济社会发展的协调共赢并非不能实现。

处理好经济发展与环境保护的关系，是实现经济社会可持续发展的必然要求。我国在推动可持续发展方面积极探索，特别是党的十八大以来积极推进生态文明建设，促进绿色发展，在处理经济发展与环境保护关系方面获得了新认识、走出了新路子。各地在环境保护问题上，认识到绿色发展是实现经济发展与环境保护相协调的基本途径，自觉地推动绿色发展、循环发展、低碳发展，打破了环境保护末端治理的单一模式，实施前端保护、过程严控、污染严惩的治理模式，跳出了“先污染、后治理”的怪圈，确保发展的可持续性。绿色发展立足经济发展新常态，通过科技创新、制度创新，生产绿色产品、推动绿色消费、营造绿色文化，实现了经济发展与环境保护的双赢。

3. 中西部地区社会环境建设投入加大

西部地区的内蒙古和宁夏进入了社会环境指数排名的前五名。近年来，西部地区在生态环境方面的投入不断加大，从具体指标上看，宁夏、内蒙古、新疆在人均工业污染治理完成投资这项指标上分列全国第一、第二、第五位。以宁夏为例，2015年以来，宁夏通过积极争取中央和自治区财政专项资金，并撬动社会资本投入城市环境基础设施建设领域，已完成环境基础设施建设项目投资1.55亿元[①]，资金投入重点用于改善城市水环境和大气环境。中西部地区通过积极投入改善生态环境，协调发展和保护的关系，避免落入牺牲生态换取经济发展的陷阱。

六　中国内地31个省市自治区社会建设进步指数的比较

以2016年对中国内地31个省市自治区社会建设指数分析为基础，对2015年中国内地31个省市自治区社会建设状况做比较，并以进步指数表示。

（一）中国内地31个省市自治区社会建设进步指数排序

从整体上看，2016年在中国内地31个省市自治区中，有26

---

① 赵倩：《宁夏2015年已投入1.55亿元用于环境治理》，中国政府网（http：//www.gov.cn/xinwen/2015－07/26/content_2902811.htm）。

个省市自治区社会建设指数都有不同程度的提高，只有5个省市自治区有不同程度下降。

2016年中国内地31个省市自治区社会建设进步指数排名前五位的是西藏4.38%、青海4.34%、天津4.16%、内蒙古4.08%、宁夏3.13%，排名后五位的是江苏－0.17%、广东－0.32%、山东－0.62%、辽宁 －0.68%、北京－1.55%（见图2—6）。

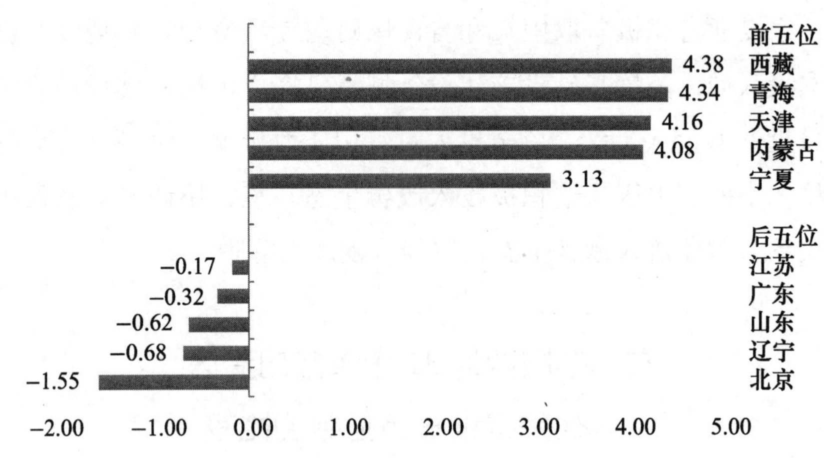

图2—6 中国内地31个省市自治区社会建设进步指数前后五名比较（单位:%）

2016年社会建设进步指数排名第一位的是西藏自治区，2015年西藏自治区的社会建设进步指数排名第31位，一年内取得了大幅上升。进步指数排名第2位的青海省，虽然相对其他省市自治区取得了较大进步，但在社会建设总指数的排名上仅位居第29位，较去年进步了1位，仍然有较大的进步空间。排名后三位中的山东省、辽宁省、北京市，在社会建设总指数的排名上，都在前十位。

表 2—6　　中国内地 31 个省市自治区社会建设进步指数

排名	省市自治区	社会建设指数百分制得分（分）		进步指数（增长百分比）（%）
		2015 年	2016 年	
1	西藏	63.90	66.70	4.38
2	青海	68.34	71.30	4.34
3	天津	80.70	84.06	4.16
4	内蒙古	74.72	77.77	4.08
5	宁夏	72.99	75.27	3.13
6	甘肃	70.95	72.89	2.72
7	贵州	71.23	72.86	2.29
8	新疆	72.00	73.61	2.24
9	吉林	73.71	74.87	1.58
10	福建	77.70	78.67	1.25
11	安徽	74.06	74.88	1.10
12	湖北	75.71	76.50	1.04
13	广西	73.24	73.95	0.97
14	河南	72.22	72.92	0.97
15	浙江	85.73	86.34	0.71
16	海南	74.16	74.66	0.68
17	河北	75.14	75.63	0.64
18	湖南	72.77	73.21	0.61
19	云南	69.73	70.13	0.57
20	黑龙江	72.87	73.19	0.44
21	四川	75.19	75.47	0.38
22	山西	74.29	74.56	0.36

续表

排名	省市自治区	社会建设指数百分制得分（分）		进步指数（增长百分比）（%）
		2015 年	2016 年	
23	重庆	78.28	78.44	0.21
24	陕西	75.66	75.74	0.11
25	江西	73.45	73.51	0.09
26	上海	88.81	88.84	0.04
27	江苏	83.57	83.43	-0.17
28	广东	81.59	81.33	-0.32
29	山东	79.21	78.72	-0.62
30	辽宁	78.87	78.34	-0.68
31	北京	94.91	93.44	-1.55

（二）中国内地 31 个省市自治区社会保障进步指数排序

对比 2015 年中国内地 31 个省市自治区社会保障指数，9 个省市自治区有不同程度进步，其他 22 个省市自治区指数都有下降（见表 2—7）。

进步指数排名前五位的是：西藏 0.77%、河南 0.46%、新疆 0.37%、安徽 0.36%、青海 0.28%；排名后五位的是海南 -0.29%、陕西 -0.35%、辽宁 -0.36%、江西 -0.39%、浙江 -0.46%（见图 2—7）。

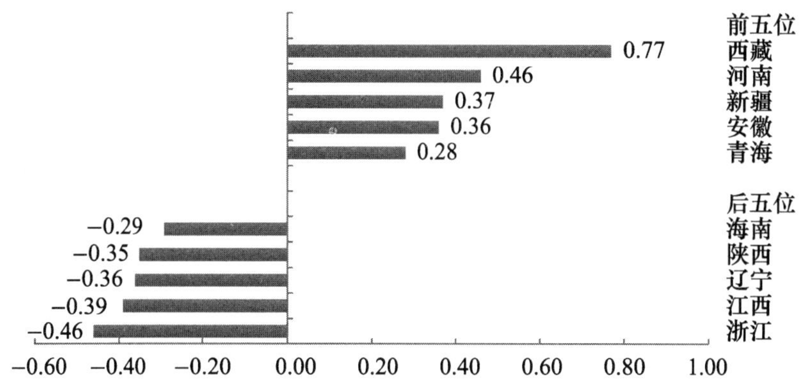

图2—7　中国内地31个省市自治区社会保障进步指数前后五名比较（单位:%）

表2—7　　中国内地31个省市自治区社会保障进步指数

排名	省市自治区	社会保障指数百分制得分（分）		进步指数（增长百分比）（%）
		2015年	2016年	
1	西藏	72.74	73.30	0.77
2	河南	84.75	85.14	0.46
3	新疆	82.95	83.26	0.37
4	安徽	84.28	84.58	0.36
5	青海	78.85	79.06	0.28
6	湖南	84.94	85.17	0.27
7	广西	84.84	85.00	0.19
8	上海	94.65	94.81	0.17
9	重庆	86.30	86.38	0.09
10	吉林	86.93	87.00	0.08
11	内蒙古	85.14	85.17	0.04
12	福建	87.21	87.23	0.01
13	贵州	80.66	80.65	-0.02
14	河北	85.09	85.07	-0.02

续表

排名	省市自治区	社会保障指数百分制得分（分）		进步指数
		2015 年	2016 年	（增长百分比）（%）
15	广东	89.53	89.51	-0.03
16	四川	83.86	83.78	-0.09
17	湖北	86.20	86.09	-0.13
18	山东	87.40	87.27	-0.14
19	甘肃	81.95	81.83	-0.15
20	天津	93.27	93.12	-0.16
21	云南	80.47	80.32	-0.19
22	宁夏	83.30	83.14	-0.19
23	江苏	89.52	89.33	-0.21
24	北京	98.05	97.81	-0.25
25	山西	85.58	85.36	-0.27
26	黑龙江	86.20	85.95	-0.29
27	海南	86.35	86.10	-0.29
28	陕西	85.84	85.54	-0.35
29	辽宁	88.40	88.09	-0.36
30	江西	85.50	85.16	-0.39
31	浙江	90.89	90.47	-0.46

（三）中国内地 31 个省市自治区社会服务进步指数排序

2016 年中国内地 31 个省市自治区社会服务指数，天津市、上海市、北京市有不同程度的退步外，其他 28 个省市自治区的社会服务指数都有不同程度的进步。中国内地 31 个省市自治区社会服务指数平均得分为 65.36 分。

中国内地 31 个省市自治区 2016 年对 2015 年社会服务进步指

数排名前五位的是内蒙古 14. 35%、西藏 13. 68%、青海 7. 53%、贵州 7. 24%、宁夏 6. 65%；排名后五位的是广东 0. 43%、江苏 0. 03%、天津 - 0. 57%、上海 - 1. 21%、北京 - 3. 17%（见图 2—8）。

2016 年社会服务进步指数排名第一位的是内蒙古自治区。2015 年，内蒙古自治区的社会服务指数得分排名 31 个省市自治区第 7 位，而 2016 年内蒙古自治区的社会服务指数得分排名上升至第 4 位，取得了较为显著的进步（见表 2—8）。

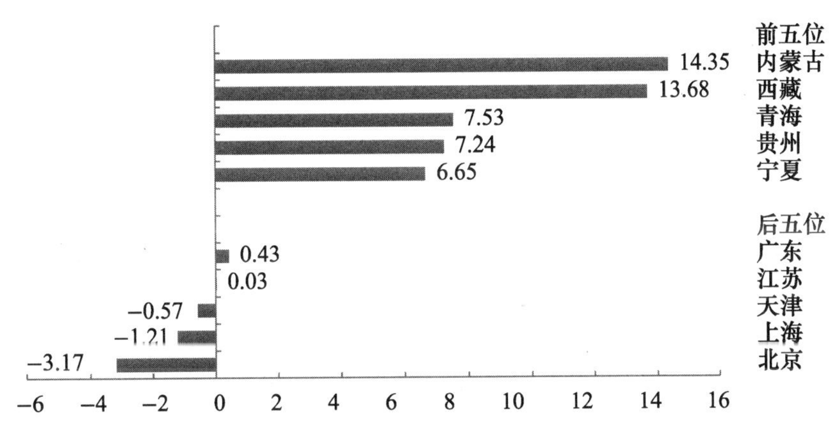

图 2—8　中国内地 31 个省市自治区社会服务进步指数前后五名比较（单位:%）

表 2—8　中国内地 31 个省市自治区社会服务进步指数

排名	省市自治区	社会服务指数百分制得分（分）		进步指数（增长百分比）（%）
		2015 年	2016 年	
1	内蒙古	65. 37	74. 75	14. 35
2	西藏	64. 75	73. 60	13. 68
3	青海	62. 41	67. 12	7. 53

续表

排名	省市自治区	社会服务指数百分制得分（分）		进步指数（增长百分比）（%）
		2015 年	2016 年	
4	贵州	56.28	60.35	7.24
5	宁夏	61.66	65.75	6.65
6	浙江	79.26	83.78	5.70
7	黑龙江	56.36	59.50	5.57
8	广西	55.98	58.94	5.29
9	河南	52.30	54.92	5.01
10	甘肃	60.75	63.62	4.73
11	福建	60.39	63.21	4.67
12	江西	54.70	57.25	4.66
13	安徽	57.71	60.18	4.28
14	云南	51.30	53.39	4.06
15	新疆	63.08	65.18	3.33
16	河北	61.46	63.40	3.16
17	吉林	59.21	60.89	2.84
18	湖南	53.81	55.33	2.81
19	湖北	61.20	62.73	2.51
20	四川	63.91	65.37	2.29
21	山西	58.89	59.89	1.70
22	陕西	61.03	61.85	1.34
23	重庆	64.13	64.94	1.28
24	辽宁	63.88	64.67	1.24
25	海南	60.55	61.24	1.14
26	山东	64.59	64.94	0.55
27	广东	66.38	66.67	0.43
28	江苏	74.60	74.62	0.03
29	天津	67.44	67.05	-0.57
30	上海	87.50	86.44	-1.21
31	北京	87.36	84.59	-3.17

（四）中国内地 31 个省市自治区社会治理进步指数排序

对比 2015 年中国内地 31 个省市自治区社会治理指数，16 个省市自治区有不同程度的提高，15 个省市自治区有不同程度的下降。社会治理进步指数排名前五位的是天津 33.24%、宁夏 10.67%、内蒙古 5.72%、海南 4.95%、西藏自治区 4.03%；排名后五位的是吉林 -3.04%、北京 -4.39%、河南 -4.47%、黑龙江 -5.51%、广东 -5.88%（见图 2—9）。

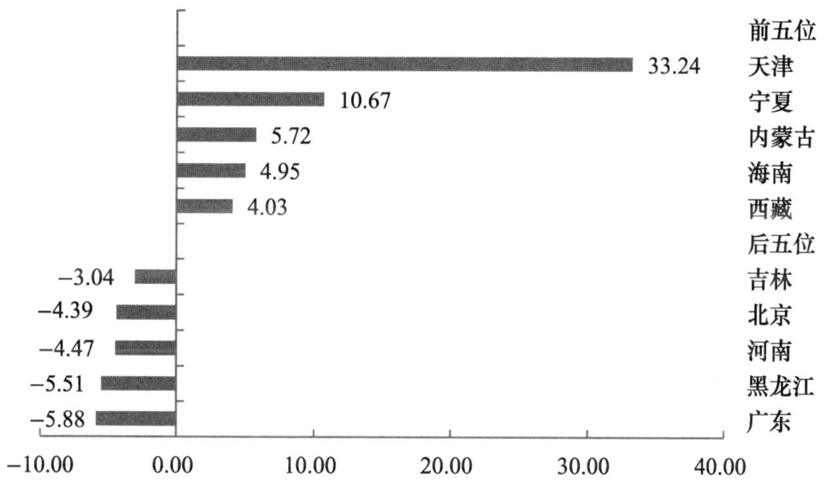

图 2—9　中国内地 31 个省市自治区社会治理进步指数前后五名比较（单位:%）

2016 年社会治理进步指数排名第一位的是天津市。2015 年天津市社会治理指数得分的排名是第 10 位，2016 年上升至第三位，取得了较大的进步。

表 2—9　　中国内地 31 个省市自治区社会治理进步指数

排名	省市自治区	社会治理指数百分制得分（分）		进步指数（增长百分比）（%）
		2015 年	2016 年	
1	天津	56. 98	75. 92	33. 24
2	宁夏	53. 31	59. 00	10. 67
3	内蒙古	47. 04	49. 73	5. 72
4	海南	46. 29	48. 58	4. 95
5	西藏	42. 59	44. 31	4. 03
6	贵州	48. 27	50. 00	3. 59
7	青海	46. 73	48. 30	3. 36
8	上海	79. 96	81. 35	1. 74
9	重庆	59. 63	60. 64	1. 69
10	云南	48. 23	48. 99	1. 56
11	福建	62. 14	63. 10	1. 55
12	陕西	54. 04	54. 37	0. 62
13	甘肃	50. 09	50. 39	0. 60
14	新疆	49. 45	49. 70	0. 50
15	广西	50. 52	50. 66	0. 28
16	山西	51. 28	51. 34	0. 13
17	江苏	72. 03	71. 84	－0. 26
18	浙江	75. 68	75. 30	－0. 50
19	安徽	48. 74	48. 48	－0. 53
20	湖北	54. 82	54. 36	－0. 85
21	江西	47. 34	46. 80	－1. 14
22	山东	59. 55	58. 36	－1. 99
23	辽宁	61. 54	60. 08	－2. 38
24	河北	49. 45	48. 24	－2. 44
25	四川	55. 57	54. 16	－2. 53
26	湖南	48. 84	47. 42	－2. 91
27	吉林	49. 44	47. 94	－3. 04
28	北京	93. 61	89. 50	－4. 39

续表

排名	省市自治区	社会治理指数百分制得分（分）		进步指数（增长百分比）（%）
		2015 年	2016 年	
29	河南	46.88	44.78	-4.47
30	黑龙江	50.15	47.38	-5.51
31	广东	70.18	66.05	-5.88

（五）中国内地 31 个省市自治区社会环境进步指数排序

从 2016 年中国内地 31 个省市自治区社会环境进步指数看，除了重庆市稍有下降外，其他 30 个省市自治区都有不同程度进步。社会环境进步指数排名前五位的是青海 15.49%、甘肃 13.31%、吉林 8.83%、新疆 8.61%、宁夏 8.49%；排在后五位的是辽宁 1.03%、天津 0.88%、山东 0.85%、山西 0.10%、重庆 -0.31%（见图 2—10）。

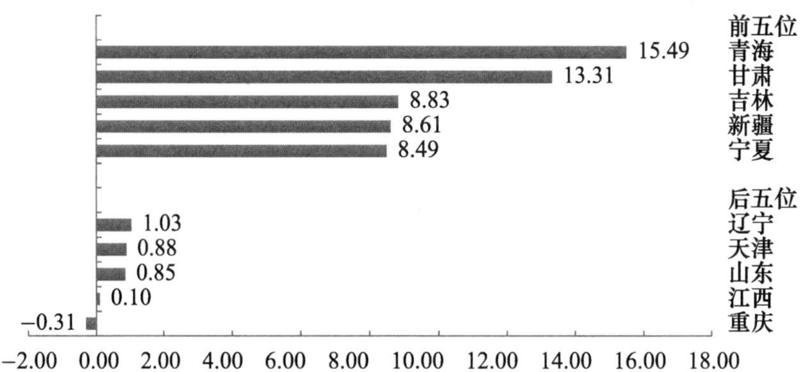

图 2—10 中国内地 31 个省市自治区社会环境进步指数前后五名比较（单位:%）

2016年社会环境进步指数排名第一位的是青海省。2015年青海省的社会环境指数得分排名第30位，2016年仍然排名第30位，虽然名次未见上升，但得分较2015年有所提高。具体到指标来看，青海省“人均工业污染治理完成投资”排名全国第6位，“人均公园绿地面积”排名全国第26位，“万元地区生产总值能耗下降率”排名全国第12位，“人均城市道路面积”排名全国第29位（见表2—10）。

表2—10 中国内地31省市自治区社会环境进步指数

排名	省市自治区	社会环境指数百分制得分（分）		进步指数（增长百分比）（%）
		2015年	2016年	
1	青海	70.38	81.28	15.49
2	甘肃	74.15	84.02	13.31
3	吉林	80.11	87.19	8.83
4	新疆	80.18	87.08	8.61
5	宁夏	86.36	93.69	8.49
6	西藏	64.79	69.75	7.64
7	贵州	83.52	88.50	5.97
8	湖北	85.71	89.88	4.87
9	内蒙古	91.27	95.30	4.42
10	云南	84.18	87.68	4.16
11	黑龙江	79.94	82.86	3.65
12	四川	85.74	88.77	3.54
13	广东	88.92	91.87	3.31
14	福建	90.36	92.82	2.73
15	河北	90.76	93.18	2.66
16	湖南	86.57	88.76	2.52

续表

排名	省市自治区	社会环境指数百分制得分（分）		进步指数（增长百分比）（%）
		2015年	2016年	
17	海南	87.02	89.18	2.48
18	河南	85.00	86.84	2.16
19	北京	92.42	94.40	2.14
20	安徽	91.58	93.30	1.89
21	陕西	89.07	90.67	1.80
22	浙江	90.55	92.06	1.68
23	江苏	91.97	93.31	1.45
24	上海	84.75	85.97	1.44
25	广西	87.60	88.63	1.18
26	山西	88.58	89.60	1.16
27	辽宁	88.25	89.16	1.03
28	天津	88.29	89.07	0.88
29	山东	95.62	96.43	0.85
30	江西	89.80	89.89	0.10
31	重庆	93.37	93.08	0.31

第三章　中国4个直辖市社会建设指数比较

直辖市具有明显的区位优势和经济政治优势，在中国内地31个省市自治区中具有特殊的地位和作用。直辖市的社会建设水平是中国城市的标杆和示范，将直辖市单列出来分析具有重要意义。所以，继2014年、2015年之后，2016年继续跟踪比较中国4个直辖市的社会建设水平。

一　中国4个直辖市社会建设总指数

根据从《中国统计年鉴（2015年）》《中国区域经济统计年鉴（2015年）》《中国民政统计年鉴（2015年）》等统计年鉴中采集的全国4个直辖市社会建设44个指标的数据，经计算分析，得出中国4个直辖市总指数的得分及其排序。

（一）社会建设总指数得分排序

从整体上看，中国4个直辖市社会建设总指数得分平均水平为86.20分，北京和上海高于中国4个直辖市的平均水平。中国4个直辖市社会建设总指数得分为：北京93.44分、上海88.84分、天津84.06分、重庆78.44分；排在第一位的北京比排在最后一位的重庆高出15分（见图3—1）。

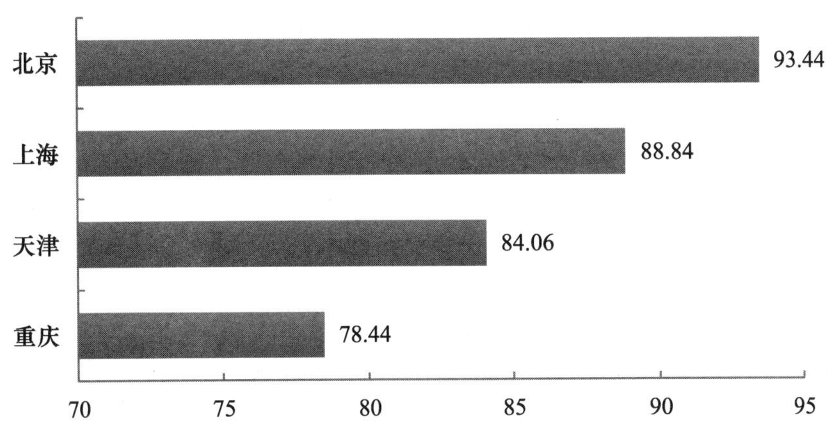

图3—1　中国4个直辖市社会建设总指数得分排序（单位：分）

中国4个直辖市社会建设总指数得分比较及其排序，见表3—1。

表3—1　2016年中国4个直辖市社会建设指数

排名	直辖市	社会建设指数得分	社会建设指数百分制得分
1	北京	28.55413901	93.44
2	上海	25.81297900	88.84
3	天津	23.10696780	84.06
4	重庆	20.12008072	78.44
	百分标准值	32.70331392	100

（二）社会建设总指数比较分析

根据直辖市社会建设总指数的排序结果，从中可以得出以下判断。

1. 社会建设夯实保障基础，民生不断改善

2016 年中国 4 个直辖市社会建设总指数得分平均水平为 86.20 分，比 2015 年高出 0.52 分，除了北京，上海、天津、重庆的得分均比 2015 年有所提高。①

近年来，直辖市在政策、投入等方面保障社会建设向纵深推进，不断创新工作方法，在改善民生方面取得了显著的成绩。从具体指标来看，北京共有 8 个指标在中国 31 个省市自治区中排名第一：城镇登记失业率、城镇单位就业人员平均实际工资、文盲人口占 15 岁及以上人口比重、每十万人口高等学校平均在校生数、每千人口执业（助理）医师、每百万人口社工助工师、社会志愿者服务人次、建成区绿化覆盖率。上海共有 6 个指标在中国 31 个省市自治区中排名第一：人口平均预期寿命、生活垃圾无害化处理率、城镇居民人均可支配收入、农村居民人均纯收入、人均拥有公共图书馆藏量、每万人社区居民委员会数。重庆市在基层以上工会劳动法律监督组织提请劳动监察部门处理案件这一项指标上排名中国 31 个省市自治区的第一位。

2. 社会建设工作稳步推进，格局不断完善

北京连续三年在 4 个直辖市中得分排名第一位，社会建设工作稳步推进，水平不断提升。到 2016 年底，北京市“一刻钟社区服务圈”已覆盖 84% 的城市社区，市级“枢纽型”社会组织工作

① 2016 年中国社会建设报告主要以 2015 年的《中国统计年鉴》等年鉴为依据。2015 年各种年鉴统计的是 2014 年的数据。所以，在对具体指标的数据做分析时，本书以实际数据的年份来表示。这一章对 4 个直辖市社会建设指数的比较，是经过综合计算结果的得分，所以，用 2016 年与 2015 年 4 个直辖市的比较来说明。

体系已覆盖90%以上，网格化“三网”融合任务基本完成，社区工作者具有大专以上学历者占90%以上。社区党组织基本实现全覆盖，非公经济组织党组织覆盖率为83%，社会组织党组织覆盖率为67%。北京市社会建设、改革、治理和社会领域党建工作稳步推进，站在了新的历史起点上。

上海市的社会建设工作着重加快构建枢纽型社会组织工作体系，积极推进社会组织参与社会治理工作，在加快社区社会组织的培育发展，扶持引导社区社会组织参与社区治理方面努力探索实践。2015年上海出台《关于进一步创新社会治理加强基层建设的意见》以及6个配套文件，其中《关于组织引导社会力量参与社区治理的实施意见》在鼓励社会组织、社会力量参与社会治理方面明确提出，要加快实施政社分开，推进社会组织明确权责、依法自治、发挥作用，同时不断完善枢纽载体，探索培育、引导枢纽型社会组织发展的有效机制。

社会建设的创新发展要求自觉地把实现好、维护好、发展好最广大人民根本利益作为社会建设政策的出发点和落脚点，保障人民各项权益，不断在实现发展成果由人民共享、促进人的全面发展上取得新成效。

二　中国4个直辖市社会保障指数的比较

4个直辖市社会保障指数，主要通过人口平均预期寿命、城镇居民人均可支配收入、农村居民人均纯收入、城镇职工基本养老保险参保人数增长率、基本医疗保险参保人数增长率、失业保险参保人数增长率、城镇登记失业率、城镇单位就业人员平均实际工资指数、城市最低生活保障平均标准增长率、文盲人口占15岁及以上人口比重、每十万人口高等学校平均在校生数、常住人口平均受教育年限等12个指标来计算。

（一）社会保障指数得分排序

从整体上看，中国4个直辖市社会保障指数得分平均水平为93.03分，北京、上海、天津高于中国4个直辖市的平均水平。中国4个直辖市社会保障指数得分分别是：北京97.81分、上海94.81分、天津93.12分、重庆86.38分。排在第一位的北京比排在最后一位的重庆高出11.43分（见图3—2）。

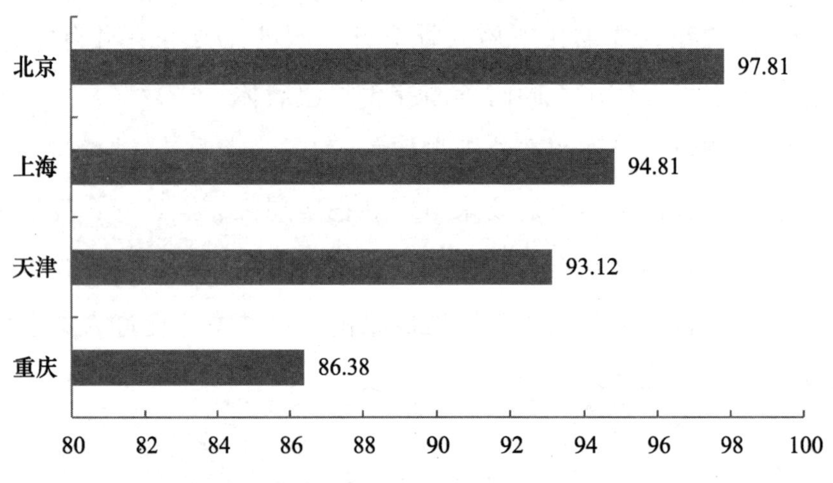

图3—2　中国4个直辖市社会保障指数得分排序（单位：分）

中国4个直辖市社会保障指数得分比较及其排序，见表3—2。

表3—2　　2016年中国4个直辖市社会保障指数

排名	直辖市	社会保障指数得分	社会保障指数百分制得分
1	北京	25.26148897	97.81
2	上海	23.73283441	94.81
3	天津	22.89638892	93.12
4	重庆	19.70182976	86.38
	百分标准值	26.40458039	100

（二）社会保障指数比较分析

根据社会保障指数的评价排序结果，可以看出直辖市的社会保障水平领先于全国。北京、上海、天津的社会保障指数得分均在90分以上，重庆的得分也在85分以上。从数据可以看出，直辖市与中国其他省、自治区的比较显示，除了有关社会保险参保人数增长率等四个指标之外，其余八个指标的全国第一名均被北京和上海占据。天津则在每十万人口高等学校平均在校生数这一指标上位居全国第二位，在城镇单位就业人员平均实际工资、文盲人口占15岁及以上人口比重、人口平均预期寿命三项指标上位居全国第三位。可见，直辖市社会保障的整体水平领先于全国，但仍需加强制度建设，积极探索创新，不断提升社会保障的建设水平。

其一，直辖市由于区位优势明显，对周边的城市圈产生强大的辐射作用，影响着周边城市的经济发展及各项政策，因此直辖市的社会保障建设也应考虑与周边城市的融合发展。以北京为例，其所在的京津冀地区是我国的心脏地带，也是东北亚规模最大的经济圈之一，而京津冀养老一体化也成为一项热点话题，它不仅关乎国家推动京津冀协同发展的重要战略，也关系到京津冀地区众多普通家庭的生活。京津冀跨省的异地养老体系正在逐渐完善，三地在养老方面互相配合已是大势所趋，可以说是直辖市社会保障体系融入周边城市圈的典型范例。

其二，社会保障是改善居民收入分配差距的重要“调节器”“平滑器”与“均衡器”，具有综合性的收入分配调节功能。从社会保障的政府支持来看，政府应该加大财政对社会保障支出的支持力度，充分发挥政府的主体作用，促进社会保障水平不断提高，来满足适度社会保障水平的发展需求。当然，过度的财政投入又会导致财政负担，制约经济的发展，这一点也需要做好规避。另外，由于直辖市外来人口较多，如果收入分配秩序存在失范现象，将可能导致社会保障对城镇居民收入分配的逆向调节，进一步拉大城镇居民的收入差距。针对社会保障对城镇居民收入分配存在逆向调节的问题，直辖市应进一步扩大社会保障制度覆盖面，完善社会保障制度，改善目标瞄准机制，加强社会保障的监督。政府应当从社会保障支出重点向低收入群体倾斜等方面完善社会保障制度，以改变社会保障进一步拉大城镇居民收入分配差距的现状，不断缩小城镇居民收入分配差距，促进社会的和谐、发展与进步。

其三，直辖市是全国的经济发展中心城市，集各种优势资源，但应该看到目前的城市老龄化带来的压力进一步加大，未来很长一段时间对养老基金需求、医疗基金的需求将有增无减，社会保障资金还不能很好满足社会保障支出需求。因此，以直辖市为代表的城市社会保障体系仍需要不断完善，社会保障支出仍需要更大力度的投入，社会保障项目仍需要不断丰富。应积极拓宽社会保障资金的筹资渠道，同时鼓励市场介入，充分发挥市场效用。

三　中国4个直辖市社会服务指数的比较

中国4个直辖市社会服务指数，主要通过城市社区服务中心（站）覆盖率、社区服务机构覆盖率、每千老年人口养老床位、每千人口医院和卫生院床位、每千人口医疗卫生机构床位、每千人口社会服务床位数、每千人口执业（助理）医师、文化事业费占财政支出的比重、人均文化事业费、人均拥有公共图书馆藏量、每万人拥有群众文化设施建筑面积、社会服务事业费增加值占第三产业增加值比重、社会服务事业费占财政支出的比重13个指标来计算。

（一）社会服务指数得分排序

从整体上看，中国4个直辖市社会服务指数得分平均水平为75.76分，上海和北京高于中国4个直辖市的平均水平。中国4个直辖市社会服务指数得分是：上海86.44分、北京84.59分、天津67.05分、重庆64.94分。排在第一位的上海比排在最后一位的重庆高出21.50分（见图3—3）。

中国4个直辖市社会服务指数得分比较及其排序，见表3—3。

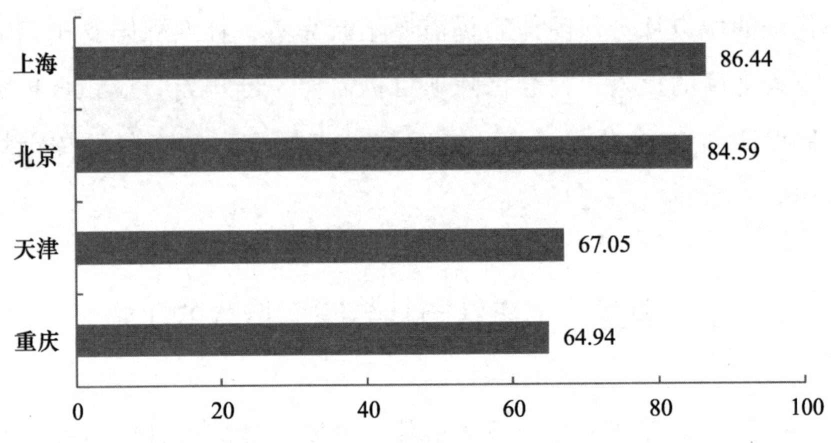

图 3—3 中国 4 个直辖市社会服务指数得分排序（单位：分）

表 3—3 2016 年中国 4 个直辖市社会服务指数

排名	直辖市	社会服务指数得分	社会服务指数百分制得分
1	上海	11. 19015107	86. 44
2	北京	10. 71673063	84. 59
3	天津	6. 732838601	67. 05
4	重庆	6. 316736029	64. 94
	百分标准值	14. 97633131	100

（二）社会服务指数比较分析

根据直辖市社会服务指数的排序结果，可以得出以下判断。

1. 社会公共服务不断深化，社会服务体系逐步成熟

发达国家和地区的经验表明，在福利国家发展的早期阶段，社会政策的重点是各类社会保险和各种收入维持项目，随着社会服务事业的发展，社会服务的内容日益增加，高水平和高质量的社会服务已成为国家社会建设水平的一个显著特征。直辖市由于

经济社会发展水平在我国处于领先地位，社会服务模式也已经不再局限于初期简单的针对生活困难者的物质济贫服务，而是扩大了社会服务对象，增加了社会服务内容，创新了社会服务形式，实现了由早期简单的生活救济型社会服务向全面的、以服务促发展的普惠型的社会服务的转变与提升，在优先确保社会弱势群体的照顾服务基础上，现代社会服务功能得到实现，社会服务体系也逐渐成熟。

以直辖市社会服务指数排名第一位的上海为例，“十二五”期间，上海市系统明确了基本公共服务的概念范围和项目标准，初步建立了9个方面80项服务项目。“十三五”期间，上海将在目前已有基本公共服务体系框架基础上，建立城乡统一的基本公共服务清单，对每一项服务明确具体的服务对象、服务内容、保障标准、资金渠道和覆盖水平，将社会服务工作向精细化、系统化的深层次推进。上海的社会服务指数连续三年得分排在首位，社会服务体系逐步走向成熟。

2. 直辖市社会服务建设需做好调整迎接新的挑战

直辖市社会服务建设指数略有下降。与2015年相比2016年4个直辖市的社会服务指数得分，除了重庆有所提高，其他三个直辖市均有不同程度的下降，2016年社会服务指数平均分比2015年降低了0.85分，各直辖市得分也下降了一些（重庆除外）。在经济进入新常态之后，对于社会服务的财政投入不可避免地会受到影响，如何在有限的资源增长水平下保证高水平、高质量的社会服务，是今后较长一段时期内社会服务建设所要面临的挑战。

直辖市区域之间社会服务水平仍然存在差距。天津、重庆的社会服务指数得分比排名第一的北京分别低了 19.39 分、21.50 分，比排名第二的上海也低了很多分，差距较为明显。数据显示，天津、重庆在社会公共服务资源等方面的指标数据，与北京、上海相比仍然有差距。例如，天津和重庆的“每千人口执业（助理）医师”分别为 2.20 人/千人、1.94 人/千人，均低于北京的 3.72 人/千人和上海的 2.52 人/千人，天津和重庆的“人均文化事业费”分别为 80.87 元、44.56 元，远低于上海的 137.13 元和北京的 115.91 元。北京和上海在社会服务建设水平方面的领先位置，与其社会服务工作起步较早，且资源集中、目标明确，以及积极吸收先进经验是分不开的。

四　中国 4 个直辖市社会治理指数的比较

中国 4 个直辖市社会治理指数，主要通过每十万人口社会组织、每万人口社会服务职工人员、每百万人口社工助工师、建立党组织的社会组织数、互联网宽带接入用户数、社会志愿者服务人次、基层以上工会劳动法律监督组织提请劳动监察部门处理的案件、劳动争议结案数、万人社区居民委员会数、社会工作师等 10 个指标来计算。

（一）社会治理指数得分排序

从整体上看，中国 4 个直辖市社会治理指数得分平均水平为 76.85 分，北京和上海高于中国 4 个直辖市的平均水平。中国 4 个直辖市社会治理指数得分分别是：北京 89.50 分、上海 81.35 分、天津 75.92 分、重庆 60.64 分；排在第一位的北京比排在最后一位的重庆高出28.86分（见图3—4）。

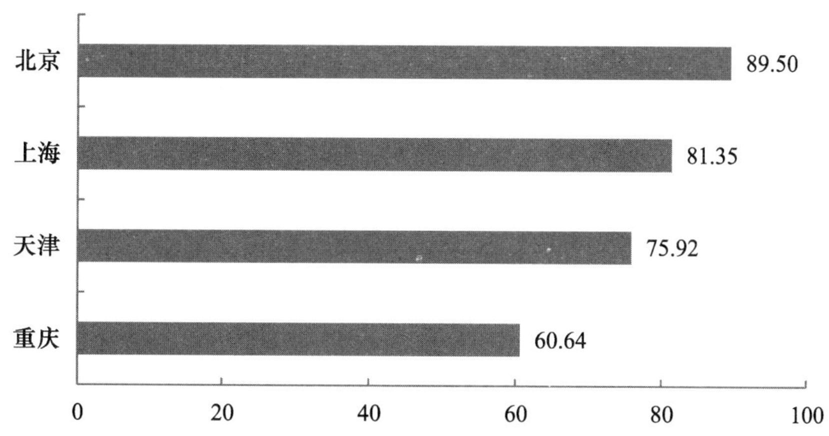

图3—4　中国4个直辖市社会治理指数得分排序（单位：分）

中国4个直辖市社会治理指数得分比较及其排序，见表3—4。

表3—4　2016年中国4个直辖市社会治理指数

排名	直辖市	社会治理指数得分	社会治理指数百分制得分
1	北京	9.487198799	89.50
2	上海	7.838193463	81.35
3	天津	6.827476751	75.92
4	重庆	4.355280474	60.64
	百分标准值	11.84407551	100

（二）社会治理指数比较分析

根据社会治理指数的排序结果，可以得出以下判断。

1. 社会治理需兼顾顶层设计和基层基础

北京的社会服务指数排名 4 个直辖市的第一位。北京市的社会治理通过创新工作模式，实现水平的提升。一方面，北京市坚持抓社会治理的顶层设计。2015 年 8 月，北京市政府出台了《关于深化北京市社会治理体制改革的意见》，坚持以需求为导向深化改革，在党的领导下，实现政府、社会、市场良性互动。坚持以问题为导向深化改革，着力完善社会服务、治理“大城市病”，推动京津冀协同发展。以此为标志，北京市社会治理工作从以党和政府为主导打基础、抓覆盖、促发展的 1.0 时代进入广泛动员社会深化改革、攻坚克难、多元共治的 2.0 时代。

另一方面，北京通过政府工作重心下移，把社会治理工作重点下移到街道乡镇层面上。北京在推进社会治理改革中，进一步深化街道管理体制改革，专门出台了街道体制改革文件，明确街道新的职能定位，开展公共服务、指导社区建设，明确了街道办事处新的职能。此项改革主要推进了三项任务：一是进一步把社会服务和城市管理的职能下沉到街道，把街道作为社会服务和城市管理的主要抓手；二是进一步理顺街道与区县政府职能部门的关系，街道作为综合派驻机构，在街道层面有专业机构听从街道的调动，包括这些专业机构的干部任命，也征求街道的意见；三是加强协管员队伍建设和管理，将协管员队伍都整合到街道层面上，具体工作在街道。街道乡镇层面主要围绕如何推动基层治理创新，做强、做实、做大。①

2. 直辖市社会治理整体水平有所上升，区域之间差异仍然

① 宋贵伦：《深化街道体制改革　推动基层治理创新》，《中国党政干部论坛》2015 年第 12 期。

存在

2016年的社会治理指数除北京外，其他三个直辖市相较于2015年的得分都有所上升，天津、上海、重庆分别上升了18.94分、1.39分、1.01分，说明一年来社会治理建设有所成效。

不过从具体指标数的比较来看，各直辖市之间还是存在着一定的差异性。以“每百万人口社工助工师”为例，排在首位的北京市的数据为431.4人/百万人，比第二位天津的121人/百万人和第三位上海的120.8人/百万人高出了2倍多，而重庆则为69.8人/百万人，约为北京的1/6。上海的“每万人口社会服务职工人员”为129.1人/万人，天津为64人/万人，天津约为上海的1/2。应当看到，北京和上海社会治理水平较高，与其社会治理体系和能力的现代化是分不开的。社会治理体系的制度化、科学化、规范化、程序化、精细化，使社会治理者善于运用法治思维、法治方法、法律制度治理社会，把中国特色社会主义各方面的制度优势转化为治理社会的效能。因此，推进社会治理建设水平的提升，要求我们准确把握社会治理科学内涵、基本理念、价值取向和基本路径，进一步改革社会治理体制，不断丰富、健全、完善社会治理体系，努力提高社会治理能力。

五　中国4个直辖市社会环境指数的比较

中国4个直辖市社会环境指数，主要通过建成区绿化覆盖率、人均公园绿地面积、生活垃圾无害化处理率、亿元地区生产总值生产安全事故死亡率、人均城市道路面积、自然保护区占面积、人均工业污染治理完成投资、万元地区生产总值能耗下降率、污水处理率 9 个指标来计算。

（一）社会环境指数得分排序

从整体上看，中国 4 个直辖市社会环境指数得分平均水平为 90.63 分，北京、重庆高于中国 4 个直辖市的平均水平。中国 4 个直辖市社会环境指数得分分别是：北京 94.40 分、重庆 93.08 分、天津 89.07 分、上海 85.97 分。排在第一位的北京比排在最后一位的上海高出 8.43 分（见图 3—5）。

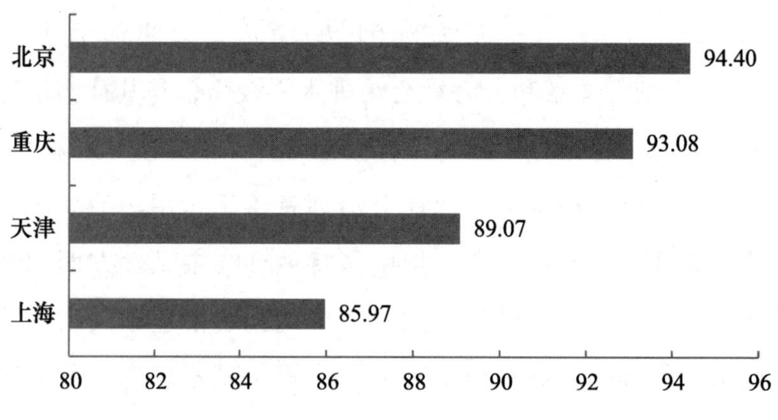

图 3—5 中国 4 个直辖市社会环境指数得分排序

2016 年中国 4 个直辖市社会环境指数得分比较及其排序，见表 3—5。

表 3—5 2016 年中国 4 个直辖市社会环境指数

排名	直辖市	社会环境指数得分	社会环境指数百分制得分
1	北京	10.37643229	94.40
2	重庆	10.08953545	93.08

续表

排名	直辖市	社会环境指数得分	社会环境指数百分制得分
3	天津	9.238379885	89.07
4	上海	8.607254176	85.97
	百分标准值	11.64459532	100

（二）社会环境指数比较分析

根据社会环境指数的评价排序结果，可以得出以下判断。

1. 各直辖市重视社会环境建设，整体水平较高

2016年4个直辖市的社会环境指数的得分平均水平为90.63分，比2015年提高了0.92分，除了重庆市的得分有所下降，其他城市的得分都有提高。北京和重庆的指数得分均在90分以上，天津也接近90分，上海的得分相对偏低。北京市的“建成区绿化覆盖率”指标在全国31个省市自治区中排名第　，“亿元地区生产总值生产安全事故死亡率”则排名全国第三位。重庆市也有不错的表现，从4个直辖市之间的比较来看，2016年重庆有3个具体指标在4个直辖市中排名第一，分别是“人均公园绿地面积”“自然保护区面积”和“污水处理率”。应当说，北京市在城市环境建设和城市环境保护方面做得较好，而重庆市则主要是在自然环境保护方面占得了一定优势。

2. 社会环境建设是一项长期艰巨的任务

从2014年、2015年、2016年三年的数据比较来看，北京、上海、天津的社会环境指数得分均有持续增长，重庆则略有下降。应该看到，在发展经济的同时进行环境保护，需要做好统筹发展

和战略平衡。直辖市的城市化水平较高，特别是北京、上海这样的城市，如何协调城市发展与环境保护是一项艰巨的任务。上海的社会环境指数得分在 4 个直辖市中较低，从具体指标来看，主要是“自然保护区面积”“人均城市道路面积”“人均公园绿地面积”等指标数据排名靠后。上海由于地理环境和城市人口等因素，社会环境的先天条件有所不足，不过上海在城市环境保护、人居环境改善方面还是取得了一定的成果。例如，在“生活垃圾无害化处理率”上上海就排在了全国第一位，“亿元地区生产总值生产安全事故死亡率”排在了全国第四位，显示出环境保护的积极态度。

六　中国 4 个直辖市社会建设进步指数比较

2016 年是第三次对中国 4 个直辖市的社会建设指数做分析排序。所以，在对 4 个直辖市社会建设总指数以及四个维度指数得分做分析后，再分析比较 4 个直辖市的进步指数。

（一）中国 4 个直辖市社会建设进步指数排序

与 2015 年相比较 2016 年中国 4 个直辖市社会建设总指数，天津、重庆、上海三个直辖市的得分都有所上升，天津上升幅度较大，上升了 4.16 个百分点，北京则下降了 1.55 个百分点（见图 3—6）。

与 2015 年相比，2016 年中国 4 个直辖市社会建设进步指数排名见表 3—6。

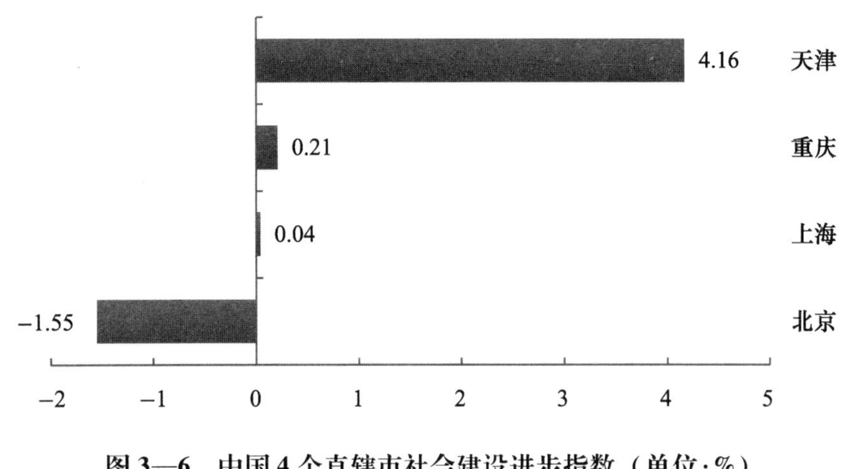

图3—6　中国4个直辖市社会建设进步指数（单位:%）

表3—6　中国4个直辖市2016年与2015年相比对社会建设进步指数排名

排名	直辖市	社会建设指数百分制得分（分）		进步指数（增长百分比）（%）
		2015年	2016年	
1	天津	80.70	84.06	4.16
2	重庆	78.28	78.44	0.21
3	上海	88.81	88.84	0.04
4	北京	94.91	93.44	-1.55

与2014年相比，天津、上海的得分都有所上升，天津上升幅度较大，上升了5.47个百分点；北京、重庆则分别下降了0.68个、0.42个百分点（见图3—7）。

与2014年相比，2016年中国4个直辖市社会建设进步指数排名见表3—7。

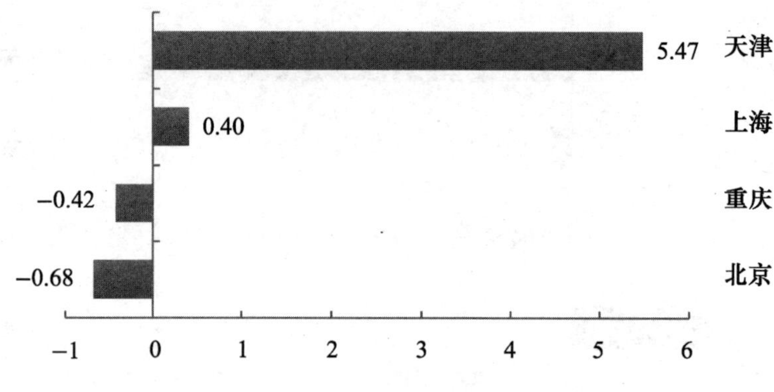

图 3—7 中国 4 个直辖市社会建设进步指数比较（单位：%）

表 3—7 中国 4 个直辖市 2016 年与 2014 年相比社会建设进步指数排名

排名	直辖市	社会建设指数百分制得分（分）		进步指数（增长百分比）（%）
		2014 年	2016 年	
1	天津	79.70	84.06	5.47
2	上海	88.49	88.84	0.40
3	重庆	78.77	78.44	-0.42
4	北京	94.08	93.44	-0.68

（二）中国 4 个直辖市社会保障进步指数排序

与 2015 年相比较，2016 年中国 4 个直辖市社会保障指数的得分上海、重庆都有所上升，天津、北京都有所下降。上升和下降幅度都不大（见图 3—8）。

与 2015 年相比，2016 年中国 4 个直辖市社会保障进步指数排名见表 3—8。

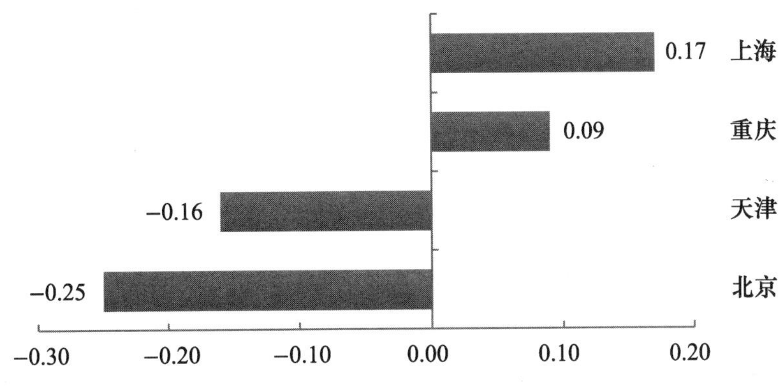

图 3—8　中国 4 个直辖市社会保障进步指数比较（单位:%）

表 3—8　中国 4 个直辖市 2016 年与 2015 年相比社会保障进步指数排名

排名	直辖市	社会保障指数百分制得分（分）		进步指数（增长百分比）（%）
		2015 年	2016 年	
1	上海	94.65	94.81	0.17
2	重庆	86.30	86.38	0.09
3	天津	93.27	93.12	-0.16
4	北京	98.05	97.81	-0.25

与 2014 年相比较，4 个直辖市的得分都有所上升，天津上升幅度较大，上升了 1.32 个百分点（见图 3—9）。

与 2014 年相比，2016 年中国 4 个直辖市社会保障进步指数排名见表 3—9。

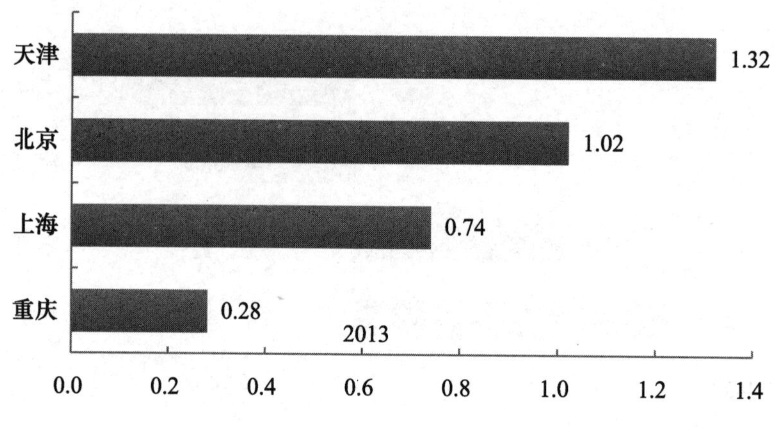

图 3—9 中国 4 个直辖市社会保障进步指数比较（单位：%）

表 3—9 中国 4 个直辖市 2016 年与 2014 年相比社会保障进步指数排名

排名	直辖市	社会保障指数百分制得分（分）		进步指数（增长百分比）（%）
		2014 年	2016 年	
1	天津	91. 91	93. 12	1. 32
2	北京	96. 82	97. 81	1. 02
3	上海	94. 11	94. 81	0. 74
4	重庆	86. 14	86. 38	0. 28

（三）中国 4 个直辖市社会服务进步指数排序

与 2015 年相比较，2016 年中国 4 个直辖市社会服务指数的得分除了重庆都有所下降。北京下降幅度较大，下降了 3. 17 个百分点，上海下降幅度也有 1. 21 个百分点（见图 3—10）。

与 2015 年相比，2016 年中国 4 个直辖市社会服务进步指数排名见表 3—10。

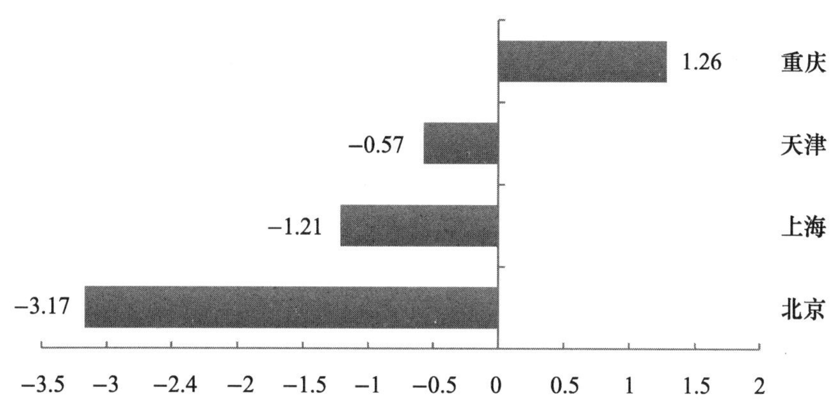

图 3—10　中国 4 个直辖市社会服务进步指数比较（单位:%）

表 3—10　中国 4 个直辖市 2016 年与 2015 年相比社会服务进步指数排名

排名	直辖市	社会服务指数百分制得分（分）		进步指数（增长百分比）（%）
		2015 年	2016 年	
1	重庆	64.13	64.94	1.28
2	天津	67.44	67.05	-0.57
3	上海	87.50	86.44	-1.21
4	北京	87.36	84.59	-3.17

与 2014 年相比较，4 个直辖市的得分重庆上升幅度最大，上升了 3.11 个百分点；天津也上升了 2.82 个百分点。北京下降幅度比较大，下降了 2.34 个百分点（见图 3—11）。

与 2014 年相比，2016 年中国 4 个直辖市社会服务进步指数排名见表 3—11。

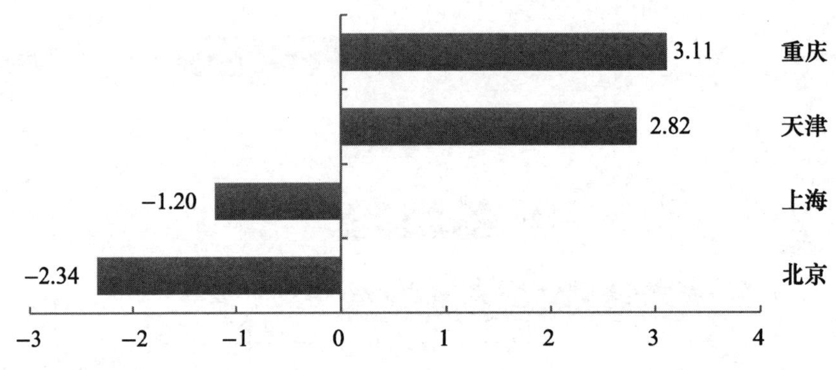

图 3—11　中国 4 个直辖市社会服务进步指数比较（单位：%）

表 3—11　中国 4 个直辖市 2016 年与 2014 年相比社会服务进步指数排名

排名	直辖市	社会服务指数百分制得分（分）		进步指数（增长百分比）（%）
		2014 年	2016 年	
1	重庆	62. 99	64. 94	3. 11
2	天津	65. 21	67. 05	2. 82
3	上海	87. 49	86. 44	-1. 20
4	北京	86. 62	84. 59	-2. 34

（四）中国 4 个直辖市社会治理进步指数排序

与 2015 年相比较，2016 年中国 4 个直辖市社会治理指数的得分天津上升幅度较大为 33. 24 个百分点；北京有下降（见图 3—12）。

与 2015 年相比，2016 年中国 4 个直辖市社会治理进步指数排名见表 3—12。

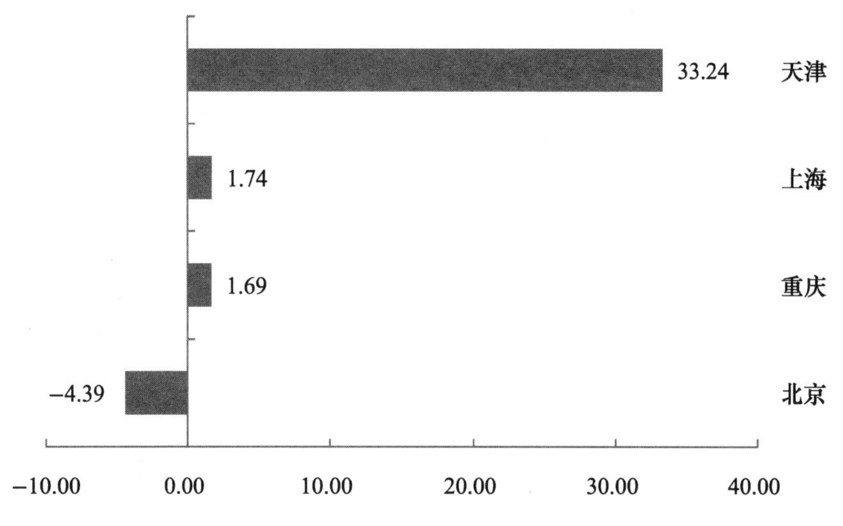

图3—12　中国4个直辖市社会治理进步指数比较（单位:%）

表3—12　中国4个直辖市2016年与2015年相比社会治理进步指数排名

排名	直辖市	社会治理指数百分制得分（分）		进步指数（增长百分比）（%）
		2015年	2016年	
1	天津	56.98	75.92	33.24
2	上海	79.96	81.35	1.74
3	重庆	59.63	60.64	1.69
4	北京	93.61	89.50	-4.39

与2014年相比较，4个直辖市的得分有升有降。天津上升幅度最大，上升了33.01个百分点；北京则有下降，下降了2.12个百分点（见图3—13）。

与2014年相比，中国4个直辖市社会治理进步指数排名见表 3—13。

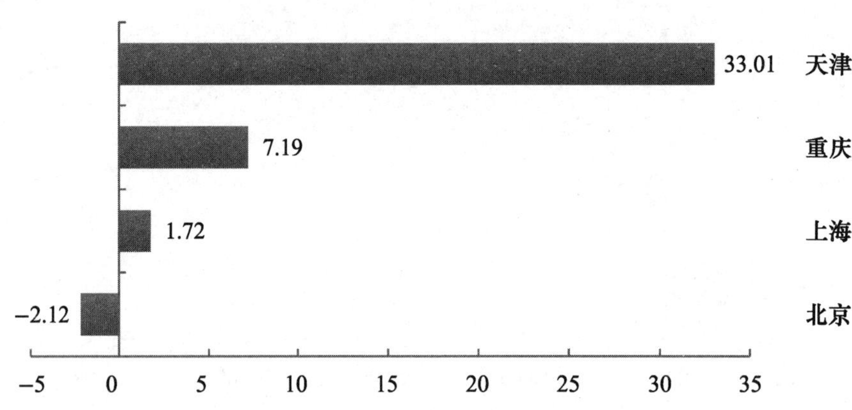

图 3—13 中国 4 个直辖市社会治理进步指数比较（单位:%）

表 3—13 中国 4 个直辖市 2016 年与 2014 年相比社会治理进步指数排名

排名	直辖市	社会治理指数百分制得分（分）		进步指数（增长百分比）（%）
		2014 年	2016 年	
1	天津	57.08	75.92	33.01
2	重庆	56.57	60.64	7.19
3	上海	79.97	81.35	1.72
4	北京	91.44	89.50	-2.12

（五）中国 4 个直辖市社会环境进步指数排序

与 2015 年相比较，2016 年中国 4 个直辖市社会环境指数的得分有升有降，北京、上海、天津较 2015 年有所上升，分别上升了 2.14 个、1.44 个和 0.88 个百分点。重庆的得分均略有下降（见图 3—14）。

2016年中国4个直辖市社会环境进步指数排名见表3—14。

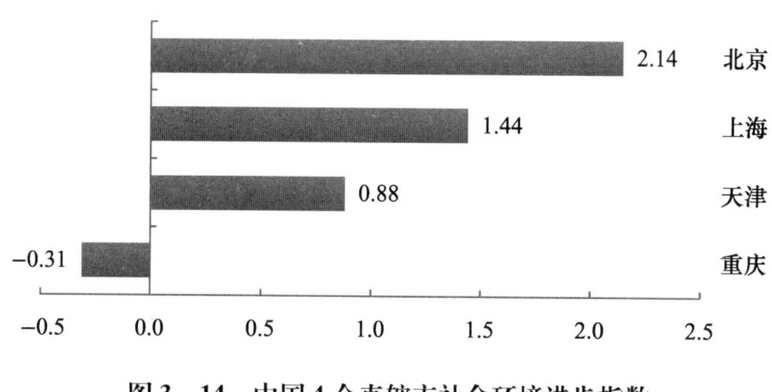

图3—14　中国4个直辖市社会环境进步指数比较（单位:%）

表3—14　中国4个直辖市2016年与2015年相比社会环境进步指数排名

排名	直辖市	社会环境指数百分制得分（分）		进步指数（增长百分比）（%）
		2015年	2016年	
1	北京	92.42	94.40	2.14
2	上海	84.75	85.97	1.44
3	天津	88.29	89.07	0.88
4	重庆	93.37	93.08	-0.31

与2014年相比较，4个直辖市的得分有升有降，重庆和上海上升幅度最大，分别上升了2.56个和2.38个百分点。重庆则下降了0.74个百分点（见图3—15）。

与2014年相比，2016年中国4个直辖市社会治理进步指数排名见表3—15。

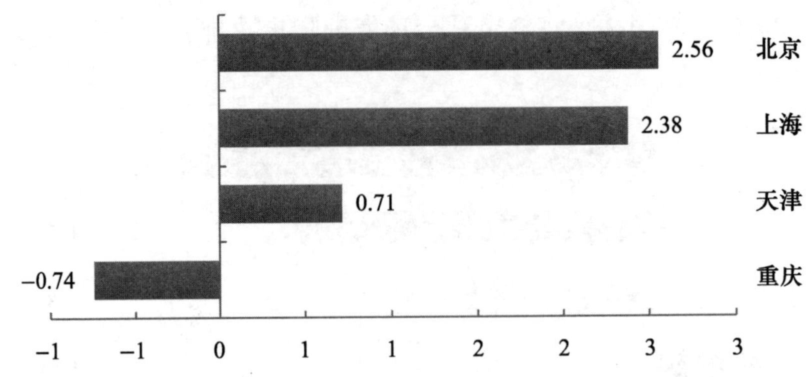

图 3—15 中国 4 个直辖市社会治理进步指数比较（单位：%）

表 3—15 中国 4 个直辖市 2016 年与 2014 年相比社会环境进步指数排名

排名	直辖市	社会环境指数百分制得分（分）		进步指数（增长百分比）（%）
		2014 年	2016 年	
1	北京	92.04	94.40	2.56
2	上海	83.98	85.97	2.38
3	天津	88.44	89.07	0.71
4	重庆	93.78	93.08	-0.74

第四章　中国特大型城市社会建设指数

按照国务院2014年有关的城市规模划分标准，城区常住人口超出1000万人口的为超大城市。目前，北京、上海、天津、重庆、广州、深圳、武汉七座城市的城区人口为1000万以上。但是为了保持“社会建设”指数评价研究的典型性、延续性和可比性，2016年中国社会建设报告有关特大型城市社会建设指数，仍然以13个超过1000万人口的城市作为特大型城市来评价。这13个城市是：北京、上海、广州、苏州、深圳、成都、重庆、天津、石家庄、哈尔滨、临沂、保定、南阳。

一　当前中国特大型城市社会发展的新特点

中国的城市化进程将成为21世纪影响世界的重要趋势。中国官方公布的城市化率超过52%，并以每年增加2000万城市人口的速度继续发展（尽管此刻城市化速度或已达到顶峰，2020年，该速度或将回落至每年1500万）。2020年，城市化率将达到60%，其中45%的居民拥有城市户口。特大城市的研究者认为，巨大且密集的都市区是未来的发展趋势，这样的城市更具进步性，市场更自由、紧凑而且高效。但自由增长的同时也会面临巨大的阻碍，如交通拥挤、环境污染、物价过高、竞争过度、风险加剧、社会稳定性差以及公共服务不足等。

要客观评价中国特大型城市的发展现状，必须抓住当前特大型城市社会发展的新特点。以下梳理出中国特大型城市社会发展的五大特点与趋势。

（一）当前中国特大型城市发展的人口控制问题

随着中国城市化进程的不断加快，人口不断向大城市涌动，造就了一批特大城市和超大城市。联合国发布的《2014 年世界城市化发展展望》数据显示，2015 年中国城区常住人口超过 500 万的特大城市有 16 个，2020 年将达到 20 个，到 2030 年将达到 23 个。2015 年，国务院出台了《关于调整城市规模划分标准的通知》，以城区常住人口为统计口径将城市划分为五类七档。其中城区常住人口 500 万以上 1000 万以下的城市为特大城市；城区常住人口 1000 万以上的城市为超大城市。比照国务院的文件，目前我国共有特大城市 16 个，其中 6 个为超大城市，分别是上海、北京、深圳、广州、天津和重庆，武汉、南京、成都、沈阳、哈尔滨、杭州、西安、苏州、佛山、东莞 10 个城市为特大城市。

纵观我国特大城市数量的演变历史，从 20 世纪 50 年代到 2015 年的 60 年时间里，中国特大城市的数量变化呈现出极明显的规律：1990 年以前，特大城市数量保持长时间不变。超大城市亦是如此，1990 年以前，我国只有北京一座超大城市。然而，随着时间推移，情况发生了变化。1990—2005 年，特大城市的数量突飞猛进，迅速增加到 10 个。超大城市的数量则在 2005—2015

年期间急剧上升，数量达到6个，而在此期间特大城市的数量维持不变。为何20世纪90年代之后特大城市的数量出现激增？这与1993年十四届三中全会我国提出建立社会主义市场经济体制的决定有着莫大的关系，这一决定意味着我国在初次分配领域将实现市场化改革，标志着以往一次分配定终身的时代即将结束，很多人进入劳动力市场，越来越多的人开始到东南沿海城市淘金，直接导致了500万—1000万人口级别的特大城市数量快速增加。而近年来，尤其是2005年之后，人口流动又出现了向超大城市集聚的新特征。目前，中国特大城市的人口发展有以下三个特点。

一是中国特大城市人口的屡控屡破。很多特大城市在自己的“五年规划”中都提出了人口调控目标，且十八届三中全会也对特大城市的人口规模进行了严格的要求。尤其在建设用地问题上，原则上超过500万人口的城市就将不再安排建设用地。然而，尽管设定了人口调控目标，并采取了诸多措施进行人口疏解，但北京、上海等超大城市的人口仍然在源源不断地持续流入，人口控制的目标不断被打破。

二是中国特大城市存在人口进一步集聚的可能。研究显示，除上海、北京两个区域外，中国其他地区暂时并未出现经济的高度集聚。然而，从世界经济发展的规律出发，未来我国的经济同样会向特大城市、超大城市集聚。我国正处在工业化和城市化高速发展的历史时期。特大城市人口有着必然的增长规律，人口增长主要与产业及经济增长有关。中国特大城市人口增长与经济增长基本同步，城市经济增长越快，同期人口增长也越快。同时，由于人口众多，我国的人地关系十分紧张，数据显示，2012年我国人均耕地面积仅为世界平均水平的2/5。土地是极为稀缺的资源，从理论上而言，人口密度高就是土地稀缺的必然结果，我国人口也因此有进一步向超大城市集聚的可能。

三是人口发展的趋势使得中国特大城市的“城市病”来得过早。从纽约、伦敦、巴黎等城市的发展历史来看，城市在发展中或多或少都要经历“城市病”的困扰，然而与纽约、伦敦、巴黎相比我国的特大城市显然为时过早地患上了“城市病”。其中最为严重的“城市病”是交通拥堵问题，研究表明，目前我国特大城市的平均车速已非常低，北京、上海、广州、成都等城市的平均车速远远低于东京、首尔、纽约等城市。另一个问题是房价上涨过快，特大城市的房价正以超乎想象的速度上涨。此外，特大城市公共服务的短缺现象也十分严重。

特大城市对于引领经济增长、吸纳城市化进程中的农村人口转移起到了重要作用。但随着人口规模扩张，土地等资源面临紧约束，交通拥堵、环境污染、住房困难、公共服务短缺等问题也制约着特大城市的进一步发展。从 20 世纪 90 年代以来，城市政府就一直强调控制大城市人口规模、进行人口综合调控，也实施过严控户籍制度、收容遣送和加强住房管理等措施，而实际情况是大城市和特大城市的实际人口不仅没有下降反而快速上升。国内特大城市的人口规模也进入了“一直在控制，总是被超越”的怪圈。无论是上海、北京还是广州、深圳，没有一个城市实现了人口规模控制的目标。以北京、上海为例，城市的实际人口数总是不断突破城市规划的人口数。这也说明，城市的人口增长和城镇化发展历史进程，以及城市区域的不断发展演化具有内在的规律性，忽视或者违背城镇化规律的人口规模控制和综合调控不仅难以取得效果，甚至阻碍城镇化发展本身。

可见，如何应对事实上不断增长、难以有效控制的常住人口，以及人口增长带来的诸多影响，是特大型城市所要面对和解决的首要课题。

（二）多中心结构——特大型城市的发展方向

为缓解特大型城市中心城区的拥挤压力，打造以郊区新城为支撑的多中心空间格局始终都是我国特大城市发展建设的重要战略。多中心式的空间集聚结构能够提高经济、交通、生态等方面的绩效，应该是未来我国特大城市空间发展的重要选择。我国部分特大城市投入多中心实践已有十多年时间，在市场力量与规划引导的共同作用下，特大型城市的多中心式发展形态是可以真实存在的。

其一，多中心结构的强化是应对未来人口增长可选择的空间策略方案。城市人口多其实主要是中心城区人口拥挤，如果能够做到人口和就业的合理布局，就会大大减轻这一压力。对于市区内部的空间优化，应避免人口过度集中于中心城区，以促进多中心有机疏散为重点。针对市域范围的空间结构优化，则应根据城市不同规模制定不同的政策，较小规模的城市应重点引导市域人口向市区集中；对于规模较大的城市，则要考虑多中心疏解。

其二，虽然单中心结构有助于集聚经济效益获得，但随着规模扩大，集聚不经济增加得更快，而多中心结构则不是分散，而是集聚的另一种形态或结构，是分散的集聚，不仅可以降低集聚不经济，而且不会完全损失规模集聚经济效益。多中心城市空间结构有助于促进环境友好、人居和谐、能源节约、环境保护和绿地防灾。

其三，在城市规划中，如果能够强化多中心的空间结构，不仅有助于抑制过高的房价，提高居民的住房相对支付能力，而且有利于减轻企业成本负担，提高企业竞争力和提升整个城市的经济绩效。因而，未来中国特大城市的空间格局应该也正在走向多中心化。

多中心格局的形成是一个长期的过程，绝不会一蹴而就，对其任务的艰巨性要有充分的认识。城市发展是经济规律和政策共同作用的结果，多中心战略的成功不仅需要搞清楚城市发展规律，并尊重市场规律这一基础，还要发挥规划和政策的积极引导作用，需要周密的政策设计和有力地贯彻实施。在政策操作上，应在尊重市场规律基础上加以积极的政府引导，构建一体化的快速轨道交通体系，通过中心城区功能疏解和政策聚焦壮大副中心城市，强化职住均衡和多功能融合，引导多中心格局的形成。

（三）中国特大型城市正重新定位、谋划未来

当前中国特大型城市面临的人口快速增长、生态环境压力、公共服务短缺等诸多问题，要求针对城市的定位和发展方向做出新的思考和谋划。中国借鉴西方经验，结合自身实际，与时俱进，于 21 世纪初提出了“科学发展观”，主要内涵就是以人为本、全面协调可持续发展。中国特大型城市依据科学发展观，制定出了适合自身特点的一系列发展规划。

2016 年 8 月上海市政府为上海市城市总体发展制定了《上海市城市总体规划（2016—2040）》，《总体规划》提出上海将在 2040 年建成卓越的全球城市，国际经济、金融、贸易、航运、科技创新中心和文化大都市，成为令人向往的创新之城、人文之城

和生态之城，并对人口、建设用地等指标进行进一步约束。《总体规划》提出，坚守土地、人口、环境和安全四大底线。此前上海提出到2020年将常住人口控制在2500万以内，此次规划进一步提出，到2040年，也要将常住人口控制在2500万左右。

北京正在制定的《北京市城市总体规划》，将明确北京目前至2030年的格局，并展望2050年远景。2016年5月24日至5月25日，北京市委十一届十次全会审议通过了《中共北京市委北京市人民政府关于全面深化改革提升城市规划建设管理水平的意见》，这是一份首都城市发展史上具有全局性、战略性和务实性的文件，《意见》中坚持了符合实际的发展思路，包括坚持城乡一体化发展、坚持减量提质发展、坚持突出首都历史文化特色、坚持先进城市建设方式、坚持城市多元治理等。

2016年11月28日，《广州市城市更新总体规划（2015—2020年）》经14届229次市政府常务会议审议通过，正式发布实施。在发展规划上，《城市更新总规》提出了三个“一”的城市更新中长期战略构想，即明确一条主线——以提升城市发展竞争力与可持续发展能力为主线；制定一套目标——包含经济、社会、环境、文化等多方面的更新目标；设计一套制度——建立“法规体系+行政体系+运作体系”的常规制度。《城市更新总规》明确了城市更新实施规模，计划到2020年，实施完成城市更新42—50平方公里。

中国特大型城市正通过制订城市规划，来合理布局和综合安排城市各项工程建设的综合部署，让一定时期内城市发展有了可依照的蓝图，让城市建设和管理有了依据，也是城市规划、城市建设、城市运行三个阶段管理的前提。当然，特大型城市的复杂系统特性，决定了城市规划是随城市发展与运行状况长期调整、不断修订，持续改进和完善的复杂的连续决策过程。

（四）特大型城市将依托城市群协同发展

随着城镇化、城市化进程的不断推进，中国城市的数量与规模均快速扩大，特大型城市的数量也在持续增加。然而，当前现有特大城市人口的急剧增长和城市规模的迅速扩大，已经带来了城市资源耗竭、产业同构、环境污染和生态破坏等诸多社会矛盾及潜在风险，给经济发展和社会治理带来了前所未有的压力。为解决这些迫切的问题，国家《新型城镇化规划（2014—2020）》针对特大城市提出了新的发展思路，指出特大城市要适当疏散经济功能和其他功能，促进与所在城市群的区域协同、一体化发展。城市群的大规模发展需要以区域内特大城市为核心，以特大城市辐射范围为半径，而特大城市作为带动区域经济发展最强有力的“引擎”，其功能建设至关重要。

城市群一体化发展阶段，城市群逐渐发育成熟，城市群沿发展主轴与两侧地区建立起密切的社会经济联系，中心城市与外围区域依靠具有密切联系的功能性区域网络，产业整合和功能整合有效促进货物、服务、人才、技术、资金的自由流动和相互补充，发育成为相对成熟的城市群。国内较为接近城市群一体化发展的如长三角城市群与上海。2016 年 6 月，国家发改委公布的长三角城市群规划显示，长三角城市群规划范围包括江浙沪皖三省一市。长三角城市群发展目标：中期目标是到 2020 年，基本形成经济充满活力、高端人才汇聚、创新能力跃升、空间利用集约高效的世界级城市群框架，人口和经济密度进一步提高，在全国 2.2% 的国土空间上集聚 11.8% 的人口和 21% 的地区生产总值。远期目标是到 2030 年，长三角城市群配置全球资源的枢纽作用更加凸显，服务全国、辐射亚太的门户地位更加巩固，在全球价值链和产业分工体系中的位置大幅跃升，国际竞争力和影响力显著增强，全面建成全球一流品质的世界级城市群。

不过，我国的特大城市在能源利用效率等方面仍处于较低水平，综合劳动效率和各产业的劳动效率等都仍有较大的提升空间，产业亟待进行优化调整。而且产业发展要协同考虑城市面临的环境约束、效率约束和均衡约束，形成特大型城市产业发展的门槛约束。因此，应推动特大城市功能疏解并与所在区域协同发展，从而实现特大城市产业自身的转型升级。

当然，特大型城市由于所在城市群的特点不同，其发展路径也应有所不同。上海所在的长三角城市群，基本处于城市群趋于成熟的发展阶段，因此，中心特大型城市上海应加快推进在区域一体化导向下实施产业功能提升策略；北京所在的京津冀城市群，偏向扩散效应增强的城市群化发展阶段，因此其特大型城市北京应加快推进非首都功能疏解，合理确定产业的淘汰、升级或转移疏解。

（五）特大型城市正在形成新型的社会治理策略

特大型城市对于“城市病”、社会服务短缺等问题的解决，其实最终都可以归结到社会治理层面上来。特大型城市的社会治理是推进国家治理现代化的重要内容。社会治理所面对的主要是社会领域的制度安排与能力建设问题，包括完善社会政策、培育社会力量、发展社会事业、改善社会服务、解决社会问题、化解社会矛盾等，因此应通过社会治理解决特大型城市日益凸显的社会问题。

特大型城市的社会治理是一个复杂的系统工程，在实施执行中必须讲究科学规划和循序渐进，力求成为合法有效的“善治”。

一是改革城市治理结构。特大型城市的市场化、社会化发展程度较高，这意味着政府在公共事务的管理中应更注重利用正式权威之外的管理方法和技术，以监督和协调为主要责任，简政放权，完善民主法治机制，逐步退出社会管理领域。尽可能由社会组织来治理社会，建立公共生活领域的“多元共治”治理结构。

二是以需求为导向，提高公共服务能力。随着特大型城市社会阶层分化和人口流动速度加快，社会发展的风险递增，城市居民需要更健全的公共服务体系，为其参与社会经济、政治、文化活动提供制度保障。政府扮演公共服务的生产者和安排者的双重角色。一方面要搭建有制度保证的服务交易平台，主抓协调、指导和监督等宏观工作；另一方面要坚持市场对公共资源配置的决定作用。

三是提高公众的参与意识，促进民主决策。特大型城市社会治理中应强调政府和社会的合作关系，鼓励社会公众积极参与社会政策的制定过程，提高社会公众的自主性和民主行事能力，与政府、社会组织共同分享权力和承担风险。

四是培育社会组织，推动城市治理结构的转型。社会组织作为政府、社会和公民之间的润滑剂和黏合剂，可以回应城市居民的多元需求，化解政府与公众的矛盾，保证社会稳定。适合社会组织提供的公共服务和决议的事项交由社会组织承担，完善社会组织层面的法律法规，推进其自主性和自治化发展，真正使社会组织成为民众表达意愿和参与社会治理的有效平台，实现社会多方力量共同参与公共事务的目标。

二　中国特大型城市社会建设总指数

中国特大型城市社会建设总指数中包含了社会保障、社会服务、社会治理、社会环境四个一级指标，反映了特大型城市社会建设的总体状况。2016 年，中国特大型城市社会建设指数平均得分为 77.75 分，比 2015 年的 69.97 分高出 7.78 分。2016 年排名前三位的北京、上海、广州三个城市的社会建设总指数得分都要高于 2015 年，并且北京、上海在 2013 年、2014 年、2015 年、2016 年连续四年名列前两位。排名后三位的临沂、保定、南阳已连续四年位于后三位。

13 个城市虽然都是 1000 万以上人口的特大型城市，但是由于经济社会发展历史基础的差异，所以社会建设水平的差距不断拉大。在 2016 年中国特大型城市社会建设总指数的排名上，位于东部发达地区的北京、上海、广州排名前三位，而中部地区的临沂、保定、南阳则排名最后三位。从四年的走势比较来看，北京、上海已经连续四年位于排名的前三名，而临沂、保定、南阳也连续四年位于排名的末三位。而且三个城市连续四年得分未超过 60 分。可见，东部地区与中西部地区的特大型城市由于经济社会发展的不平衡，直接影响到社会建设水平的差异。

在 13 个特大型城市中，除了北京、上海、广州得分为 90 分以上，其余十个特大型城市的得分均低于 90 分。苏州的排名变化较大，由 2015 年的排名第三位落到了 2016 年的排名第七位；直辖城市重庆和天津 2016 年排名都比 2015 年提升了一位。北京与最后一名南阳的得分相差 60.32 分。而且这种差距，在未来 10—20 年内可能都难以缩小。

（一）中国特大型城市社会建设总指数排位前后三名的比较

中国特大型城市社会建设总指数排在前三名的是：北京 107.80 分、上海 94.44 分、广州 90.65 分；排在后三名的是：临沂 54.70 分、保定 52.30 分、南阳 47.48 分（见图 4—1）。

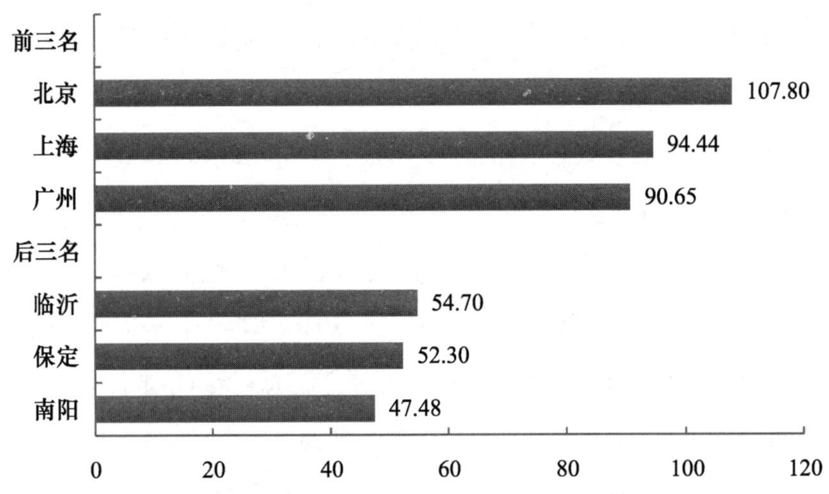

图 4—1　中国特大型城市社会建设总指数前后三名的比较（单位：分）

2016 年中国特大型城市社会建设指数得分及排名见表 4—1。

前三名中，北京市社会建设总指数得分为 107.80 分，比 2015 年总指数得分 95.96 分高出 11.84 分。与其他中国特大型城市比较，北京连续四年位于第一名。中国特大型城市社会建设总指数平均值为 77.75 分，北京与平均值相比，高出 30.05 分。

上海市社会建设总指数得分为 94. 44 分，比 2015 年总指数得分 87. 42 分高出 7. 02 分，比中国特大型城市社会建设总指数分平均值（77. 75 分）高出 16. 69 分。与其他中国特大型城市比较，上海处于第二位。

广州市社会建设总指数得分为 90. 65 分，比 2015 年总指数得分 78. 37 分高出 12. 28 分，比中国特大型城市社会建设总指数平均值（77. 75 分）高出 12. 90 分。与其他中国特大型城市比较，广州处于第三位。

排名后三位中的临沂市社会建设总指数得分为 54. 70 分，比 2015 年总指数得分 55. 44 分低 0. 74 分，比中国特大型城市社会建设总指数平均值（77. 75 分）低 23. 05 分。与其他中国特大型城市比较，临沂市处于第十一位。

保定市社会建设总指数得分为 52. 30 分，比 2015 年总指数得分 47. 38 分高 4. 92 分，比中国特大型城市社会建设总指数平均值（77. 75 分）低 25. 45 分。与其他中国特大型城市比较，保定市处于第十二位。

南阳市社会建设总指数得分为 47. 48 分，比 2015 年总指数得分 43. 29 分高 4. 19 分，比中国特大型城市社会建设总指数平均值（77. 75 分）低 30. 27 分。在中国 13 个特大型城市中处于最后一位，处于落后地位。

表 4—1　　2016 年中国特大型城市社会建设指数排名

排名	城市	社会建设指数得分	社会建设指数百分制得分
1	北京	16. 89712060	107. 80
2	上海	12. 97965674	94. 44

续表

排名	城市	社会建设指数得分	社会建设指数百分制得分
3	广州	11. 95951537	90. 65
4	重庆	10. 67839516	85. 66
5	深圳	10. 07430144	83. 20
6	天津	9. 909295896	82. 52
7	苏州	8. 930289869	78. 33
8	成都	8. 375329756	75. 86
9	哈尔滨	7. 020328512	69. 45
10	石家庄	5. 932026504	63. 84
11	临沂	4. 355029146	54. 70
12	保定	3. 980564408	52. 30
13	南阳	3. 280377470	47. 48
	平均值	8. 797670135	77. 75
	百分标准值	14. 55339228	100

（二）中国特大型城市社会建设水平的比较

在 13 个特大型城市中，北京市连续四年排名第一，是北京市不断转变发展方式，让发展成果更多惠及民生改善和民生保障的结果。根据 2016 年北京市统计局、国家统计局北京调查总队公布数据，2015 年北京全市人均地区生产总值为 10. 6 万元，按年平均汇率折合为 17064 美元。全市实现地区生产总值 22968. 6 亿元，比上年增长 6. 9%，[①] 增速为“十二五”期间最低一年。全市居

① 《北京市 2015 年暨“十二五”时期国民经济和社会发展统计公报》（http：//www. bjstats. gov. cn/tjsj/tjgb/ndgb/201603/t20160329_346055. html）。

民人均可支配收入 48458 元，实际增长 7%。[①]

从 2016 年特大型城市社会建设指数的原始数据来看，北京市的“城镇居民人均可支配收入”“农村居民人均纯收入”两项指标虽然分列中国特大型城市的第二位和第四位，但“城镇单位就业人员平均工资”[②] 这一指标，却位列特大型城市的第一位，说明北京居民工资收入不仅总量高，而且数据显示收入中有较大的比例用作个人的社会保障资金，反映出北京在调节居民个人收入结构上向社会保障方面倾斜的明显导向。在政府投入方面，北京的“公共财政预算支出中社会保障和就业支出”这一指标，位列中国特大型城市的第一位，达到 509.01 亿元，为居民的社会保障提供了强有力的财政支持。

随着经济全球化和国家城镇化进程的加快，国家竞争力和综合国力的提高越来越依赖于以中心城市为核心的城镇群实力的壮大。京津冀城镇群处于我国城镇体系中的核心区域，是参与全球竞争的重要节点。国家“十三五”规划明确要求，以区域发展总体战略为基础，以“一带一路”建设、京津冀协同发展、长江经济带建设为引领，形成沿海、沿江、沿线经济带为主的纵向、横向经济轴带。而同属京津冀经济圈的天津、石家庄、保定，在中国特大型城市社会建设指数中的表现却不尽如人意，石家庄、保定分列第十位、第十二位，天津也只列第六位。

① 《北京市 2015 年暨“十二五”时期国民经济和社会发展统计公报》（http://www.bjstats.gov.cn/tjsj/tjgb/ndgb/201603/t20160329_346055.html）。

② “城镇单位就业人员平均工资”是沿用 2013 年的数据。

（三）中国特大型城市 2016 年社会建设进步指数

为了对中国 13 个特大型城市社会建设指数做跟踪、比较分析，这里再比较分析 2016 年 13 个特大型城市社会建设的进步指数。

中国特大型城市 2016 年社会建设进步指数排在前三名的是：深圳 22.31%、天津 17.88%、广州 15.68%；排在后三名的是：成都 6.55%、苏州 -0.26%、临沂 -1.32%（见图 4—2）。

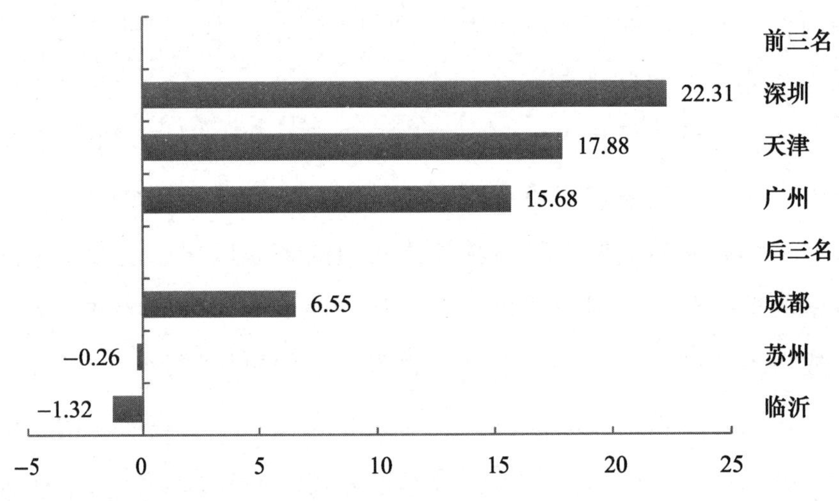

图 4—2　中国特大型城市社会建设进步指数前后三名比较（单位:%）

深圳在 2016 年的社会建设进步指数排在第一位。深圳近两年来，贯彻全面深化改革的总要求，贯彻落实“五大发展观念”，进一步加强社会建设，努力当好推动科学发展、促进社会和谐的排头兵，特为加强经济特区的社会建设策划了重大战略任务，制定了总体要求和工作目标：以突出改善民生推进社会建设；以创新社会管理推进社会建设；以加强社区服务推进社会建设；以发展社会组织推进社会建设；以提升市民素质推进社会建设；以深化改革推进社会建设；以强化组织领导推进社会建设。除此，深圳还设立了市社会建设考核指标体系。所以，2016 年深圳在社会环境的各项指标上都排名第一位，说明深圳在基层社区的社会建设方面做得踏实、深入，打下了良好的硬件基础。

中国特大型城市社会建设进步指数排名见表 4—2。

表 4—2　2016 年中国特大型城市社会建设进步指数排名

排名	城市	建设指数百分制得分（分）		进步指数（增长百分比）（%）
		2015 年	2016 年	
1	深圳	68.03	83.20	22.31
2	天津	70.00	82.52	17.88
3	广州	78.37	90.65	15.68
4	重庆	74.43	85.66	15.08
5	哈尔滨	61.70	69.45	12.57
6	北京	95.96	107.80	12.29
7	保定	47.38	52.30	10.38
8	石家庄	57.88	63.84	10.30
9	南阳	43.29	47.48	9.66
10	上海	87.42	94.44	8.03
11	成都	71.20	75.86	6.55
12	苏州	78.54	78.33	-0.26
13	临沂	55.44	54.70	-1.32
	平均值	69.97	77.75	11.12

三　中国特大型城市社会保障指数的比较

中国特大型城市社会保障指数，主要通过城镇居民人均可支配收入、农村居民人均纯收入、基本养老保险参保人数年均增长率、基本医疗保险参保人数年均增长率、失业保险参保人数年均增长率、城镇单位就业人员平均工资、公共财政预算支出中社会保障和就业支出七个指标来计算。

（一）中国特大型城市社会保障指数排位前后三名的比较

中国特大型城市社会保障指数排在前三名的是：重庆 99.47 分、上海 96.73 分、北京 95.65 分；排在后三名的是：临沂 71.90 分、南阳 69.49 分、保定 64.69 分（见图 4—3）。

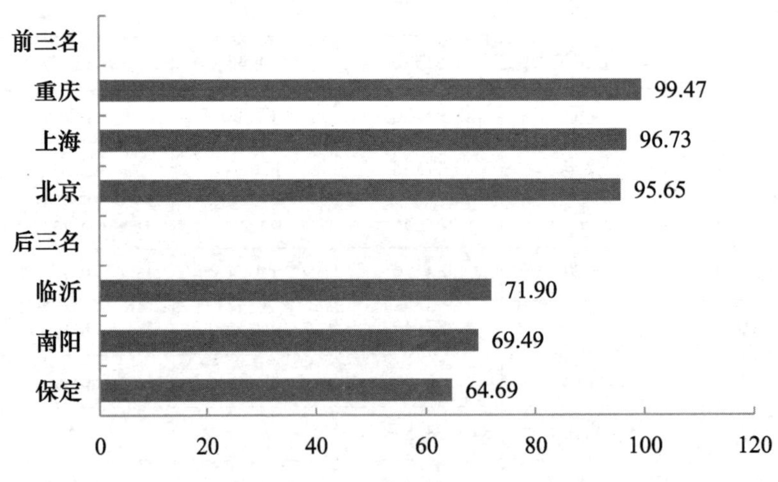

图 4—3　中国特大型城市社会保障指数前后三名的比较（单位：分）

2016 年中国特大型城市社会保障指数得分及排名见表 4—3。

表 4—3　　2016 年中国特大型城市社会保障指数排名

排名	城市	社会保障指数得分	社会保障指数百分制得分
1	重庆	9. 691749834	99. 47
2	上海	9. 166156829	96. 73
3	北京	8. 962404549	95. 65
4	苏州	7. 929724637	89. 97
5	广州	7. 809131494	89. 28
6	天津	7. 266672120	86. 13
7	深圳	6. 352199018	80. 53
8	哈尔滨	6. 252887518	79. 89
9	成都	5. 664058430	76. 04
10	石家庄	5. 096037846	72. 13
11	临沂	5. 063628704	71. 90
12	南阳	4. 730348768	69. 49
13	保定	4. 099282718	64. 69
	平均值	6. 775714036	83. 17
	百分标准值	9. 796126649	100

前三名中，重庆市社会保障指数得分为 99. 47 分，比 2015 年指数得分 62. 73 分高 36. 74 分。重庆进步显著，从 2015 年的第八位跃至 2016 年的首位。中国特大型城市社会保障指数平均值为 83. 17 分，重庆与平均值相比，高出 16. 30 分。

上海市社会保障指数得分为 96. 73 分，比 2015 年指数得分 89. 47 分高出 7. 26 分，比中国特大型城市社会保障指数平均值（83. 17 分）高出 13. 56 分。与其他中国特大型城市比较，上海处于第二位，从上一年度的第一位降至第二位。

北京市社会保障指数得分为 95.65 分，比 2015 年指数得分 88.17 分高出 7.48 分，比中国特大型城市社会保障指数平均值（83.17 分）高出 12.48 分。与其他中国特大型城市比较，北京处于第三位，从上一年度的第二位降至第三位。

排名后三位中的临沂市社会保障指数得分为 71.90 分，比 2015 年指数得分 61.69 分高 10.21 分，比中国特大型城市社会保障指数平均值（83.17 分）低 11.27 分。与其他中国特大型城市比较，临沂市处于第十一位，从上一年度的第九位下降到第十一位。

南阳市社会保障指数得分为 69.49 分，比 2015 年指数得分 53.15 分高 16.34 分，比中国特大型城市社会保障指数平均值（83.17 分）低 13.68 分。与其他中国特大型城市比较，南阳市处于第十二位，保持了上一年度的位次。

保定市社会保障指数得分为 64.69 分，比 2015 年指数得分 53.01 分高 11.68 分，比中国特大型城市社会保障指数平均值（83.17 分）低 18.48 分。在中国十三个特大型城市中处于最后一位，处于相对落后的地位，连续两年处于第十三位。

（二）中国特大型城市社会保障水平的比较

重庆进步显著，在中国特大型城市社会保障指数排名中从 2015 年的第八位跃至 2016 年的第一位。近年来，重庆高度重视社会建设，统筹推进就业、教育、医疗、社保、文化等各项社会事业，不断提升基本公共服务共建能力和共享水平，群众的获得感和幸福感进一步增强。在社会保障方面，重庆近年来采取了种种措施，稳步提高社保待遇水平惠民生、促发展。

一是将社保“低费基”减负政策覆盖范围扩大到交通运输等困难行业企业，降低养老、医疗、失业三险费率为企业减负。二是全市有关参保单位、参保人员完成机关事业单位养老保险制度改革参保登记全覆盖，全面实施参保单位基金实收实支。三是继续拓展异地就医联网结算范围，与海南、云南、贵州等省区签订协议，与其中部分省份实现异地就医联网结算，实现二级以上医疗机构生育保险联网结算，部分试点区县、医疗机构实现工伤保险联网结算。四是不断完善医保付费总额控制指标，持续扩大单病种数量和职工医保个人账户使用范围。五是同步调整机关事业单位和企业退休人员养老待遇，社会保障惠及不同人群。六是稳定城镇职工医保住院政策范围内报销比例和城乡居民医保在二级及以下定点医疗机构报销比例，切实解除群众的后顾之忧。①

重庆市在社会保障方面的努力收到了明显的成效，体现在具体指标上，重庆在“基本医疗保险参保人数年均增长率”“公共财政预算支出中社会保障和就业支出”这两项指标上的排名分列第一位、第二位。其中“基本医疗保险参保人数年均增长率”高出第二位 388.63 个百分点。“公共财政预算支出中社会保障和就业支出”上也达到 502.94 亿元，仅次于第一位的北京。

（三）中国特大型城市 2016 年社会保障进步指数

中国特大型城市 2016 年社会保障进步指数排在前三名的是：重庆 58.55%、南阳 30.74%、哈尔滨 30.26%，排在后三名的是

---

① 重庆市人力社保局：《重庆市稳步提高社保待遇水平惠民生促发展》（http://www.cq.gov.cn/zwgk/zfxx/2017/1/20/1480478.shtml）。

北京 8. 48%、上海 8. 14%、深圳 -7. 22%（见图 4—4）。

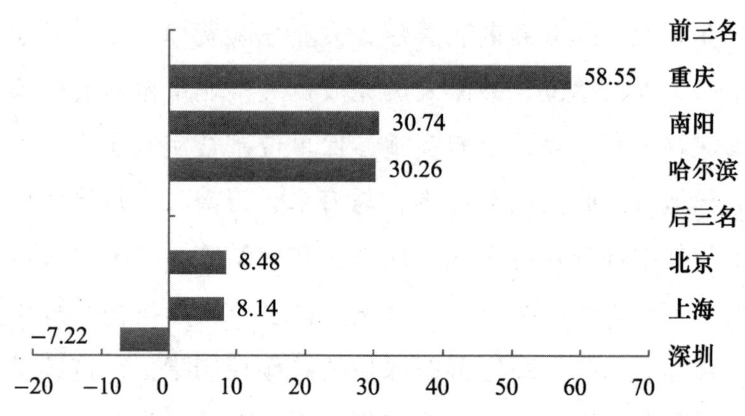

图 4—4　中国特大型城市社会保障进步指数前后三名比较（单位:%）

重庆以 58. 55% 的进步指数排名 2016 年中国特大型城市社会保障进步指数的第一位。重庆在“基本医疗保险参保人数年均增长率”“公共财政预算支出中社会保障和就业支出”这两项指标上的排名分列第一位、第二位。其中“基本医疗保险参保人数年均增长率”比排名第二的成都高出 388. 63 个百分点，“公共财政预算支出中社会保障和就业支出”比排名第一的北京只低了 6. 07 亿元。

2015 年以来，重庆不断提升民生保障水平，从财力投入、资源配置等方面，加大对民生事业的倾斜。重庆把社会建设摆在和经济建设同等重要的位置，着力惠民生、保民安、稳民心、聚民智、借民力、修民德，以改革创新的精神，推动社会保障体系的现代化，各项社会保障工作取得了显著的成效。

与 2015 年相比，2016 年中国特大型城市社会保障进步指数排名见表 4—4。

表 4—4　中国特大型城市 2016 年与 2015 年相比社会保障进步指数排名

排名	城市	社会保障指数百分制得分（分）		进步指数
		2015 年	2016 年	（增长百分比）（%）
1	重庆	62.73	99.47	58.55
2	南阳	53.15	69.49	30.74
3	哈尔滨	61.34	79.89	30.26
4	石家庄	56.98	72.13	26.57
5	保定	53.01	64.69	22.03
6	天津	73.89	86.13	16.57
7	临沂	61.69	71.90	16.55
8	成都	66.50	76.04	14.34
9	苏州	79.28	89.97	13.48
10	广州	80.09	89.28	11.48
11	北京	88.17	95.65	8.48
12	上海	89.45	96.73	8.14
13	深圳	86.79	80.53	-7.22
	平均值	71.40	83.17	16.48

四　中国特大型城市社会服务指数的比较

中国特大型城市社会服务指数，主要通过城市社区服务设施覆盖率、城市社区服务中心（站）覆盖率、每千人口医院和卫生院床位、每千人口医生数（执业医师 + 执业助理医师）、城市公共管理与公共服务设施用地面积等五个指标来计算。

（一）中国特大型城市社会服务指数排位前后三名的比较

中国特大型城市社会服务指数排在前三名的是：北京 112.50

分、深圳 103.20 分、广州 94.06 分；排在后三名的是：临沂 51.88 分、保定 49.65 分、南阳 47.30 分（见图 4—5）。

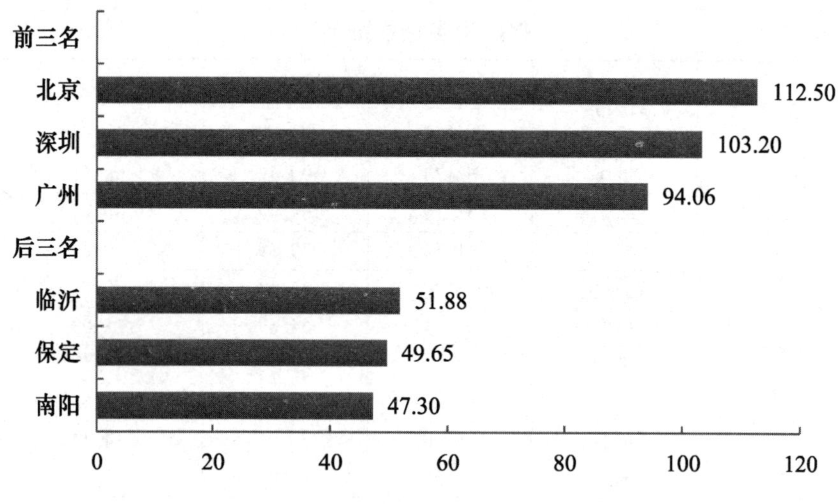

图 4—5　中国特大型城市社会服务指数前后三名的比较（单位：分）

2016 年中国特大型城市社会服务指数得分及排名见表 4—5。

表 4—5　　2016 年中国特大型城市社会服务指数排名

排名	城市	社会服务指数得分	社会服务指数百分制得分
1	北京	12.74030977	112.50
2	深圳	10.71976257	103.20
3	广州	8.908859362	94.06
4	上海	8.608309163	92.46
5	苏州	7.543320574	86.55
6	成都	7.390075606	85.67
7	天津	6.218520594	78.58

续表

排名	城市	社会服务指数得分	社会服务指数百分制得分
8	重庆	5.242169265	72.15
9	哈尔滨	5.073803501	70.98
10	石家庄	3.641799575	60.14
11	临沂	2.710632123	51.88
12	保定	2.482552574	49.65
13	南阳	2.252917788	47.30
	平均值	6.425617882	79.88
	百分标准值	10.06995574	100

前三名中，北京市社会服务指数得分为 112.50 分，比 2015 年指数得分 92.32 分高 20.18 分。与其他中国特大型城市比较，北京市连续三年处于第一位。中国特大型城市社会服务指数平均值为 79.88 分，北京与平均值相比，高出 32.62 分。

深圳市社会服务指数得分为 103.20 分，比 2015 年指数得分 63.32 分高出 39.88 分，比中国特大型城市社会服务指数平均值（79.88 分）高出 23.32 分。与其他中国特大型城市比较，深圳处于第二位。

广州市社会服务指数得分为 94.06 分，比 2015 年指数 79.62 分高出 14.44 分，比中国特大型城市社会服务指数平均值（79.88 分）高出 14.18 分。与其他中国特大型城市比较，广州处于第三位。

排名后三位中的临沂市社会服务指数得分为 51.88 分，比 2015 年指数 52.26 分低 0.38 分，比中国特大型城市社会服务指数平均值（79.88 分）低 28 分。与其他中国特大型城市比较，临沂市处于第十一位。

保定市社会服务指数得分为 49.65 分，比 2015 年指数 50.21 分低 0.56 分，比中国特大型城市社会服务指数平均值（79.88 分）低 30.23 分。与其他中国特大型城市比较，保定市处于第十二位。

南阳市社会服务指数得分为 47.30 分，比 2015 年指数 48.09 分低 0.79 分，比中国特大型城市社会服务指数平均值（79.88 分）低 32.58 分，连续三年在中国十三个特大型城市中处于最后一位，处于相对落后地位。

（二）中国特大型城市社会服务水平的比较

北京在 2016 年中国特大型城市社会服务指数排名中位列第一名。从具体指标来看，北京在“城市社区服务设施覆盖率”①“城市社区服务中心（站）覆盖率”②“城市公共管理与公共服务设施用地面积（市辖区）”三个指标在中国特大型城市中排名第一。“每千人口医生数（执业医师 + 助理医师）”指标在中国特大型城市中排名第二。

北京市近年来不仅在社会服务基础设施建设上取得了显著的成就，而且在社会服务内容上也充分考虑群众需求，采取多种措施保证社会服务高效便捷。北京市按照政府保障基本公共服务、市场提供多样化选择的原则，推进非基本公共服务市场化改革，

① “城市社区服务设施覆盖率”是沿用 2014 年中国特大型城市社会建设指数中的数据。

② “城市社区服务中心（站）覆盖率”是沿用 2014 年中国特大型城市社会建设指数中的数据。

积极推行政府购买社会组织服务，探索出了一条政府主导、企事业单位和社会组织广泛参与的公共服务提供新机制。

北京市自2010年北京市市级社会建设专项资金设立以来，已经连续6年共购买了2732个社会组织服务项目，总计投入4.2亿元。已结项的2252个项目，参与社会组织达43500个次，服务对象1763万人次，开展活动35万场次，累计提供专业服务970万小时，撬动配套资金6亿多元。[①] 北京市级社会建设专项资金购买的社会组织服务，主要支持扩大和新增公共服务、多元参与社会治理和社会公益类项目，鼓励开展参与治理北京"大城市病"、疏解非首都功能和推动京津冀协同发展的项目。同时，通过购买服务的方式，促使更多的社会组织参与社会事务，培育和发展社会组织，打造社会组织社会服务的"金字招牌"，推动现代社会组织制度的建立，健全完善"枢纽型"社会组织工作体系。

（三）中国特大型城市2016年社会服务进步指数

中国特大型城市2016年社会服务进步指数，排在前三名的分别是深圳62.95%、北京21.83%、苏州20.31%，排在后三名的分别是临沂－0.72%、保定－1.12%、南阳－1.65%（见图4—6）。

排在前三名的深圳进步很大。比第二名北京高出41.12个百分点。而排名后三位的临沂、保定、南阳则比前一年退步了。

① 林苗苗：《2016年北京市市级社会建设专项资金将购买500个社会组织服务项目》，新华网（http：//www.bj.xinhuanet.com/bjyw/2016－01/08/c_1117712465.htm）。

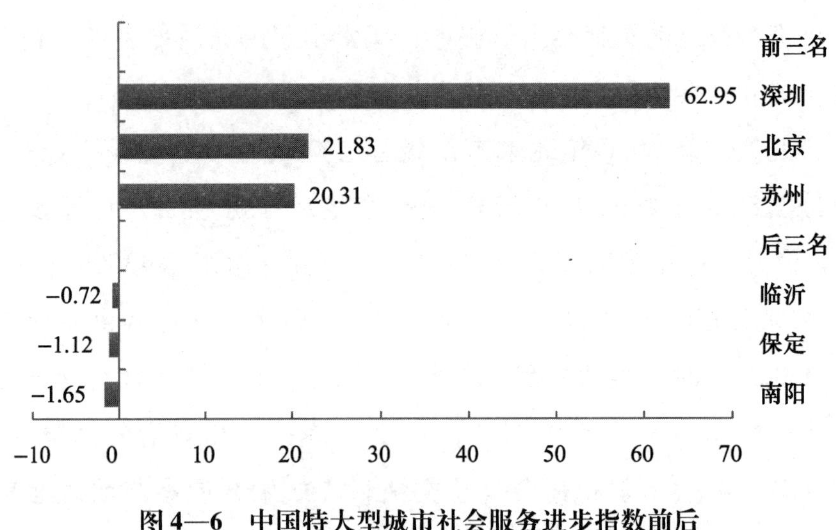

图 4—6　中国特大型城市社会服务进步指数前后三名比较（单位:%）

深圳作为中国改革开放的“试验田”，在公共服务改革、转变政府职能等方面不断进行尝试，并高度重视将标准化引入公共服务领域。在建设创新型和服务型政府的理念下，深圳采用标准化手段“再造”公共服务流程，提高深圳政府服务效率和质量。为综合推进深圳市标准化建设，深圳建立了标准化联席会议制度，领域延伸至城市综合管理的各个部门，并出台了一系列的政策措施。其中，在《深圳市知识产权与标准化战略纲要（2011—2015年）》中明确指出，要加强公共服务标准化建设，制定和实施一批公共服务地方标准及规范，充分发挥标准化的技术支撑作用；出台了《深圳市行政机关制定技术标准文件指导规则》，将深圳市技术标准文件纳入市政府规范性文件管理。[①] 深圳将标准化应用至公共服务的各个环节，取得了显著的成效。

① 王科：《标准化助推深圳城市管理与公共服务建设》，《城市管理与科技》2015年第4期。

与2015年相比，2016年中国特大型城市社会服务进步指数排名见表4—6。

表4—6　中国特大型城市2016年与2015年相比社会服务进步指数排名

排名	城市	社会服务指数百分制得分（分）		进步指数（增长百分比）（%）
		2015年	2016年	
1	深圳	63.32	103.2	62.95
2	北京	92.32	112.5	21.83
3	苏州	71.94	86.55	20.31
4	广州	79.62	94.06	18.13
5	天津	67.33	78.58	16.72
6	上海	81.64	92.46	13.25
7	成都	78.34	85.67	9.35
8	哈尔滨	68.04	70.98	4.32
9	石家庄	59.78	60.14	0.60
10	重庆	72.09	72.15	0.08
11	临沂	52.26	51.88	-0.72
12	保定	50.21	49.65	-1.12
13	南阳	48.09	47.30	-1.65
	平均值	69.25	79.88	15.35

五　中国特大型城市社会治理指数的比较

中国特大型城市社会治理指数，主要通过公共管理、社会保障和社会组织法人单位，公共管理和社会组织从业人员，第三产业年末从业人员，每万人在校大学生数，互联网宽带接入用户数等五个指标来计算。

（一）中国特大型城市社会治理指数排位前后三名的比较

中国特大型城市社会治理指数排在前三名的是：北京 95. 59 分、广州 93. 73 分、重庆 87. 11 分；排在后三名的是：保定 50. 74 分、临沂 45. 15 分、南阳 42. 96 分（见图 4—7）。

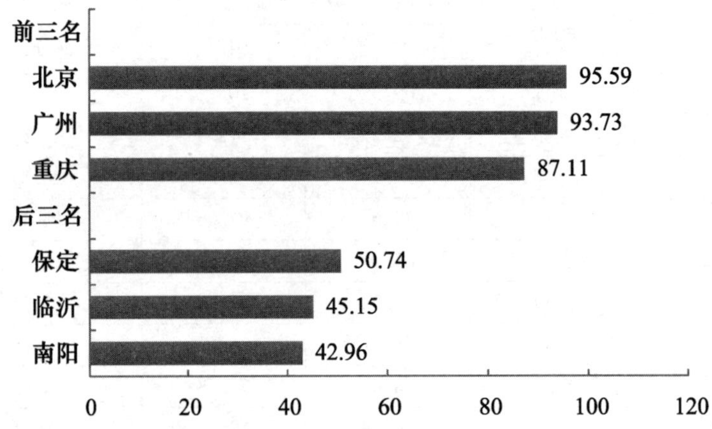

图 4—7　中国特大型城市社会治理指数前后三名的比较（单位：分）

2016 年中国特大型城市社会治理指数得分及排名见表 4—7。

表 4—7　　2016 年中国特大型城市社会治理指数排名

排名	城市	社会治理指数得分	社会治理指数百分制得分
1	北京	8. 257662481	95. 59
2	广州	7. 939627578	93. 73
3	重庆	6. 857323238	87. 11
4	上海	6. 644003120	85. 74
5	天津	5. 852264349	80. 47
6	成都	4. 814970218	72. 99
7	哈尔滨	3. 679904946	63. 81
8	深圳	3. 407020303	61. 40
9	石家庄	3. 316562630	60. 58

续表

排名	城市	社会治理指数得分	社会治理指数百分制得分
10	苏州	2. 995054230	57. 57
11	保定	2. 326676618	50. 74
12	临沂	1. 842077317	45. 15
13	南阳	1. 668014345	42. 96
	平均值	4. 584704721	71. 22
	百分标准值	9. 037637093	100

前三名中，北京市社会治理指数得分为 95. 59 分，比 2015 年指数得分 91. 40 分高 4. 19 分。与其他中国特大型城市比较，北京市连续三年处于第一位。中国特大型城市社会治理指数平均值为 71. 22 分，北京与平均值相比，高出 24. 37 分。

广州市社会治理指数得分为 93. 73 分，比 2015 年指数得分 69. 31 分高出 24. 42 分，有显著的提高，比中国特大型城市社会治理指数平均值（71. 22 分）高出 22. 51 分。与其他中国特大型城市比较，广州处于第二位，从上一年度的第五位上升到第二位。

重庆市社会治理指数得分为 87. 11 分，比 2015 年指数得分 89. 01 分低 1. 90 分，比中国特大型城市社会治理指数平均值（71. 22 分）高出 15. 89 分。与其他中国特大型城市比较，重庆处于第三位，从上一年度的第二位下降到第三位。

排名后三位中的保定市社会治理指数得分为 50. 74 分，比 2015 年指数得分 41. 39 分高 9. 35 分，比中国特大型城市社会治理指数平均值（71. 22 分）低 20. 48 分。与其他中国特大型城市比较，保定市处于第十一位，从上一年度的第十三位上升至第十一位。

临沂市社会治理指数得分为 45. 15 分，比 2015 年指数 53. 52

分低 8. 37 分，比中国特大型城市社会治理指数平均值（71. 22 分）低 26. 07 分。与其他中国特大型城市比较，临沂市处于第十二位。从上一年度的第十位下降到第十二位。

南阳市社会治理指数得分为 42. 96 分，比 2015 年指数 43. 11 分低 0. 15 分，比中国特大型城市社会治理指数平均值（71. 22 分）低 28. 26 分。从上一年的第十二位下降至第 13 位。在十三个特大型城市中排名最后一位，处于相对落后的地位。

（二）中国特大型城市社会治理水平的比较

北京在 2016 年中国特大型城市社会治理指数排名中名列第一位。在社会治理五项指标中，“公共管理和社会组织从业人员”“第三产业年末从业人员”两项指标均排名第一位。

北京市为提升社会治理水平，高度重视社会工作人才的培养、引进和使用。专业社工人才是社会工作的基础，更是保障社会工作在社会治理和社会建设中的“原动力”。自 2008 年开始，北京积极推动参加“社会工作职业水平”考试工作，截至 2016 年，共有 25082 人通过“社会工作职业水平”考试。同时，北京还加强了对京津冀社会工作信息化发展的统筹规划，加快信息基础设施建设，推进社会工作人才队伍信息资源共享与开发利用。

北京还大力培育扶持民办社会工作机构发展，指导成立北京社会工作者协会和区县社会工作者协会、联合会。北京市通过培育社会工作机构、完善社会工作机构，社会工作服务人群已经逐步从传统的弱势人群扩展到普通职工、妇女、家庭、儿童、青少年、刑释人员等，在动员社会和市场力量方面取得了实质性的进展。

（三）中国特大型城市 2016 年社会治理进步指数

中国特大型城市 2016 年社会治理进步指数排名前三位的是：广州 35.22%、天津 31.23%、哈尔滨 22.95%，排名后三位的是重庆 -2.14%、深圳 -4.59%、临沂 -15.64%。值得注意的是广州从 2015 年的第十三位上升到第一位；哈尔滨从 2015 年的排名第十二位上升到第三位。然而，深圳却从 2015 年的第三位下降到第十二位；临沂从 2015 年的二位下降到第十三位（见图 4—8）。

南阳市、临沂市等中部城市 2015 年的社会治理进步指数排名靠前，说明正处于上升通道，但 2016 年临沂又在 13 个中国特大型城市社会治理进步指数中降到了最后一位。南阳也从往年的第一位降到了第十位。南阳市、临沂市在社会治理上与其他特大型城市相比还有一定的差距，需要长期不懈的努力。

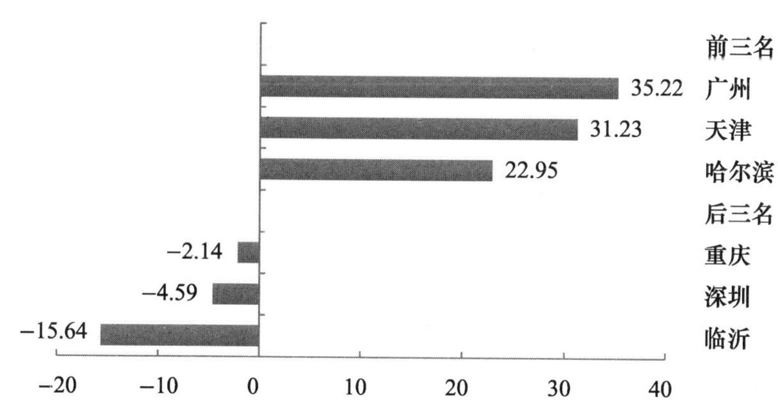

图 4—8　中国特大型城市社会治理进步指数前后三名比较（单位：%）

与 2015 年相比，2016 年中国特大型城市社会治理进步指数排名见表 4—8。

表 4—8　　2016 年与 2015 年相比中国特大型城市社会治理进步指数排名

排名	城市	社会治理指数百分制得分（分）		进步指数（增长百分比）（%）
		2015 年	2016 年	
1	广州	69.31	93.73	35.22
2	天津	61.32	80.47	31.23
3	哈尔滨	51.90	63.81	22.95
4	保定	41.39	50.74	22.58
5	上海	73.87	85.74	16.07
6	苏州	54.47	57.57	5.68
7	北京	91.40	95.59	4.58
8	成都	69.82	72.99	4.54
9	石家庄	58.47	60.58	3.60
10	南阳	43.11	42.96	-0.34
11	重庆	89.01	87.11	-2.14
12	深圳	64.35	61.40	-4.59
13	临沂	53.52	45.15	-15.64
	平均值	64.94	71.22	9.67

六　中国特大型城市社会环境指数的比较

中国特大型城市社会环境指数，主要通过建成区绿化覆盖率、生活垃圾无害化处理率、人均城市道路面积、环保重点城市区域环境噪声等效声级、空气质量达到二级天数、亿元地区生产总值生产安全事故死亡人数六个指标来计算。

（一）中国特大型城市社会环境指数排位前后三名的比较

中国特大型城市社会环境指数排名前三位的城市和排序与往年一致。排在前三名的是：深圳 97. 41 分、苏州 82. 53 分、广州 79. 96 分；排在后三名的是：保定 68. 29 分、石家庄 67. 43 分、成都 65. 14 分（见图 4—9）。

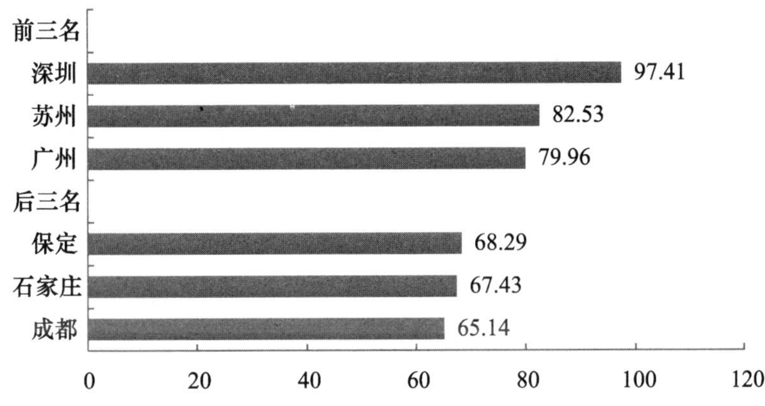

图 4—9　中国特大型城市社会环境指数前后三名的比较（单位：分）

2016 年中国特大型城市社会环境指数得分及排序见表 4—9。

表 4—9　　2016 年中国特大型城市社会环境指数排名

排名	城市	社会环境指数得分	社会环境指数百分制得分
1	深圳	6. 857990030	97. 41
2	苏州	4. 923853828	82. 53
3	广州	4. 621057825	79. 96
4	北京	4. 452118628	78. 48
5	临沂	4. 354593703	77. 62

续表

排名	城市	社会环境指数得分	社会环境指数百分制得分
6	上海	3. 842055124	72. 91
7	南阳	3. 802809542	72. 53
8	天津	3. 746954864	72. 00
9	哈尔滨	3. 616307024	70. 73
10	重庆	3. 501987022	69. 61
11	保定	3. 371203995	68. 29
12	石家庄	3. 286763997	67. 43
13	成都	3. 067337294	65. 14
	平均值	4. 199237505	76. 22
	百分标准值	7. 228210798	100

前三名中，深圳市社会环境指数得分为 97. 41 分，比 2015 年指数得分 98. 41 分低 1 分。与其他中国特大型城市比较，深圳市连续三年处于第一位。中国特大型城市社会环境指数平均值为 76. 22 分，深圳与平均值相比，高出 21. 19 分。

苏州市社会环境指数得分为 82. 53 分，比 2015 年指数得分 82. 13 分高 0. 40 分，比中国特大型城市社会环境指数平均值（76. 22 分）高出 6. 31 分。与其他中国特大型城市比较，苏州处于第二位。

广州市社会环境指数得分为 79. 96 分，比 2015 年指数得分 79. 21 分高 0. 75 分，比中国特大型城市社会环境指数平均值（76. 22 分）高出 3. 74 分。与其他中国特大型城市比较，广州处于第三位。

排名后三位中的保定市社会环境指数得分为 68. 29 分，比 2015 年指数得分 77. 44 分低 9. 15 分，比中国特大型城市社会环境指数平均值（76. 22 分）低 7. 93 分。与其他中国特大型城市比较，保定市处于第十一位，从上一年度的第五位下降到第十一位。

石家庄市社会环境指数得分为 67. 43 分，比 2015 年指数得分 67. 12 分高 0. 31 分，比中国特大型城市社会环境指数平均值（76. 22 分）低 8. 79 分。与其他中国特大型城市比较，石家庄市处于第十二位，从上一年度的第十三位上升到第十二位。

成都市社会环境指数得分为 65. 14 分，比 2015 年指数得分 69. 19 分低 4. 05 分，比中国特大型城市社会环境指数平均值（76. 22 分）低 11. 08 分。成都市与其他 13 个特大型城市比较处于最后一位，从上一年度的第十一位下降到第十三位。

（二）中国特大型城市社会环境水平的比较

2016 年中国特大型城市社会环境指数排名第一位的为深圳市，而考察社会环境指标原始数据，深圳市在“生活垃圾无害化处理率”“人均城市道路面积”“环保重点城市区域环境噪声等效声级”“空气质量达到二级天数”“亿元地区生产总值生产安全事故死亡人数”五个指标上都排名第一位。

深圳市在常住人口超千万的特大城市中，环境质量独占鳌头，几乎囊括了所有国家级及国际级城市的环境荣誉。深圳市 GDP 连续多年稳居全国大中城市第 4 位，同时还是空气主要质量指标全部达标的 8 个城市之一。生态优先作为一种科学的规划思路，在深圳市的第一个总体规划——《深圳经济特区总体规划（1985—2000）》中就已确立。2011 年，深圳建立城市绿线管理制度，使“生态优先”理念落地实施。2014 年，深圳市发布了《深圳市委市政府关于进一步加强一流国际化城市环境建设的决定》，从 2011 年至 2014 年，全市生态园林城市创建共投入 136 亿元，开展了“美丽深圳”绿化提升行动。[①] 多年来，深圳在城市绿地中积极推广风光互补照明系统和“月光化”生态照明，减少了城市光污染，建成了园林绿化废弃物处置中心，促进枯枝落叶的循环利用，对城市弃置地进行了 100% 恢复利用，建成了公园、绿地，既节约了城市土地资源，又提升了城市生态环境。

2016 年中国特大型城市社会环境指数北京、上海分别排在第四位、第六位。北京市除了“建成区绿化覆盖率”一项指标排名第一位外，其余 5 项指标均在第五名或五名以后。上海、北京等东部发达地区的特大型城市在环境建设上面临严峻考验，要兼顾环境保护和经济发展，给社会环境建设提出了重大挑战，任重而道远。

（三）中国特大型城市 2016 年社会环境进步指数

中国特大型城市社会环境进步指数排名前三位的分别是北京 10.31%、天津 5.97%、广州 0.95%；排名后三位的分别是临沂 -1.23%、成都 -5.86%、保定 -11.81%（见图 4—10）。

产业结构的调整有利于缓解环境压力，北京、天津、广州这些东部沿海发达地区的特大型城市，在环境治理上具有更大的优势，收效更为明显，因此才显示出更为快速的进步。

北京市在中国特大型城市中环境进步指数排名第一位。北京

① 陈卫国：《以生态文明为导向　建设美丽深圳：深圳市园林建设 35 周年》，《风景园林》2015 年第 8 期。

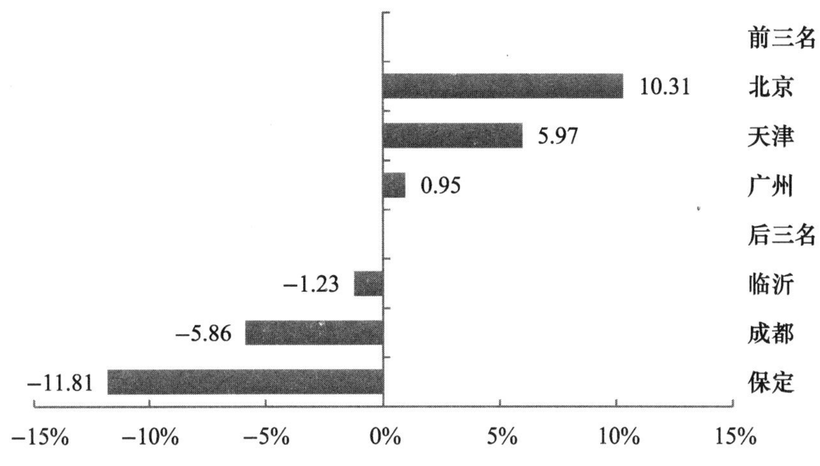

图4—10　中国特大型城市社会环境进步指数前后三名比较（单位：%）

市由于开发历史悠久，人口密度高，生态空间被挤压严重，因此环境保护的任务严峻而艰巨。北京市在客观条件的压力下，采取种种措施积极地应对面临的环境问题。北京市利用其作为政治中心的特点，抓住召开重大国际会议、国际赛事等机会传导工作的压力，推进生态环境保护。例如，在APEC会议召开前后，北京市广泛深入开展环境整治活动，整治市容环境、生态环境、秩序环境和设施环境，为召开国际会议和国家外交提供强有力的环境保障。在推进环境整治的过程中，北京市始终坚持发动群众、惠及群众、促进发展，通过广泛地宣传动员，充分调动了广大人民群众的参与积极性，动员和发挥社会力量共同参与环境生态的保护。

与2015年相比，2016年中国特大型城市社会环境进步指数排名见表4—10。

表 4—10　中国特大型城市 2016 年与 2015 年相比社会环境进步指数排名

排名	城市	社会环境指数百分制得分（分）		进步指数（增长百分比）（%）
		2015 年	2016 年	
1	北京	71.15	78.48	10.31
2	天津	67.94	72.00	5.97
3	广州	79.21	79.96	0.95
4	上海	72.39	72.91	0.71
5	南阳	72.08	72.53	0.63
6	苏州	82.13	82.53	0.49
7	石家庄	67.12	67.43	0.46
8	重庆	69.40	69.61	0.30
9	哈尔滨	71.36	70.73	-0.87
10	深圳	98.41	97.41	-1.02
11	临沂	78.58	77.62	-1.23
12	成都	69.19	65.14	-5.86
13	保定	77.44	68.29	-11.81
	平均值	75.54	76.22	0.89

第五章　中国与G20其他国家社会建设若干指标的比较[①]

中国的社会建设是具有中国特色的社会发展事业。中国的社会建设与国外基本无相同的评价指标体系。但为了能放在国际的背景下评价中国社会建设的绩效，所以，按照评价指标的数据客观性、可采集、可比较、可跟踪分析研究的原则，从《国际统计年鉴2015》、各国议会联盟（IPU）、《人类发展报告2015》（UNDP）、*Global Study on Homicide 2013*（UNODC）中搜集18个指标[②]，对中国与G20其他国家的社会建设做比较分析。

一　人均GDP（美元）

近年来，世界经济的发展虽然仍处于艰难的复苏进程中，但从2013年和2014年的数据看，大部分G20国家的人均GDP有不同程度的增长。

---

① G20由20个国家和经济体组成，其中欧盟作为政治、经济共同体，无法与其他国家进行横向比较，故未将其数据纳入比较中。

② 其中，个别指标因数据尚未更新原因，继续沿用《中国社会建设报告2015》中的数据。

如美国的人均 GDP，2013 年是 53143 美元，2014 年是 54630 美元；德国的人均 GDP，2013 年是 45085 美元，2014 年是 47627 美元；英国的人均 GDP，2013 年是 39351 美元，2014 年是 45603 美元；法国的人均 GDP，2013 年是 41421 美元，2014 年是 42736 美元；中国的人均 GDP，2013 年是 6807 美元，2014 年是 7594 美元（见图 5—1）。

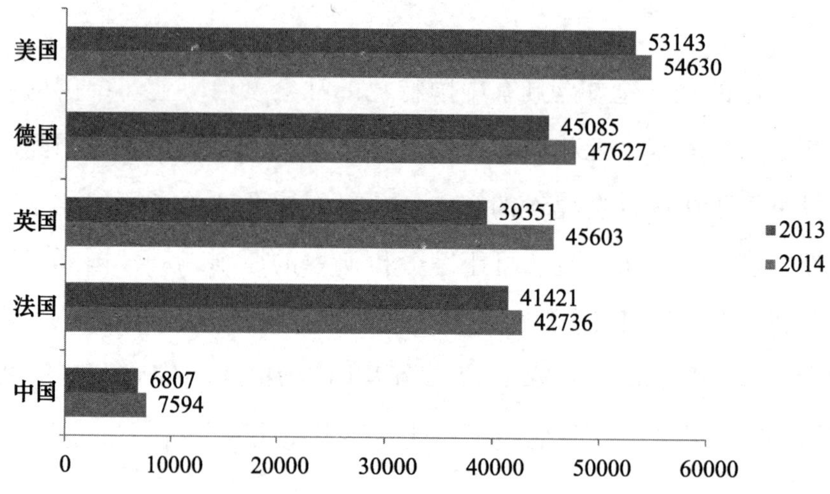

图 5—1　部分人均 GDP 出现增长的国家 2013 年和 2014 年的比较（单位：美元）

但也有人均 GDP 出现下降的情况，如澳大利亚的人均 GDP，2013 年是 67468 美元，2014 年是 61887 美元；加拿大的人均 GDP，2013 年是 51911 美元，2014 年是 50217 美元；日本的人均 GDP，2013 年是 38492 美元，2014 年是 36194 美元；阿根廷的人均 GDP，2013 年是 14760 美元，2014 年是 12922 美元；俄罗斯的人均 GDP，2013 年是 14612 美元，2014 年是 12736 美元（见图 5—2）。

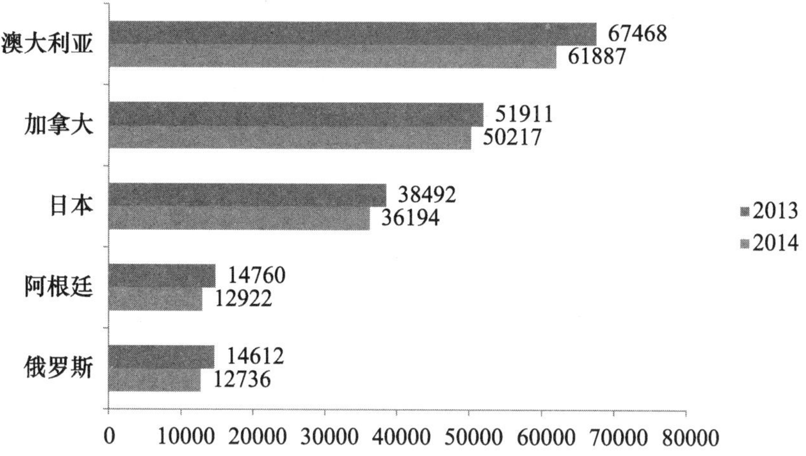

图 5—2　部分人均 GDP 出现下降的国家 2013 年和 2014 年的比较（单位：美元）

从 2014 年 G20 的数据看（见图 5—3），人均 GDP 排在前三位的分别是澳大利亚 61887 美元、美国 54630 美元、加拿大 50271 美元，排在后三位的分别是南非 6478 美元、印度尼西亚 3515 美元、印度 1631 美元；排在第一位的澳大利亚比排在最后一位的印度高出 60256 美元。“金砖国家”的巴西、俄罗斯、印度、中国、南非均排位靠后，中国以 7594 美元排名倒数第四，比排在第一位的澳大利亚低了 54293 美元。欧盟无此项数据，故不作分析。

二　GDP 增速（%）

在世界各国 GDP 增速放缓的情况下，中国的 GDP 增长也有所放缓，但基本保持平稳。

从 2013 年和 2014 年的数据看，G20 各国的 GDP 增速大有不同，如意大利在 2013 年 GDP 增速出现了负增长为 -1.85%，

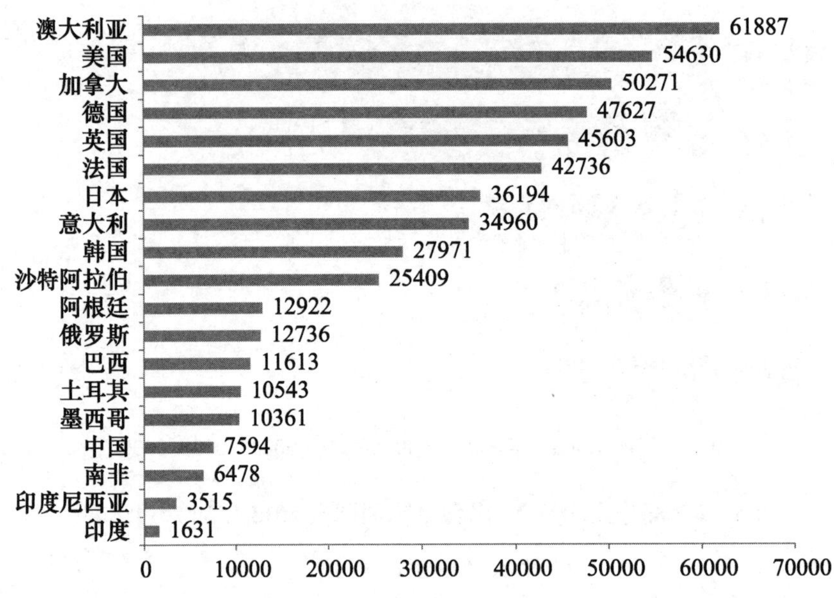

图 5—3　2014 年 G20 人均 GDP 的比较（单位：美元）

2014 年的 GDP 增速为 -0.4%；印度的 GDP 增速则从 2013 年的 5.02% 提高到 2014 年的 7.4%；美国的 GDP 增速 2013 年是 1.88%，2014 年则上升到 2.4%。但是也有出现增速缓慢的情况，如日本在 2013 年的 GDP 增速为 1.54%，2014 年的 GDP 增速却出现了负增长，为 -0.1%；巴西的 GDP 增速从 2013 年的 2.49% 下降到 2014 年的 0.1%；相比之下中国的 GDP 增速虽然放缓，但还是比较平稳，2013 年是 7.67%，2014 年是 7.3%。

从 2014 年 G20 的数据看（见图 5—4），GDP 增速排在前三位的分别是印度 7.4%、中国 7.3%、印度尼西亚 5.0%；排在后三位的分别是巴西 0.1%、日本 -0.1%、意大利 -0.4%；排在第一位的印度比排在最后一位的意大利高出 7.8%。中国排在第二位，为 7.3%，反映了中国经济稳中求进的增长态势。

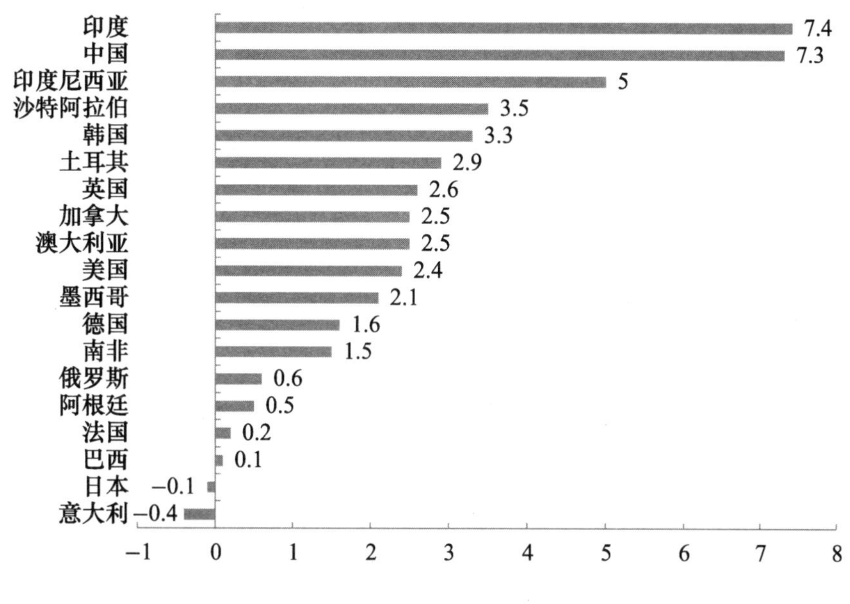

图 5—4　2014 年 G20 GDP 增速的比较（单位：%）

三　出生时预期寿命（岁）

该指标数据来源《国际统计年鉴》，《国际统计年鉴 2014》统计的是 2012 年数据，《国际统计年鉴 2015》统计的是 2013 年数据，故这里比较的出生时预期寿命的数据为 2012 年和 2013 年数据。

随着世界各国经济社会的发展，医疗卫生服务水平的提高，人的预期寿命也在不断延长。从 G20 2012 年和 2013 年数据看，大部分国家保持平稳，有的国家有显著提高。如土耳其的出生时预期寿命从 2012 年的 74.9 岁提高到 2013 年的 81.0 岁，提高了 6.1 岁，排名也从 2012 年的第 14 位上升至 2013 年的第 7 位；俄罗斯的出生时预期寿命从 2012 年的 68.0 岁提高到 2013 年的 71.1

岁，提高了3.1岁。中国的出生时预期寿命有小幅提升，从2012年的75.3岁提高到2013年的75.4岁，提升了0.1岁。但是，也有个别国家的出生时预期寿命出现明显降低的情况，如美国的出生时预期寿命2012年时是78.9岁，2013年时下降到76.2岁，下降了2.7岁，排名从第9位跌到第12位；英国的出生时预期寿命2012年是80.5岁，2013年则是78.8岁，下降了1.7岁（见图5—5）。

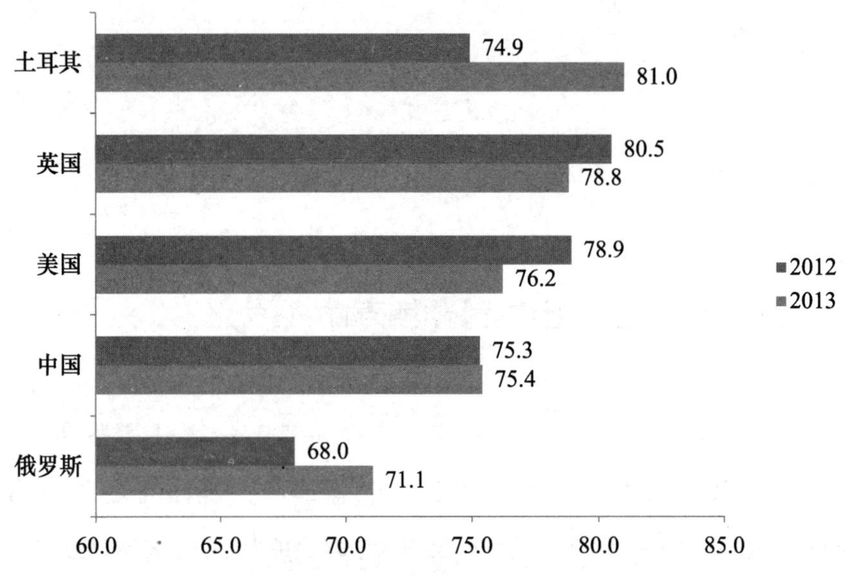

图5—5 部分国家2012年与2013年出生时预期寿命比较（单位：岁）

从2013年G20的数据看（见图5—6），出生时预期寿命排在前三位的分别是日本83.3岁、意大利82.3岁、澳大利亚82.2岁，排在后三位的分别是印度尼西亚70.8岁、印度66.5岁、南非56.7岁；排在第一位的日本比排在最后一位的南非高出26.6岁。中国排在第13位，为75.4岁，比排在第一位的日本低7.9

岁，处于中下水平。沙特阿拉伯无此项数据，故不作分析。

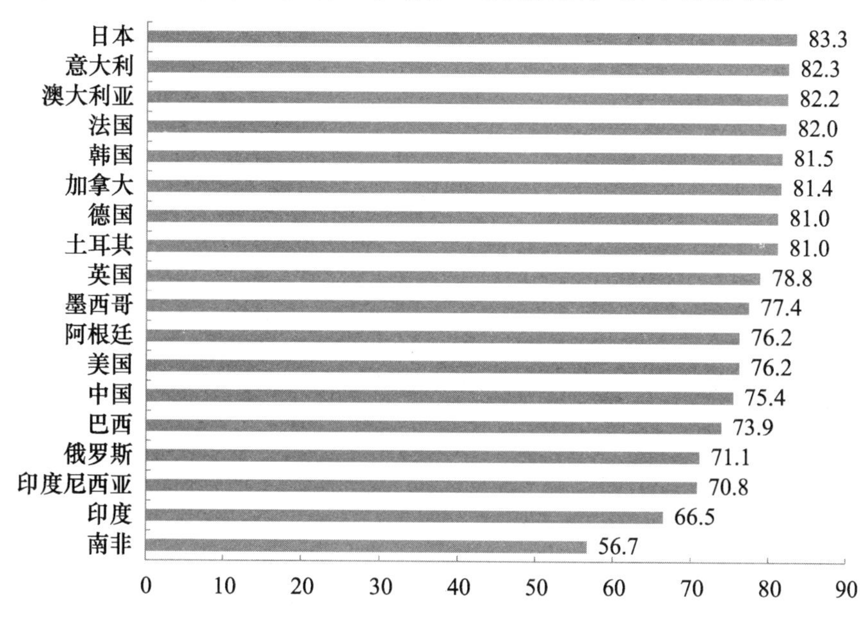

图 5—6　2013 年 G20 平均预期寿命的比较（单位：岁）

四　平均受教育年限（年）

近年来，世界各国在教育方面都加大投入，从 2013 年和 2014 年的数据看，G20 中的发达国家的平均受教育年限基本是相近的。如德国平均受教育年限 2013 年是 12.9 年，2014 年是 13.1 年；英国平均受教育年限 2013 年是 12.3 年，2014 年是 13.1 年；澳大利亚平均受教育年限 2013 年是 12.8 年，2014 年是 13.0 年；加拿大平均受教育年限 2013 年是 12.3 年，2014 年是 13.0 年；美国平均受教育年限 2013 年、2014 年都是 12.9 年；法国平均受教育年限 2013 年、2014 年都是 11.1 年。但是，发展中国家与发达国家的受教育年限有差距。墨西哥平均受教育年限 2013 年、2014

年都是 8.5 年；中国平均受教育年限 2013 年、2014 年都是 7.5 年（见图 5—7）。

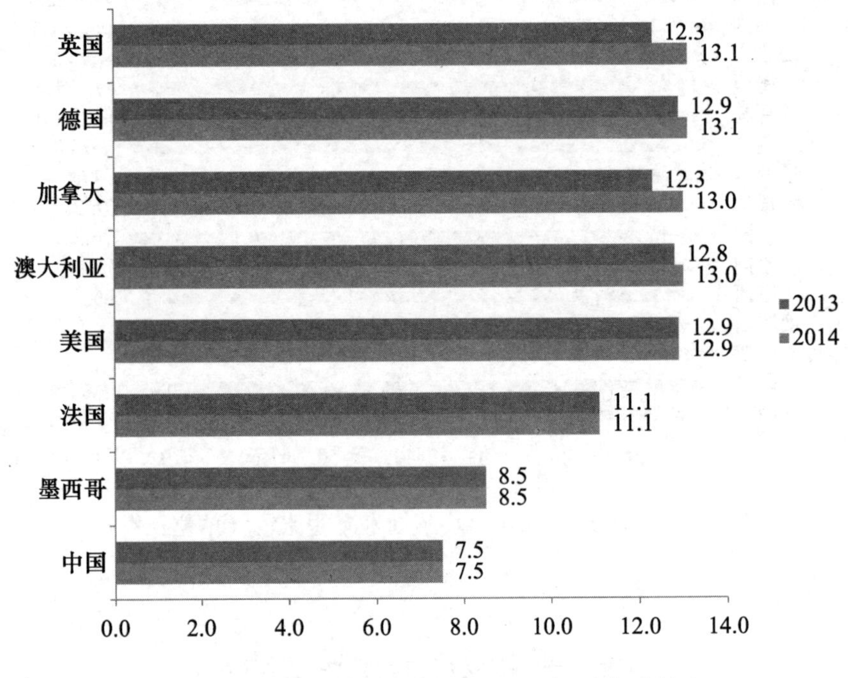

图 5—7　部分国家 2013 年与 2014 年平均受教育年限的比较（单位：年）

从 2014 年 G20 的数据看（见图 5—8），平均受教育年限排在前三位的分别是英国/德国 13.1 年、加拿大/澳大利亚 13.0 年、美国 12.9 年，排在后三位的分别是土耳其/印度尼西亚 7.6 年、中国 7.5 年、印度 5.4 年；排在第一位的英国/德国比排在最后一位的印度高出 7.7 年。中国平均受教育年限为 7.5 年，排在倒数第二位，比排在并列第一位的英国、德国少 5.6 年。

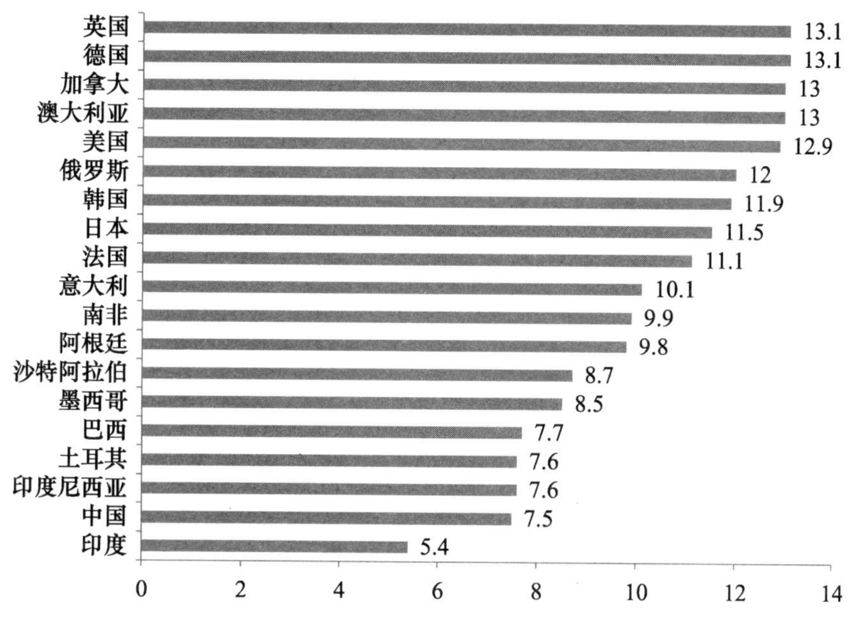

图5—8　2014年G20平均受教育年限的比较（单位：年）

五　CPI指数（2005年=100）

近年来，世界经济仍处在复苏中，从2013年和2014年的数据看，G20中大部分国家的CPI指数呈下降态势，少数国家的CPI指数有小幅上升。如印度CPI指数（2005年=100）从2013年的241.1下降到2014年的140.4；俄罗斯的CPI指数（2005年=100）从2013年的198.0下降到2014年是131.2；土耳其的CPI指数（2005年=100）从2013年的189.3下降到2014年的135.7；巴西的CPI指数（2005年=100）从2013年的150.1下降到2014年的126.9；印度尼西亚的CPI指数（2005年=100）从2013年的142.2下降到2014年的124.4（见图5—9）。

仅有6个国家的CPI指数（2005年=100）出现上升情况，

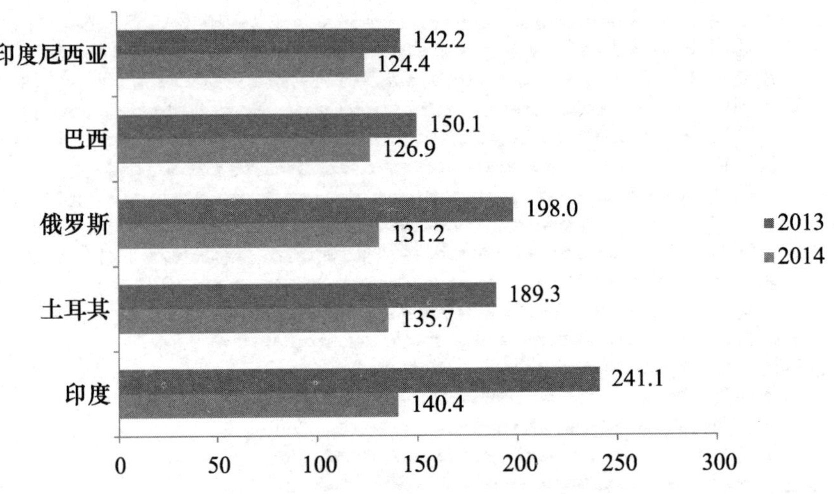

图 5—9　部分 CPI 指数（2005 年 =100）下降国家 2013 年和 2014 年的比较

日本的 CPI 指数（2005 年 =100）从 2013 年的 100 上升到 2014 年的 102. 8、德国的 CPI 指数（2005 年 =100）从 2013 年的 105. 7 上升到 2014 年的 106. 6、意大利的 CPI 指数（2005 年 =100）从 2013 年的 107. 2 上升到 2014 年的 107. 4、韩国的 CPI 指数（2005 年 =100）从 2013 年的 107. 7 上升到 2014 年的 109. 0、英国的 CPI 指数（2005 年 =100）从 2013 年的 130. 3 上升到 2014 年的 133. 4、中国的 CPI 指数（2005 年 =100）从 2013 年的 136. 9 上升到 2014 年的 139. 9，6 个国家中，仅有中国是发展中国家（见图 5—10）。

从 2014 年 G20 的数据看（见图 5—11），CPI 指数（2005 年 =100）最低的三位分别是日本 102. 8、法国 105. 5、德国 106. 6，最高的三位分别是印度 140. 4、中国 139. 9、土耳其 135. 7；最低一位的日本比最高一位的印度低 37. 6。中国的 CPI 指数（2005 年 =100）是 139. 9，排在第 16 位，与日本相差 37. 1，

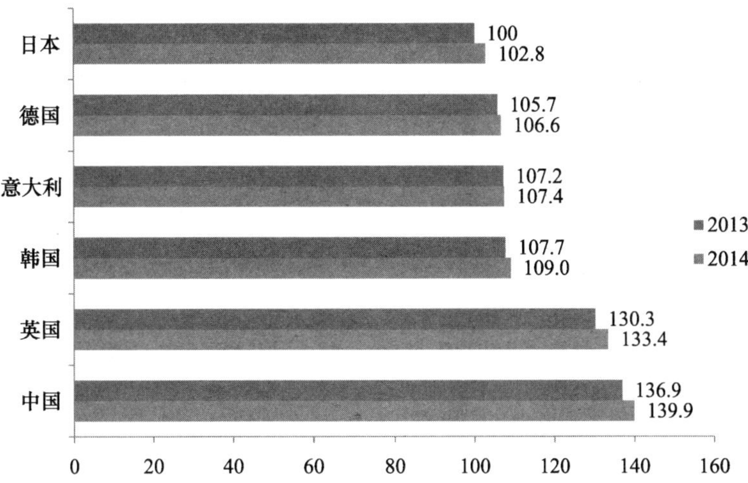

图 5—10　CPI 指数（2005 年 =100）上升国家 2013 年和 2014 年的比较

在 G20 中处于较低水平。沙特阿拉伯和阿根廷无此项数据，故不作分析。

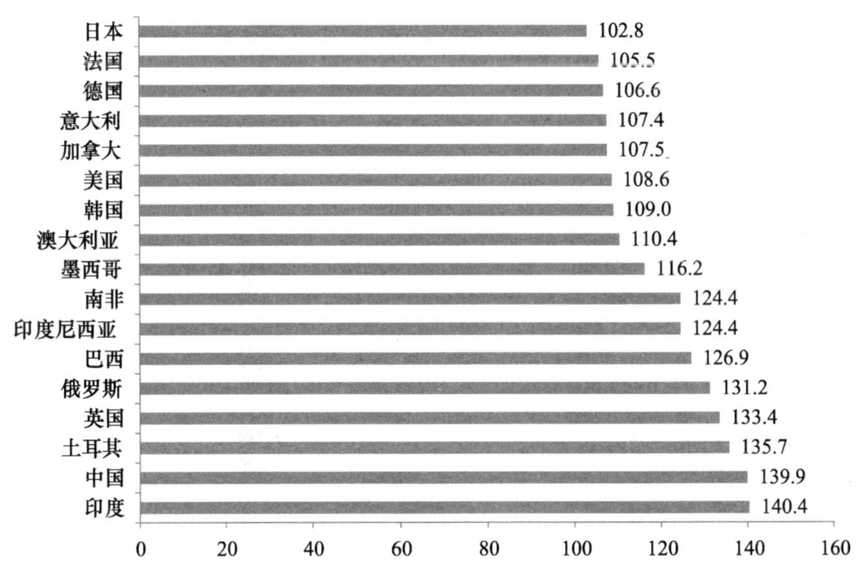

图 5—11　2014 年 G20 CPI 指数（2005 年 =100）的比较

六　失业率（%）

该指标数据来源《国际统计年鉴》，《国际统计年鉴 2014》统计的是 2012 年数据，《国际统计年鉴 2015》统计的是 2013 年数据，故这里比较的失业率的数据为 2012 年和 2013 年数据。

近年来，由于全球经济增长的低迷，失业人数不断增多。从 2012 年和 2013 年的数据看，G20 中大部分国家的失业率在逐步降低或保持不变，如韩国的失业率，2012 年是 3.2%，2013 年是 3.1%；日本的失业率，2012 年是 4.3%，2013 年是 4.0%；中国的失业率，2012 年和 2013 年均为 4.1；俄罗斯的失业率，2012 年和 2013 年均为 5.5%。但是也有失业率升高的现象，如澳大利亚的失业率，2012 年是 5.1%，2013 年是 5.7%；沙特阿拉伯的失业率，2012 年是 5.5%，2013 年是 5.6；巴西的失业率，2012 年是 6.2%，2013 年是 6.5%；土耳其的失业率，2012 年是 8.2%，2013 年是 9.7%；意大利的失业率，2012 年是 10.7%，2013 年是 12.2%（见图 5—12）。

从 2013 年 G20 的数据看（见图 5—13），失业率最低的前三位的国家分别是韩国 3.1%、日本 4.0%、中国 4.1%，失业率最高的后三位的国家分别是法国 9.9%、意大利 12.2%、南非 24.9%。在 G20 失业率指标中，中国失业率较低，排名第三，与排名第一的韩国相差 1%。墨西哥和印度无此项数据，故不作分析。

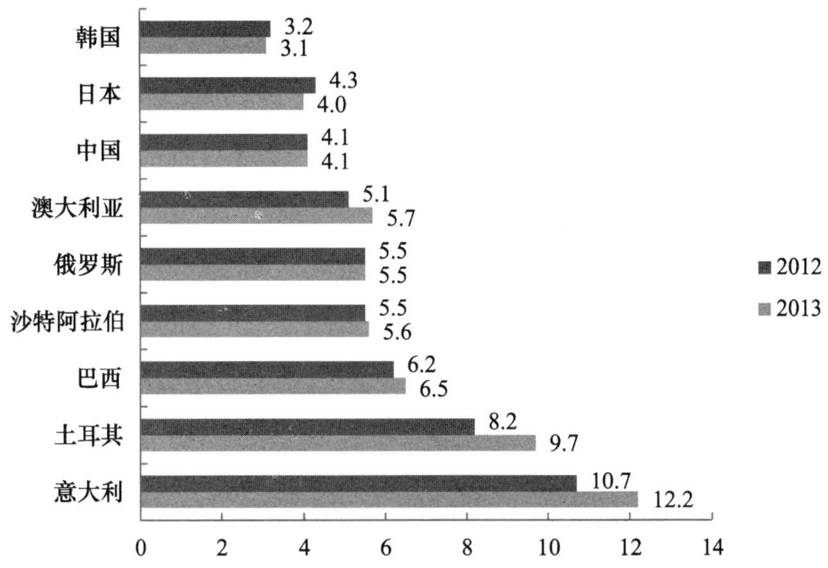

图 5—12　部分国家 2013 年与 2014 年失业率的比较（单位：%）

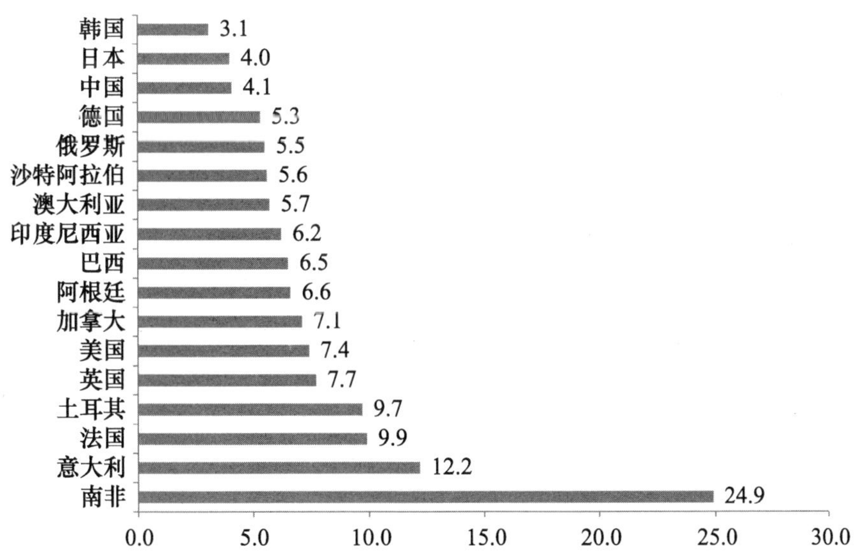

图 5—13　2013 年 G20 失业率的比较（单位：%）

国际劳工组织在 2017 年 1 月 12 日发布了名为《世界就业和社会展望——2017 年趋势》（World Employment and Social Outlook—Trends 2017）的报告，该报告显示，2017 年全球失业率预计将从 5.7% 增长到 5.8%，约新增 340 万失业人口。这份报告还指出，由于就业增长不敌劳动力增长，2017 年全球总失业人口将超过 2.01 亿人，预计 2018 年这一数字还将增长 270 万。[①] 面临这样的大环境，中国要通过大众创业、万众创新，不断促进经济发展，不断提高就业率，维护社会稳定。

七　教育开支占 GDP 比重（%）

该指标数据来源《国际统计年鉴》，《国际统计年鉴 2014》统计的是 2012 年数据，《国际统计年鉴 2015》统计的是 2013 年数据，故这里比较的教育开支占 GDP 比重的数据为 2012 年和 2013 年数据。

从 2012 年和 2013 年的数据看，G20 各国中仅有印度的教育开支占 GDP 比重较上一年有所上升，从 2012 年的 3.40% 上升到 2013 年的 3.90%，排名也从最后一名上升到 16 名；其余各国均不同程度下降，或保持不变，如南非的教育开支占 GDP 比重，2012 年是 6.60%，2013 年是 6.00%；阿根廷的教育开支占 GDP 比重，2012 年是 6.30%，2013 年是 5.10%；中国的教育开支占 GDP 比重，2012 年是 4.28%，2013 年是 4.16%；巴西的教育开

① 世界劳工组织：《2017 年全球将新增 340 万失业人口》，2017 年 1 月 13 日，中国新闻网（http://www.chinanews.com/gj/2017/01-13/8122823.shtml）。

支占 GDP 比重，2012 年和 2013 年均为 5.80%（见图 5—14）。

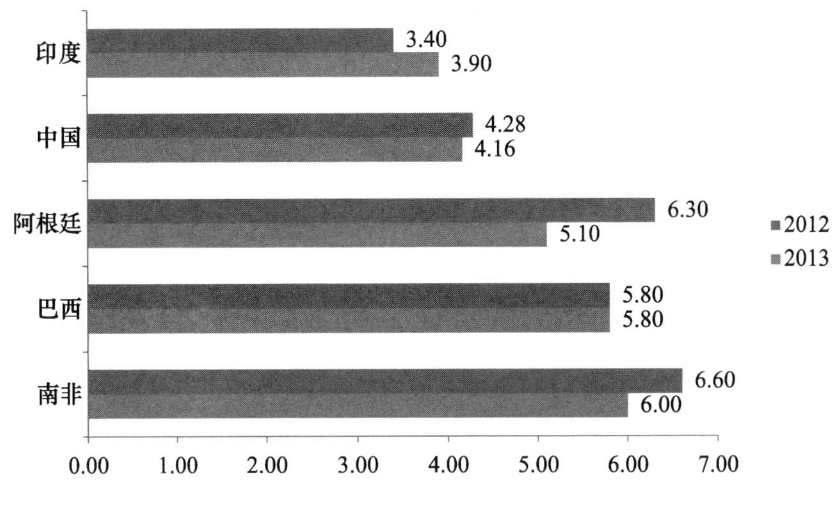

图 5—14　部分国家 2012 年与 2013 年教育开支占 GDP 比重的比较（单位：%）

从 2013 年 G20 的数据看（见图 5—15），教育开支占 GDP 比重排在前二位的分别是南非 6.00%、英国/巴西 5.80%、法国 5.50%，排在后三位的分别是日本 3.80%、印度尼西亚 3.60%、土耳其 2.90%；排在第一位的南非比排在最后一位的土耳其高出 3.1%。中国教育开支占 GDP 比重 2012 年为 4.28%，排在第 14 位；2013 年为 4.16%，排在第 13 位。

八　医疗开支占 GDP 比重（%）

该指标数据来源《国际统计年鉴》，《国际统计年鉴 2014》统计的是 2012 年数据，《国际统计年鉴 2015》统计的是 2013 年数据，故这里比较的医疗开支占 GDP 比重的数据为 2012 年和

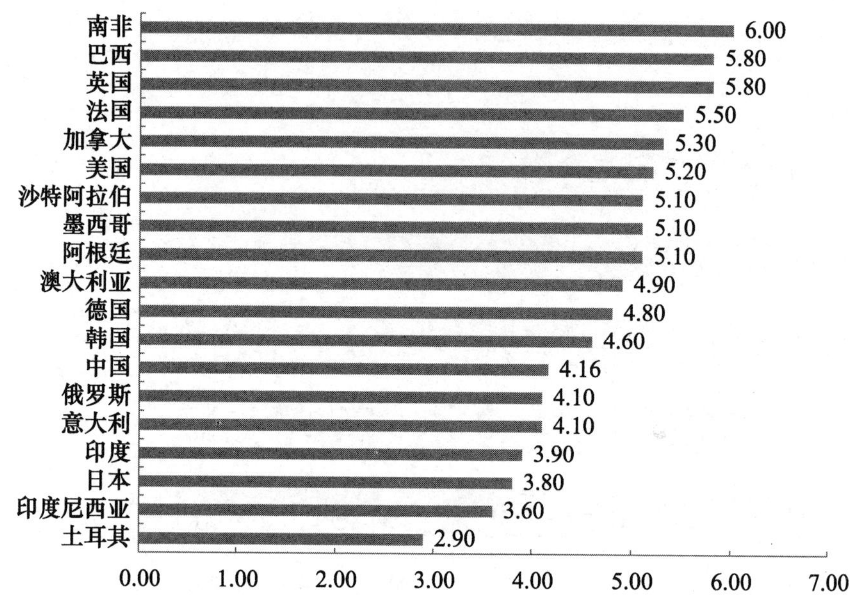

图 5—15 2013 年 G20 教育开支占 GDP 比重的比较（单位:%）

2013 年数据。

从 2012 年和 2013 年的数据看，G20 国家之间的医疗开支占 GDP 比重变化差异不大。如美国医疗开支占 GDP 比重 2012 年是 17.9%，2013 年是 17.1%；法国医疗开支占 GDP 比重 2012 年是 11.8%，2013 年是 11.7%；德国医疗开支占 GDP 比重 2012 年和 2013 年均是 11.3%；加拿大医疗开支占 GDP 比重 2012 年和 2013 年均是 10.9%；中国医疗开支占 GDP 比重 2012 年是 5.4%，2013 年是 5.6%。但阿根廷医疗开支占 GDP 比重跌幅较大，2012 年是 8.5%，2013 年是 7.3%，下降了 1.2%（见图 5—16）。

从 2013 年 G20 的数据看（见图 5—17），医疗开支占 GDP 比重排在前三位的分别是美国 17.1%、法国 11.7%、德国 11.3%，排在后三位的分别是中国 5.6%、印度 4.0%、印度尼西亚 3.1%；排在第一位的美国比排在最后一位的印度尼西亚高出 14.0%。中国医疗

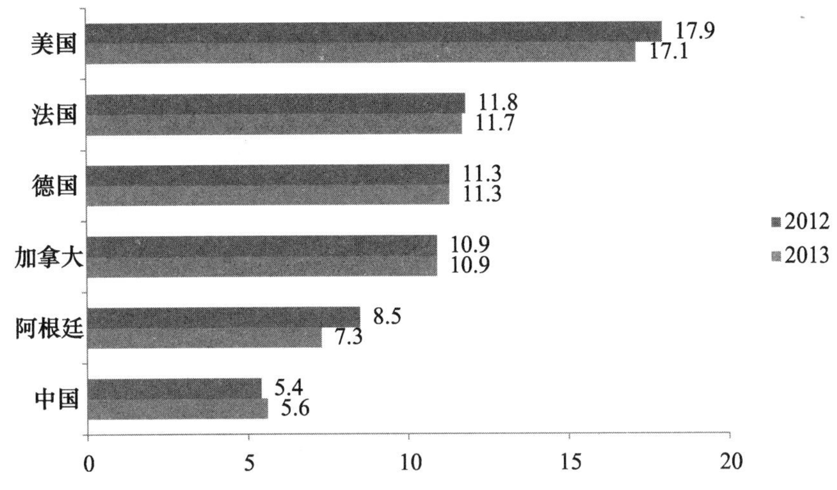

图 5—16　部分国家 2012 年与 2013 年医疗开支占 GDP 比重的比较（单位:%）

开支占 GDP 比重为 5.6%，排在第 16 位，处于较低水平，比排在第一位的美国低 11.5%。沙特阿拉伯无此项数据，故不作分析。

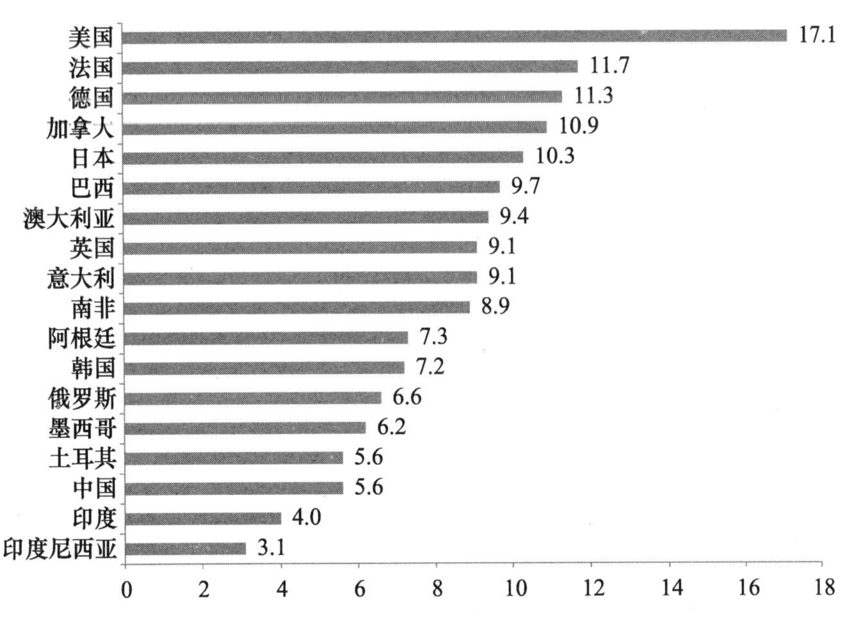

图 5—17　2013 年 G20 医疗开支占 GDP 的比较（单位:%）

九　每千人宽带用户（人）

随着互联网的发展，不仅世界经济越来越离不开互联网，而且，互联网在当今社会生活中扮演着越来越重要的角色。从 2013 年和 2014 年的数据看，G20 各国大部分每千人宽带用户均有不同程度的增长。如法国每千人宽带用户 2013 年是 387. 92 人，2014 年是 401. 76 人；英国每千人宽带用户 2013 年是 357. 31 人，2014 年是 373. 76 人；美国每千人宽带用户，2013 年是 285. 40 人，2014 年是 303. 74 人；中国每千人宽带用户 2013 年是 136. 34 人，2014 年是 146. 57 人。但也有个别国家每千人宽带用户出现下降，如印度尼西亚每千人宽带用户，2013 年是 13. 01 人，2014 年是 11. 90 人（见图 5—18）。

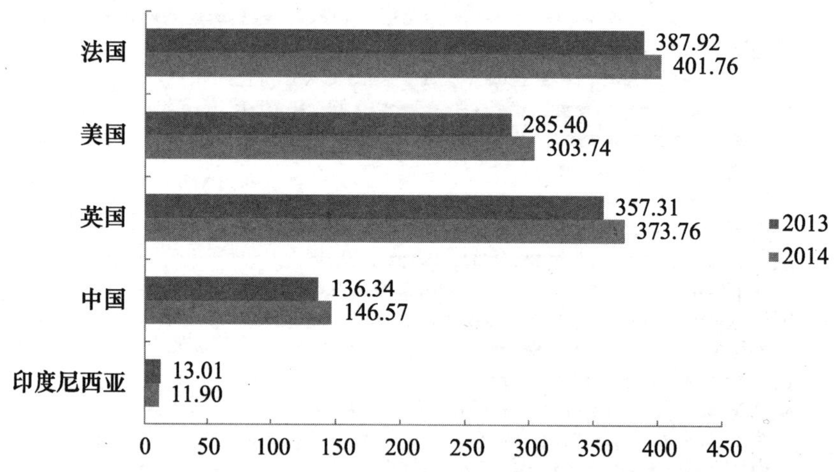

图 5—18　部分国家 2013 年与 2014 年每千人宽带用户的比较（单位：人）

从 2014 年 G20 的数据看（见图 5—19），每千人宽带用户排在前三位的分别是法国 401.76 人、韩国 387.76 人、英国 373.76 人，排在后三位的分别是南非 32.11 人、印度 12.42 人、印度尼西亚 11.90 人；中国每千人宽带用户为 146.57 人，排在第 10 位，处于中下水平，比排在第一位的法国低 255.19 人。加拿大、意大利、沙特阿拉伯三个国家没有数据，故不作分析。

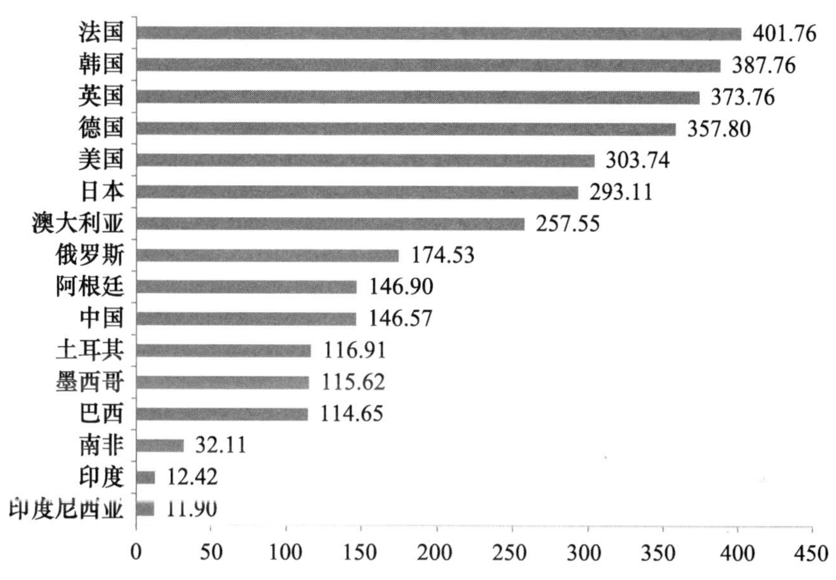

图 5—19　2014 年 G20 每千人宽带用户的比较（单位：人）

十　每十万人口监狱服刑人数（人）

由于该指标没有新的统计数据，故沿用《中国社会建设报告 2015》中 G20 的每十万人口监狱服刑人数的数据。

从 2013 年 G20 的数据看（见图 5—20），每十万人口监狱服刑人数最低的前三位的分别是印度 30 人、日本 51 人、印度尼西亚 59 人，服刑人数最高的后三位的分别是英国 396 人、俄罗斯 475 人、美国 716 人；中国每十万人口监狱服刑人数 121 人，在 G20 中排在第 9 位，处于 G20 的中上水平。但是，对于每十万人口监狱服刑人数指标的解读，不能单纯地认为数值低就是犯罪率低，如每十万人口监狱服刑人数指标最低的印度（30 人）与最高的美国相比，低 686 人，但这并不是说美国的犯罪率就是印度的 20 多倍。事实上还要综合考虑各个国家量刑政策的严厉程度，以及释放标准的严格程度。

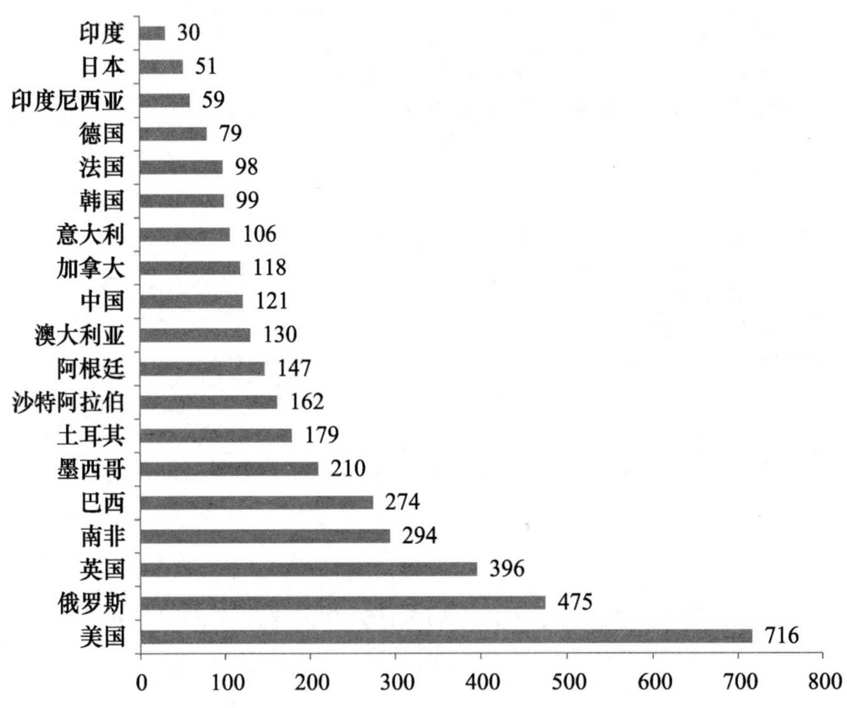

图 5—20　2013 年 G20 每十万人口监狱服刑人数的比较（单位：人）

十一　每十万人口杀人犯罪率（%）

由于该指标没有新的统计数据，故沿用《中国社会建设报告2015》中 G20 的每十万人口杀人犯罪率的数据。

从 2013 年 G20 的数据看（见图 5—21），每十万人口杀人犯罪率最低的前三位的分别是日本 0.3%、印度尼西亚 0.6%、德国/沙特阿拉伯 0.8%；最高的后三位的分别是墨西哥 21.5%、巴西25.2%、南非 31.0%；最低的日本比最高的南非低 30.7%。中国每十万人口杀人犯罪率为 1.0%，相对也较低，在 G20 中与法国、英国并列排名第 7 位，反映了中国社会的和谐安全稳定。但是对

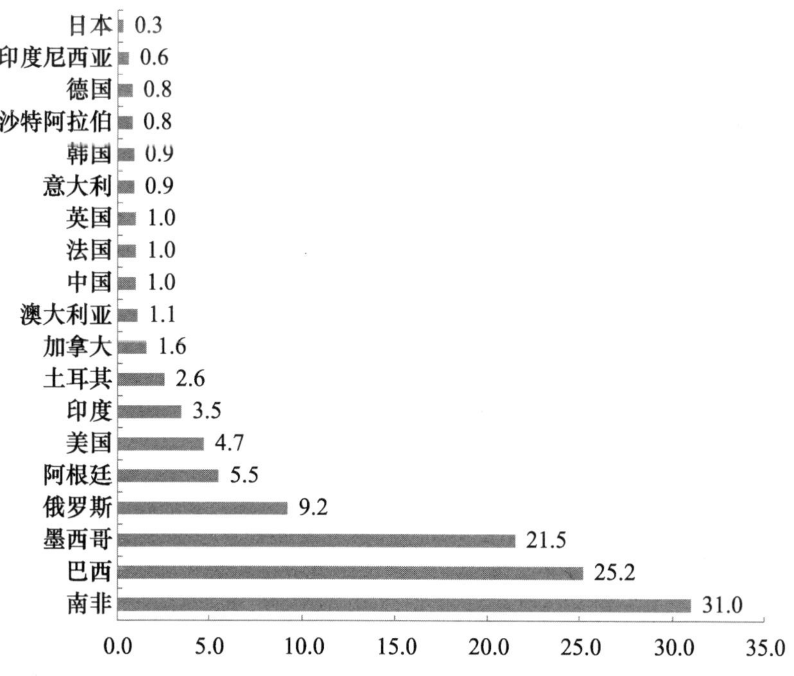

图 5—21　2013 年 G20 每十万人口杀人犯罪率的比较（单位:%）

于每十万人口杀人犯罪率指标的解读，不能单纯地认为数值低就是杀人犯罪率低，事实上还需要考虑、估测犯罪黑数[①]，才能比较准确地了解该国家实际的杀人犯罪率。

十二 女性议员占国家议会比例（%）

该指标数据来源于各国议会联盟公布的各国议会中女性数量的统计，该统计数据每年 1 月 1 日更新。这里比较的 G20 女性议员占国家议会比例是 2014 年和 2015 年的数据。

从 2014 年和 2015 年的数据看，G20 各国的女性议员占国家议会比例基本保持不变，如南非的女性议员占国家议会比例，2014 年是 40. 75%，2015 年是 41. 19%；德国的女性议员占国家议会比例，2014 年和 2015 年均是 36. 86%；意大利的女性议员占国家议会比例，2014 年和 2015 年均是 30. 07%；中国的女性议员占国家议会比例，2014 年和 2015 年均是 23. 60%（见图 5—22）。

从 2015 年 G20 的数据看（见图 5—23），女性议员占国家议会比例排在前三位的分别是南非 41. 19%、墨西哥 40. 61%、阿根廷 37. 08%，排在后三位的分别是印度 11. 99%、日本 11. 58%、巴西 10. 77%；排在第一位的南非比排在最后一位的巴西高出 30. 42%。中国的女性议员（全国人大代表、全国政协委员）的比例为 23. 60%，排在 G20 中的第 10 位，处在中等水平。

---

① 犯罪黑数指一些隐案或潜伏犯罪虽然已经发生，却因各种原因没有被计算在官方正式的犯罪统计之中，对这部分的犯罪估计值。

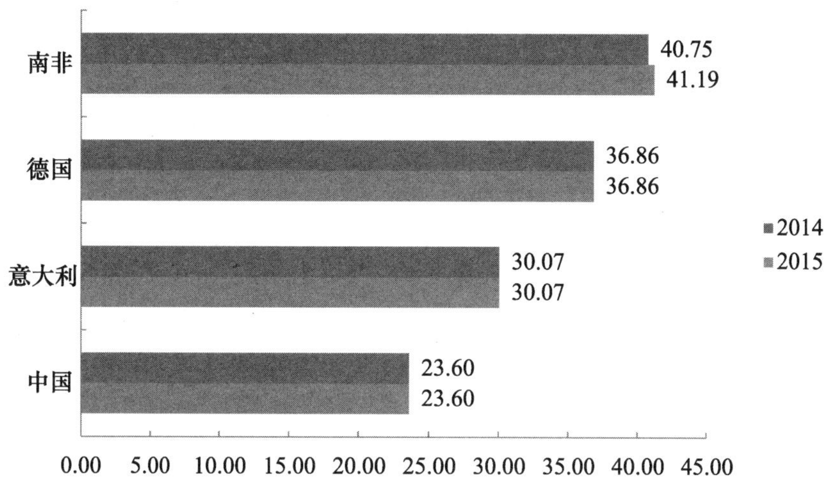

图 5—22　部分国家 2014 年与 2015 年女性议员占国家议会比例的比较（单位:%）

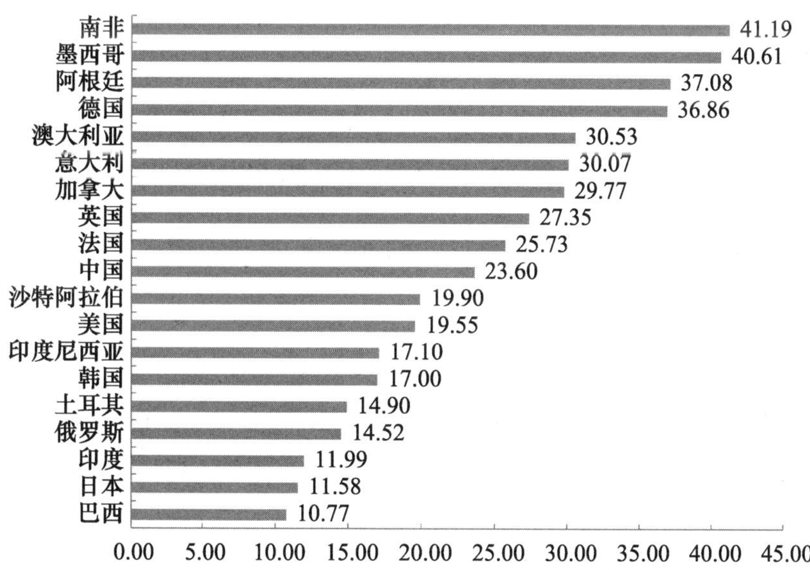

图 5—23　2015 年 G20 女性议员占国家议会比例的比较（单位:%）

2016 年 3 月 4 日各国议会联盟发布的有关妇女参政议政程度的报告——《2015 年国会中的妇女：一年回顾》指出，2015 年国会女性议长的人数有所增加，一些地区妇女在参政方面出现一定进展，但总体而言，2015 年全球妇女在国会议政方面的参与程度仍是令人感到失望的。报告显示，2015 年女性国会议员人数连续第二年以令人担忧的 0.5% 的低幅度增长。

统计显示，目前全球女性议员占总议员人数的 22.6%。各国议会联盟在 2013 年的统计表明，当年全球女性议员增加了 1.5%，如果按照这一增长幅度，议会中性别平等的目标将在一代人的时间内得以实现。然而，2015 年则出现了倒退，使得两年前的憧憬变得暗淡许多。就区域而言，拉丁美洲取得的进步最大，由于实施带有制裁性的配额措施，女性议员的比例几乎达到 27.2%；在非洲特别是在埃塞俄比亚和坦桑尼亚，同样由于配额和其他带有奖励的措施，女性议员数量出现了一定的增加；在欧洲，女性领导人的较高知名度令人印象深刻；在阿拉伯国家，各国议会联盟注意到出现的一系列第一：阿曼选出的第一位女副议长。在埃及，新的国会中有 15% 的议员是女性，而上一届国会中女性议员比例仅为 1.5%。统计显示，欧洲女性议员比例仅次于美洲，为 25.4%；其次为撒哈拉以南非洲，为 23.25%；阿拉伯国家为 17.5%，亚洲为 18.8%。亚太地区在过去一年的增长仅为 0.1%，是在过去十年当中女性国会议员人数增长最慢的一个区域。①

① 《2015 年全球女性议员人数略有上升　幅度令人失望》，2016 年 3 月 4 日，联合国电台（http://www.unmultimedia.org/radio/chinese/archives/253316/#.WKRJHkIY_WY）。

十三　每万人口医生数（人）

由于该指标没有新的统计数据，故沿用 2014 年中国社会建设报告中 G20 的每万人口医生人数的数据。

从 2012 年 G20 的数据看（见图 5—24），每万人口医生人数排在前三位的分别是俄罗斯 43 人、意大利 41 人、德国 38 人，排在后三位的分别是南非 8 人、印度 7 人、印度尼西亚 2 人；中国 19 人，排在第 13 位，处于 G20 的中下水平，比排在第一位的俄罗斯差 24 人，差距相当大，这与医疗开支占 GDP 的比重指标在 G20 中第 17 位的排名基本一致，反映中国的医疗卫生事业在 G20 中还处于相对落后水平。沙特阿拉伯无此项数据，故不作分析。

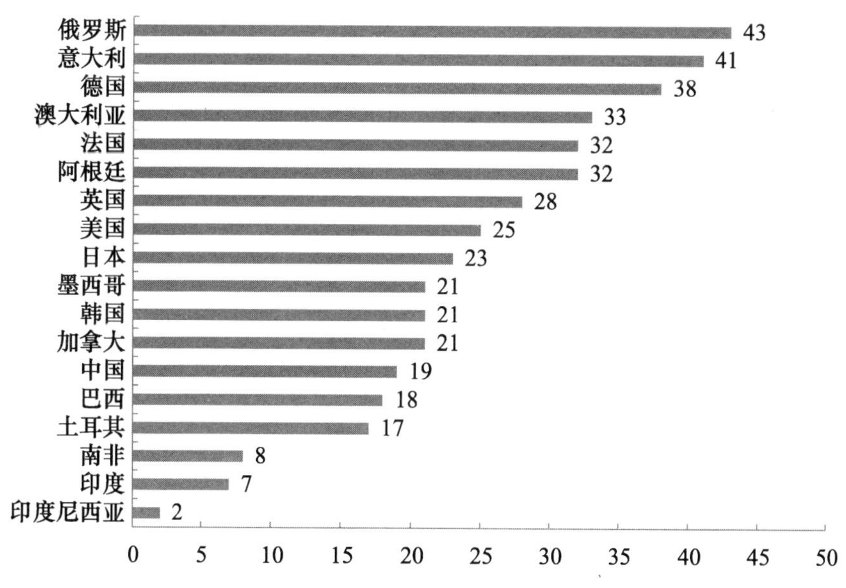

图 5—24　2012 年 G20 每万人口医生人数的比较（单位：人）

十四　人均二氧化碳排放量（吨）

该指标数据来源于《国际统计年鉴》，《国际统计年鉴2014》统计的是2010年数据，《国际统计年鉴2015》统计的是2011年数据，故这里比较的人均二氧化碳排放量的数据为2010年和2011年数据。

从2010年和2011年的数据看，G20的人均二氧化碳排放量有不同程度的变化，如土耳其的人均二氧化碳排放量，2010年是4.1吨，2011年是4.4吨；法国的人均二氧化碳排放量，2010年是5.6吨，2011年是5.2吨；英国的人均二氧化碳排放量，2010年是7.9吨，2011年是7.1吨；中国的人均二氧化碳排放量，2010年是6.2吨，2011年是6.7吨；韩国的人均二氧化碳排放量，2010年是11.5吨，2011年是11.8吨（见图5—25）。

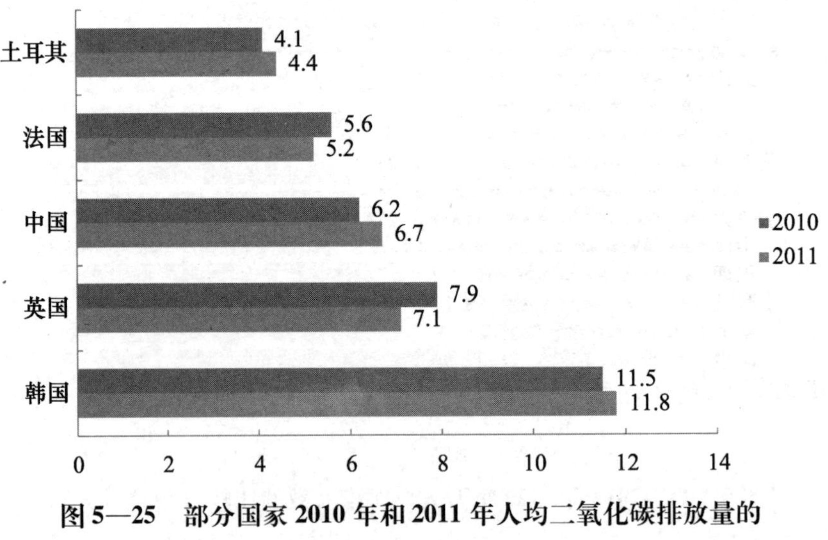

图5—25　部分国家2010年和2011年人均二氧化碳排放量的比较（单位：吨）

从2011年G20的数据看（见图5—26），人均二氧化碳排放量最低的前三位的分别是印度1.7吨、巴西2.2吨、印度尼西亚2.3吨，最高的后三位分别的是加拿大14.1吨、澳大利亚16.5吨、美国17吨。中国的人均二氧化碳排放量为6.7吨，在G20中与意大利并列第8位。与排名第一的，同样为新兴工业化国家的印度相比，中国的人均二氧化碳排放量高出5吨；但与排放量最高的美国比，低10.3吨。沙特阿拉伯无此项数据，故不作分析。

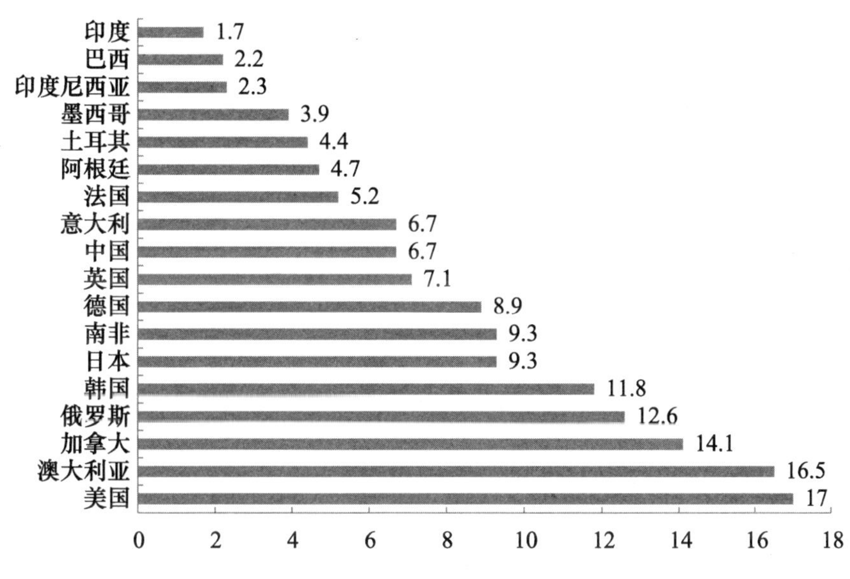

图5—26　2011年G20人均二氧化碳的比较（单位：吨）

十五　城市人口占比（城市化率）（%）

从2013年和2014年G20的数据来看，大部分国家城市人口比例变化不大。如澳大利亚城市人口占比（城市化率）2013年是89.5%，2014年是89.3%；日本城市人口占比（城市化率）2013

年是 92.3%，2014 年是 93.0%；墨西哥城市人口占比（城市化率）2013 年是 78.7%，2014 年是 79.0%；美国城市人口占比（城市化率）2013 年是 82.9%，2014 年是 81.4%；中国城市人口占比（城市化率）2013 年是 53.1%，2014 年是 54.4%。但也有变化较大的国家，法国从 2013 年的 86.8% 下降到 2014 年的 79.3%（见图 5—27）。

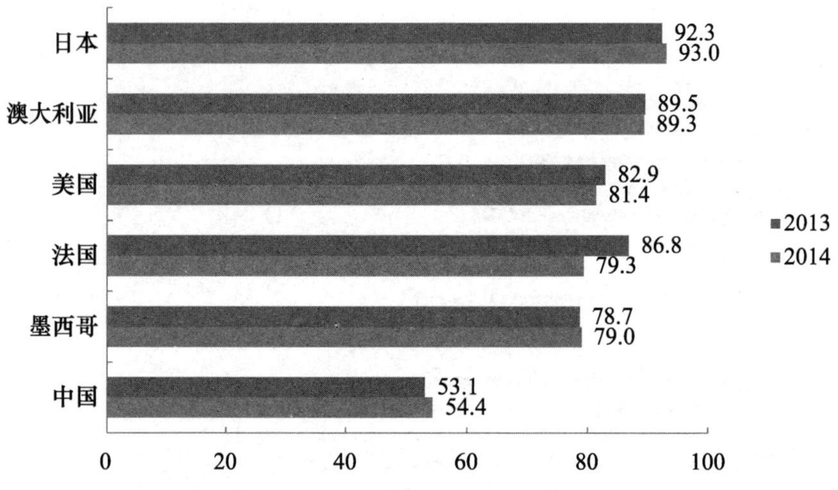

图 5—27 部分国家 2013 年和 2014 年城市人口占比（城市化率）的比较（单位:%）

从 2014 年 G20 的数据看（见图 5—28），城市人口占比（城市化率）排在前三位的分别是日本 93.0%、阿根廷 91.6%、澳大利亚 89.3%，排在后三位的分别是中国 54.4%、印度尼西亚 53.0%、印度 32.4%；排在第一位的日本比排在最后一位的印度高出 60.6%。中国的城市化即使每年以 1.4% 左右的速度增长，到 2020 年也将只在 60% 左右，与阿根廷、日本、澳大利亚的城市化率差距仍较大。沙特阿拉伯无此项数据，故不作分析。

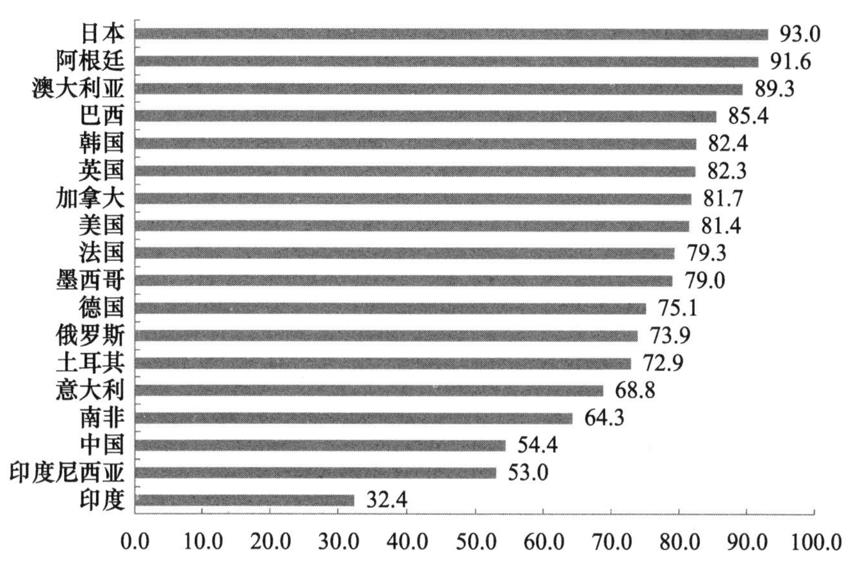

图 5—28　2014 年 G20 城市人口占比（城市化率）的比较（单位:%）

联合国人口基金会在 2007 年的《世界人口状况报告》中称，“在 20 世纪，世界城市人口增长飞速，从 2.2 亿增长到 28 亿。在未来几十年内，发展中国家城市人口将呈现史无前例的增长。这种增长在非洲和亚洲尤其明显，这两个大洲的城市人口在 2000—2030 年间将翻一番”，增长 17 亿，将超过中国和美国的人口总和。报告称，2000—2030 年，亚洲城市人口将从 13 亿增长到 26.4 亿；非洲城市人口将从 2.94 亿增长到 7.42 亿；拉丁美洲和加勒比地区的城市人口将从 3.94 亿增加到 6.09 亿。报告称，2007 年将成为人类历史上的一个重大分水岭，在这一年，世界人口的天平将首次从农村倾向城市；在全球 67 亿人口中，将有超过一半生活在城市里。到 2030 年，世界城市人口将增长到 50 亿，占到全世界人口总数的 60%。[①] 目前世界一半人口居住在城市，再过 35 年将有 2/3 人口住在城市。尤其是发展中国家要应对人口快速增长、快速城市化带来的各种挑战。

十六 女性人口比重（%）

从 2013 年和 2014 年 G20 的数据来看，女性人口比重基本保持不变。如南非的女性人口比重，2013 年是 51.5%，2014 年是 51.4%；日本的人口比重，2013 年是 51.3%，2014 年是 51.4%；法国女性人口比重 2013 年和 2014 年均是 51.6%；中国女性人口比重 2013 年和 2014 年均是 48.2%（见图 5—29）。

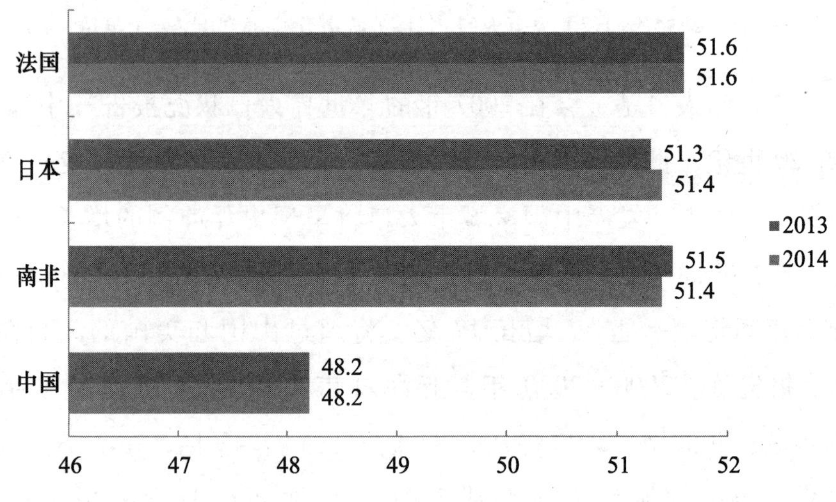

图 5—29 部分国家 2013 年和 2014 年女性人口比重的比较（单位:%）

① 《联合国：2050 年全球三分之二人口将生活在城市》，2014 年 7 月 11 日，新华网（news. xinhuanet. com/2014 - 07/11/e_ 1111565611. htm）。

从 2014 年 G20 的数据看（见图 5—30），女性人口比重排在前三位的分别是俄罗斯 53.9%、法国 51.6%、墨西哥 51.5%，排在后三位的分别是印度尼西亚 49.7%、印度 48.3%、中国 48.2%；排在第一位的俄罗斯比排在最后一位的中国高出 5.7%。中国女性人口比重 48.2%，在 G20 排名中垫底，属于严重失衡的比例，即“男多女少”，造成这种失衡的原因值得深思。沙特阿拉伯无此项数据，故不作分析。

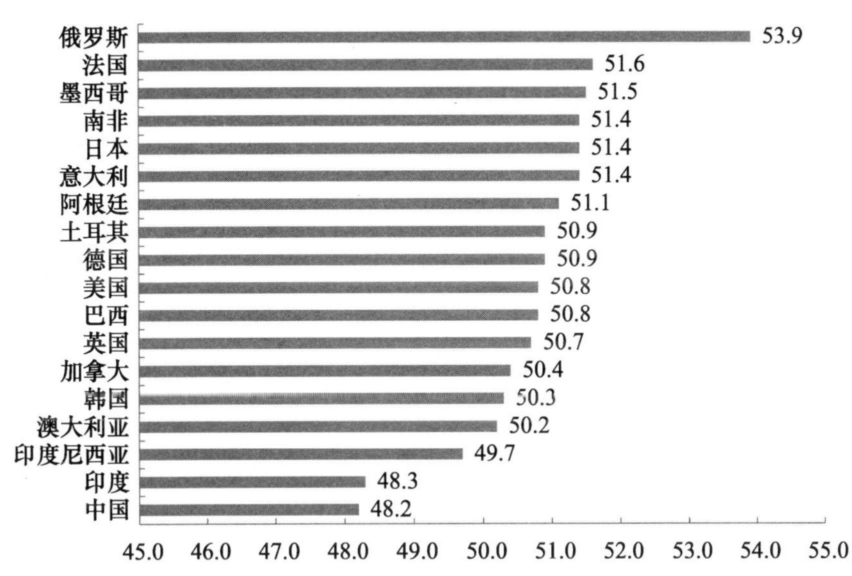

图 5—30　2014 年 G20 女性人口比重的比较（单位:%）

十七　R&D 支出占 GDP 比重（%）

该指标数据来源于《国际统计年鉴》，《国际统计年鉴 2014》统计的是 2012 年数据，《国际统计年鉴 2015》统计的是 2013 年数据，故本节对比的 R&D 开支占 GDP 比重的数据为 2012 年和 2013 年数据。

从 2012 年和 2013 年的数据看，G20 各国的 R&D 支出占 GDP 比重的变化比较稳定，如日本的 R&D 支出占 GDP 比重，2012 年是 3.3%，2013 年是 3.4%；美国的 R&D 支出占 GDP 比重，2012 年和 2013 年均是 2.8%；法国的 R&D 支出占 GDP 比重，2012 年和 2013 年均是 2.3%；中国的 R&D 支出占 GDP 比重，2012 年是 1.8%，2013 年是 2.0%（见图 5—31）。

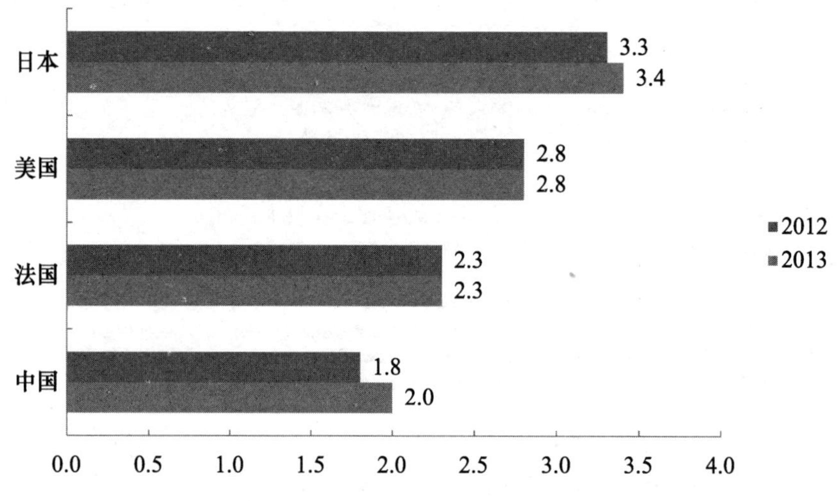

图 5—31　部分国家 2012 年和 2013 年 R&D 支出占 GDP 比重的比较（单位:%）

从 2013 年 G20 的数据看（见图 5—32），R&D 支出占 GDP 比重排在前三位的分别是韩国 4.0%、日本 3.4%、德国 2.9%，排在后三位的分别是印度/南非 0.8%、阿根廷 0.6%、墨西哥 0.4%；排在第一位的韩国比排在最后一位的墨西哥高出 3.6%。中国 R&D 支出占 GDP 比重为 2.0%，在 G20 中排名第 7 位，较为领先，反映了近年来，中国政府对通过科技创新促进科教兴国的重视程度以及科技投入力度。不过，中国 R&D 经费投入虽然不断上升，但与世界上主要创新国家如韩国、日本、德国、美国等 2.5% 以上的比重相比还有一段差距。印度尼西亚和沙特阿拉伯无此项数据，故不作分析。

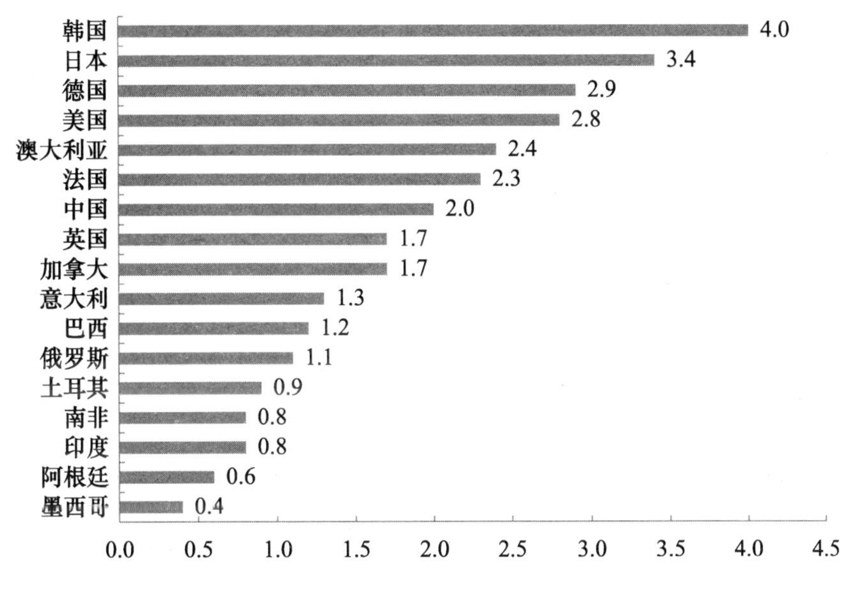

图 5—32　2013 年 G20 R&D 支出占 GDP 比重（单位:%）

十八　国际入境旅游人次（万人）

随着国际经济的复苏，各国人民对出境游的热情也在缓步回升，从 2012 年和 2013 年的数据来看，G20 国家的国际入境旅游人次均有不同程度的上升。如法国的国际入境旅游人次，2012 年是 8301 万人，2013 年是 8473 万人；日本的国际入境旅游人次，

2012年是836万人，2013年是1036万人；俄罗斯的国际入境旅游人次，2012年是2818万人，2013年是3079万人；美国的国际入境旅游人次，2012年是6697万人，2013年是6977万人。但是，中国的国际入境旅游人次有所跌落，2012年是5773万人，2013年是5569万人（见图5—33）。

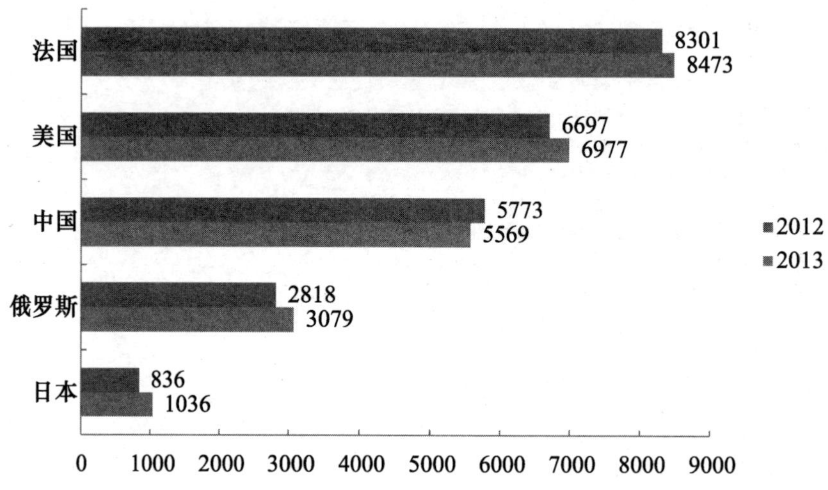

图5—33 部分国家2012年和2013年国际入境旅游人次的比较（单位：万人）

从2013年G20的数据看（见图5—34），国际入境旅游人次排在前三位的分别是法国8473万人、美国6977万人、中国5569万人，排在后三位的分别是澳大利亚638万人、巴西581万人、阿根廷557万人；排在第一位的法国比排在最后一位的阿根廷高出7916万人。中国国际入境旅游人次排名第3位，处在较高水平，但是也应看到，中国的入境旅游人次从2012年到2013年有较大跌落。沙特阿拉伯无此项数据，故不作分析。

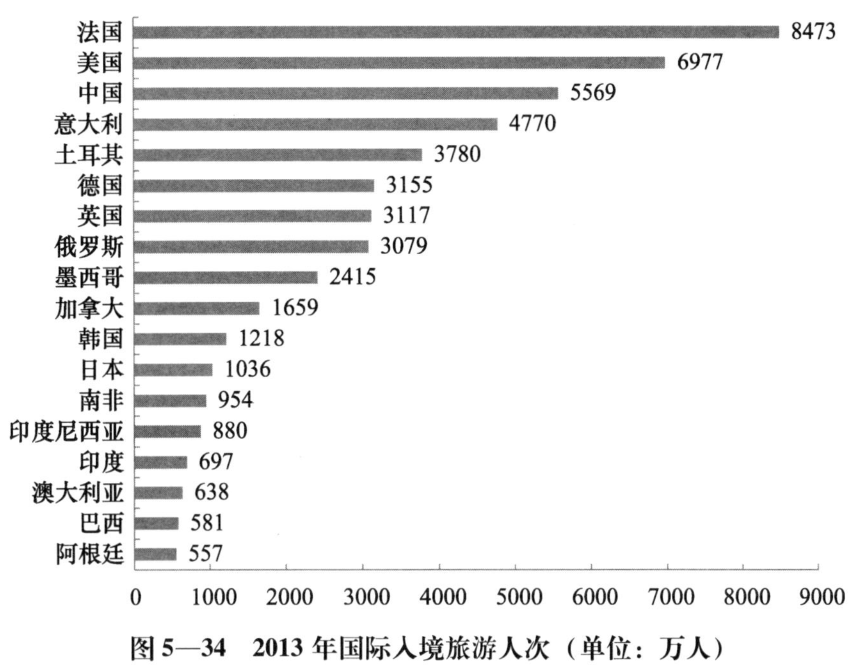

图 5—34　2013 年国际入境旅游人次（单位：万人）

十九　中国与 G20 其他国家社会建设综合比较

综合前面 18 个指标数据（2014 年或 2015 年）来看，中国的表现有喜有忧，有六个指标位居 G20 前列，但也有九个指标相对比较低甚至明显落后，折射出中国在社会建设方面的优势和短板。相比 2013 年，中国有六个指标位居前列，九个指标排名较低或明显落后，基本与上一年保持持平。

（一）排名靠前的指标

就中国与 G20 其他国家相比，有六个指标排名靠前，甚至处于领先地位，体现了中国社会建设的成绩和优势。譬如，在 GDP 增速上，中国排名第二位，为 7.3%，在 G20 中排名领先，高出最后一名意大利 7.7 个百分点；在失业率上，中国失业率低，排名第三位，为 4.1%，在 G20 中以低失业率排名领先，比最后一名南非低 20.8 个百分点；在每十万人口杀人犯罪率上，中国以低杀人犯罪率排名第七位，为 1.0%，在 G20 中排名靠前（见表 5—1）。

中国在 G20 中排名中间的指标见表 5—2。

表 5—1　中国在 G20 中社会建设排名靠前的指标

中国在 G20 中排名靠前的指标	具体指标排名情况
GDP 增速	中国排名第二位，7.3%，在 G20 中排名领先，第一名印度 7.4%。上一年排名第一位，下降一位
失业率	中国排名第三位，4.1%，在 G20 中排名领先，第一名韩国 3.1%。上一年排名第三位，保持不变
每十万人口杀人犯罪率	中国排名第七位，1.0%，在 G20 中排名靠前，第一名日本 0.3%。上一年排名第八位，上升一位
人均二氧化碳排放量	中国排名第八位，6.7 吨，在 G20 中排名靠前，第一名印度 1.7 吨。上一年排名第八位，保持不变
R&D 支出占 GDP 比重	中国排名第七位，2.0%，在 G20 中排名靠前，第一名韩国 4.0%。上一年排名第七位，保持不变
国际入境旅游人次	中国排名第三位，5569 万人，在 G20 中排名领先，第一名法国 8473 万人

表 5—2　中国在 G20 中社会建设排名中间的指标

中国在 G20 中排名中间的指标	具体指标排名情况
每千人宽带用户	中国排名第十位，146.57 人，在 G20 中排名中等，第一名法国 401.76 人。上一年排名第十一位，上升一名

续表

中国在 G20 中排名中间的指标	具体指标排名情况
每十万人口监狱服刑人数	中国排名第九位，121 人，在 G20 中排名中等，第一名印度 30 人。上一年排名第九位，保持不变
女性议员占国家议会比例	中国排名第十位，23.60%，在 G20 中排名中等，第一名南非 41.19%。上一年排名第九位，下降一名

（二）排名靠后的指标

然而，中国也有多项指标与 G20 其他国家的差距比较大，比较直观地反映出社会建设上的不足之处。例如，2016 年人均 GDP 方面，中国排名第十六位，为 7594 美元，比第一名的澳大利亚 61887 美元低了 54293 美元；在平均受教育年限上，中国排名第十八位，为 7.5 年，比并列第一位的德国、英国少了 5.6 年；在医疗开支占 GDP 比重上，中国排名第十六位，为 5.6%，比第一名美国低了 11.5%；在女性人口比重上，中国排名第十八位，为 48.2%，低于 50% 的平衡值 1.8%（见表 5—3）。

表 5—3　　中国在 G20 中社会建设排名靠后的指标

中国在 G20 中排名靠后的指标	具体指标排名情况
人均 GDP	中国排名第十六位，7594 美元，在 G20 中排名靠后，第一名澳大利亚 61887 美元。上一年排名第十七位，上升一位

续表

中国在 G20 中排名靠后的指标	具体指标排名情况
出生时预期寿命	中国排名第十三位，75.4 岁，在 G20 中排名靠后，第一名日本 83.3 岁。上一年排名第十三位，保持不变
平均受教育年限	中国排名第十八位，7.5 年，在 G20 中排名靠后，第一名德国、英国 13.1 年。上一年排名第十六位，下降两位
CPI 指数（2005 年 =100）	中国排名第十六位，139.9，在 G20 中排名靠后，第一名日本 102.8。上一年排名第十一位，下降五位
教育开支占 GDP 比重	中国排名第十三位，4.16%，在 G20 中排名靠后，第一名南非 6.00%。上一年排名第十四位，上升一位
医疗开支占 GDP 比重	中国排名第十六位，5.6%，在 G20 中排名靠后，第一名美国 17.1%。上一年排名第十六位，保持不变
每万人口医生数	中国排名第十三位，19 人，在 G20 中排名靠后，第一名俄罗斯 43 人。上一年排名第十三位，保持不变
城市人口占比（城市化率）	中国排名第十六位，54.4%，在 G20 中排名靠后，第一名日本 93.0%。上一年排名第十七位，上升一位
女性人口比重	中国排名第十八位，48.2%，在 G20 中排名靠后，第一名俄罗斯 53.9%。上一年排名第十九位，上升一位

通过上述排序分析，可以直观地看到 2016 年中国社会建设在 G20 中的位置和水平。从排名靠前和中间的指标看，中国有九个指标的数据排名在第十位之前，尤其是 GDP 增速和失业率，排在 G20 中的第二、第三位，这不仅反映了中国面对全球经济低迷仍平稳增长、失业率低、社会和谐稳定的现状，而且为世界经济走出困境、促进世界和平做出了重大贡献。当然，中国有九个指标处于第十一位及以下水平，尤其是有六个指标在 G20 中处于第十

六位到第十九位的水平。如女性人口比重排名第十八位，男女性别比的失衡，更多地反映了中国社会封建传统的“重男轻女”思想在现代的影响。人均 GDP 和城市化率在 G20 中排名第十六位，典型地反映了一个发展中大国的水平及其特点；平均受教育年限和医疗开支占 GDP 比重在 G20 中排名第十八位和第十六位，反映了一个发展中大国不断努力破解教育医疗方面的沉重负担所取得的成绩。

第六章　中国与中等发达国家社会建设若干指标的比较

根据2020年全面建成小康社会、达到中等发达国家水平的目标，本书从《国际统计年鉴2015》《人类发展报告2015》《中国卫生和计划生育统计年鉴2015》中选取20个指标再将中国与中等发达国家的社会建设做比较，以便发现中国目前在社会建设方面所处的水平。

一　社会保障若干指标的比较

中国与中等发达国家社会保障的比较，通过对“人均国民收入”“人均卫生费用”“教育支出占GDP的比重”等7个指标做比较分析。

（一）人均国民收入（2011年购买力平价）

“人均国民收入”指标反映一个国家或地区的经济发展水平和人民富裕程度。中国在2010年GDP总量超越日本这个西方世界第二大经济体后，中国的人均国民收入在中等发达国家中还处于最后一位。

2014 年在“人均国民收入”的指标中，中国的数据为 12547 美元，与中等发达国家相比排名最后一位，比排名第一位的韩国低 21343 美元；中等发达国家的平均值为 26502 美元，中国与其他 10 个国家的平均值相比，还低 13955 美元（见图 6—1）。

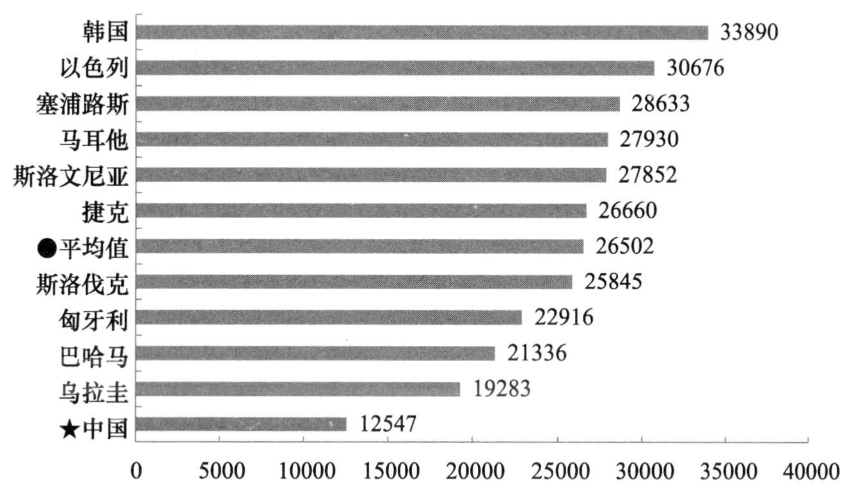

图 6—1　2014 年中国与中等发达国家人均国民收入（2011 年购买力平价）的比较（单位：美元）

从 2013 年和 2014 年的数据来看，中国的人均国民收入有显著提高，2013 年是 9040 美元，2014 年是 12547 美元。与中等国家人均国民收入的平均数的差距也有所缩小，2013 年低于平均值 16469 美元，2014 年低于平均值 13955 美元。

2015 年、2016 年中国的人均国民收入有很大提高，但是，到 2020 年全面建成小康社会之际，人均国民收入要达到中等发达国家 26502 美元的平均水平，依旧面临较大压力，任务艰巨。

（二）居民消费率

“居民消费率”指标是判断一个国家或地区消费需求态势的重要指标之一。和世界平均水平以及其他国家比较，中国居民消费率偏低，近年来一直是下行趋势。从2003年降至55.4%以后一直走低，至2007年降至36%左右。[①] 在一系列扩大消费的政策和措施下，2014年中国居民消费率为37.7%，较2013年的34.1%提高了3.6个百分点。

2014年在“居民消费率”的指标中，中国的数据为37.7%，与3个中等发达国家（分别是以色列、韩国和捷克）相比排名最后一位，比排名第一位的以色列低19.2%；3个中等发达国家的平均值为52.0%，中国与其他3个国家的平均值相比，还要低14.3%（见图6—2）。

从2013年和2014年的数据来看，中国的居民消费率从2013年的34.1%上升到2014年的37.7%，与发达国家居民消费率的平均值之间的差距有所缩小，2013年低于平均值18.9%，2014年低于平均值14.3%。

在中等发达国家中，中国消费水平过低的原因，一方面是中国老百姓的储蓄率高。但是，在储蓄率高的背后问题是：中国庞大的资产分布极不平等，银行储蓄的大部分资产不属于中低收入阶层。另一方面占中国人口近70%的农村人口消费能力非常低，城市的农民工薪酬也过低。同时，由于中国的社会保障制度不完善、就业压力日趋严峻和住房、教育、医疗价格上涨过快，导致

① 叶青：《从〈政府工作报告〉看财政拉动消费》，《南方都市报》2014年3月10日。

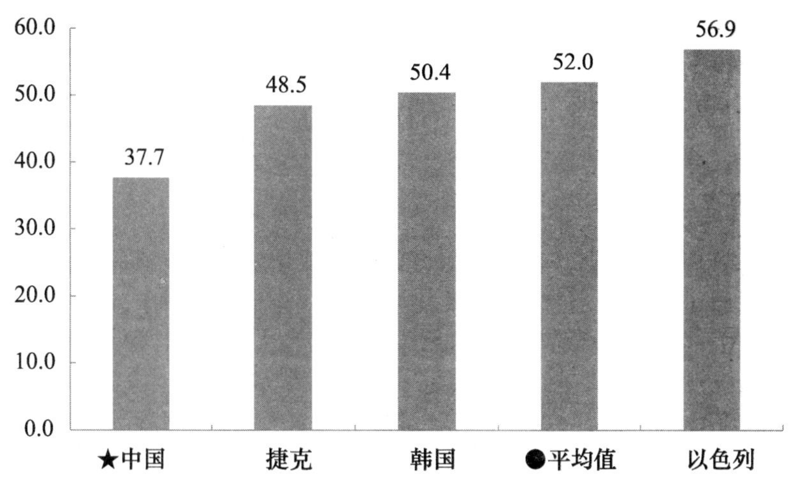

图 6—2　2014 年中国与中等发达国家居民消费率的比较（单位:%）

居民对未来生活的信心不足，储蓄意愿增强，消费意愿降低，这势必造成内需不足，从而引发各种经济下行问题。

（三）人均卫生费用

在 2014 年“人均卫生费用”的指标中，中国的数据为 322 美元，与中等发达国家相比排名最后一位，比排名第一位的以色列低 2073 美元；中等发达国家的平均值为 1665 美元，中国与其他 10 个国家的平均值相比，还要低 1343 美元（见图 6—3）。

从 2013 年和 2014 年的数据看，中国的人均卫生费用没有变化，依旧为 322 美元，与发达国家人均卫生费用平均值的差距有所扩大，2013 年低于平均值 1321 美元，2014 年低于平均值 1343 美元。

2015 年 5 月国务院办公厅印发的《关于城市公立医院综合改革试点的指导意见》提出，破除以药补医机制，试点城市所有公立医院推进医药分开，采取综合措施切断医院和医务人员与药品

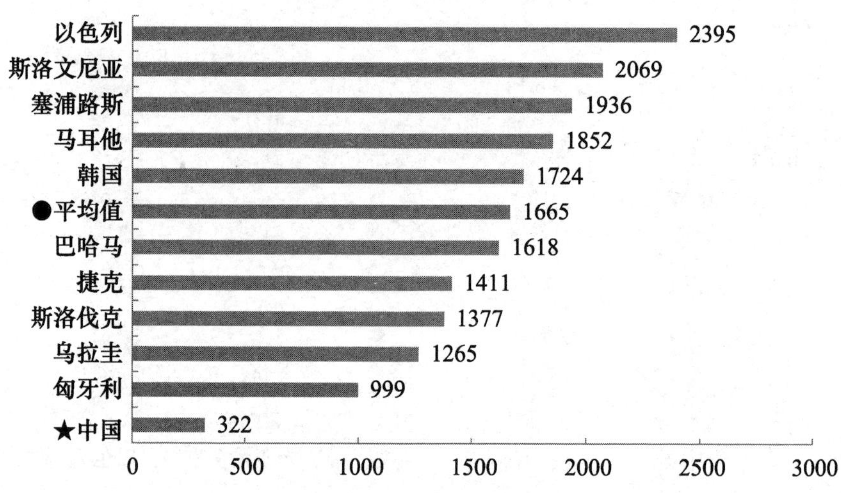

图 6—3　2014 年中国与中等发达国家人均卫生费用的比较（单位：美元）

间的利益链，完善医药费用管控制度，严格控制医药费用不合理增长。到 2017 年，总体上个人卫生支出占卫生总费用的比例降低到 30% 以下，以此不断提高人均卫生费用。

（四）社会医保支出占政府卫生支出

2014 年在“社会医保支出占政府卫生支出”指标中，中国的数据为 67.9%，与中等发达国家相比排名第七位，比排名第一位的捷克低 24.8%，比排名最后一位的塞浦路斯高 66.4%；中等发达国家的平均值为 63.1%，中国与其他 10 个国家（实为 9 个国家，缺巴哈马数据）的平均值相比，高于平均值 4.8%（见图 6—4）。

从 2013 年和 2014 年的数据看，中国的社会医保支出占政府卫生支出比重保持不变，仍为 67.9%，但与发达国家社会医保支出占政府卫生支出的平均值之间的差距正在缩小，2013 年高于平

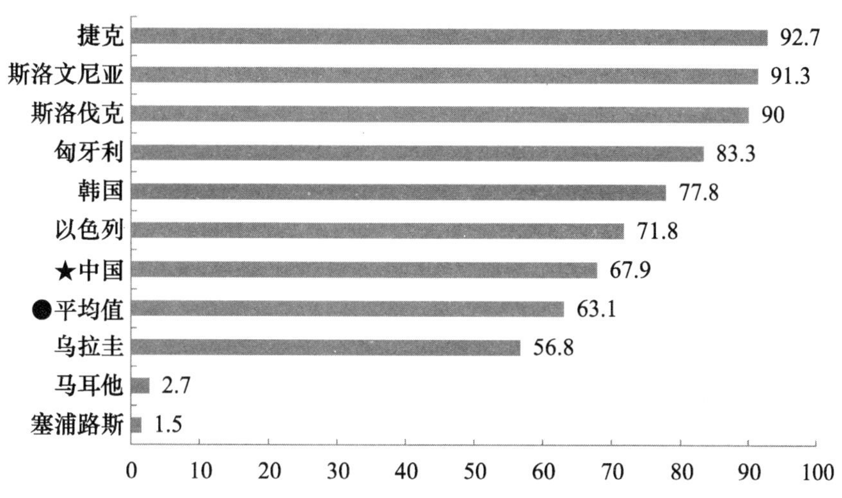

图6—4　2014年中国与中等发达国家社会医保支出占政府卫生支出的比较（单位:%）

均值5.7%，2014年高于平均值4.8%。

中国的社会医保支出占政府卫生支出的比例，在中等发达国家中排第七位，但是与排名第一位的捷克相比，还差24.8个百分点。而且，中国作为一个人口大国，目前的医保支出还难以满足人民的需要。所以，党的十八大提出，到2017年要建立完善大病保险制度，不断提高大病保障水平和服务可及性，着力维护人民群众健康权益，切实避免人民群众因病致贫、因病返贫；建立起比较完善的大病保险制度，与医疗救助等制度紧密衔接，共同发挥托底保障功能，有效防止发生家庭灾难性医疗支出，使城乡居民医疗保障的公平性得到显著提升。

（五）政府卫生支出占政府总支出

在2014年“政府卫生支出占政府总支出”的指标中，中国的数据为12.5%，与中等发达国家相比排名第七位，比排名第一位的乌拉圭低 6.8%，比排名最后一位的塞浦路斯高 5.0%；中等发达国家的平均值为 13.1%，中国与其他 10 个国家的平均值相比，低了 0.6%（见图 6—5）。

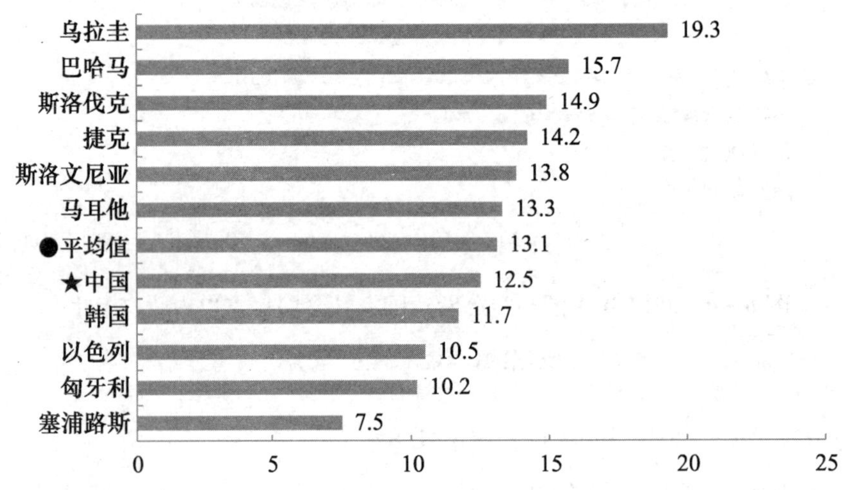

图 6—5　2014 年中国与中等发达国家政府卫生支出占政府总支出的比较（单位:%）

从 2013 年和 2014 年的数据看，中国的政府卫生支出占政府总支出保持不变，仍为 12.5%，与发达国家政府卫生支出占政府总支出平均值之间的差距正在拉大，2013 年中国与平均值持平，2014 年低于平均值 0.6%。

近年来，中国政府为解决看病难、看病贵的问题不断加大投入。到 2015 年，政府卫生投入占政府总支出的比重逐步提高，使得群众负担明显减轻，基本医疗卫生服务更加公平可及，服务水平和效率明显提高，同时卫生总费用增长合理控制。但是，中国的卫生投入与中等发达国家相比，仍有一定差距。

（六）教育支出占 GDP 的比重

在 2014 年“教育支出占 GDP 的比重”的指标中，中国的数据为 5.6%，与中等发达国家相比排名最后，比排名第一位的斯洛文尼亚低 3.6%；中等发达国家的平均值为 7.9%，中国与其他 10 个国家的平均值相比，低于平均值 2.3 个百分点，相比 2013 年的 0.8%，这一差距正在拉大。

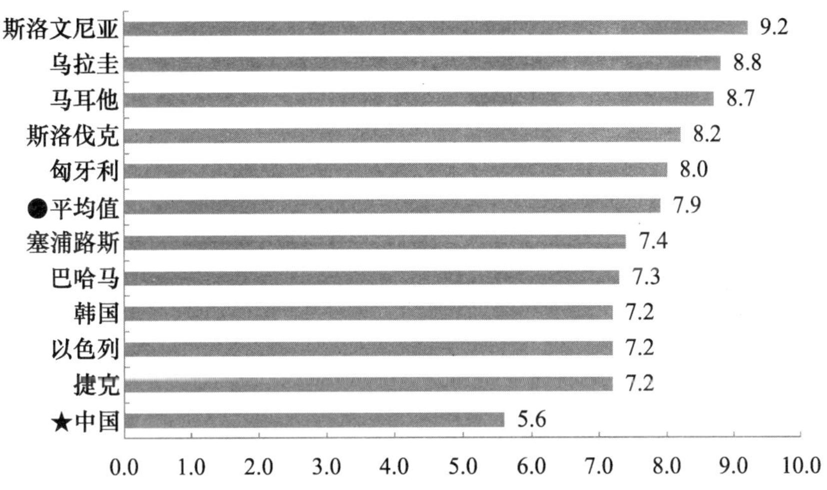

图 6—6　2014 年中国与中等发达国家教育支出占 GDP 的比重的比较（单位:%）

从 2013 年和 2014 年的数据看，中国的国家教育支出占 GDP 的比重从 2013 年的 4.3% 上升到 2014 年的 5.6%，但是和中等发达国家教育支出占 GDP 比重的平均值相比，差距有所加大，2013 年比平均值低 0.8%，2014 年比平均值低 2.3%。

2014 年我国的教育支出占 GDP 比重虽然较 2013 年有所增加，但是排名却下降了，可见各国均对教育颇为重视。2015 年教育部在全国教育工作会议上提出要“全面深化综合改革，全面加强依法治教，加快推进教育现代化”，解决中国教育的种种问题和短板。

（七）失业率

通过“失业率”指标可以判断一定时期全部劳动人口的就业情况。长期以来“失业率”高低被视为反映一个国家整体经济景气状况的指标。

在 2014 年“失业率”的指标中，中国为 4.1%，与中等发达国家相比处于第二低的水平，比排名第一位的以色列高 1.0%，比排名最后一位的巴哈马低 12.1%；中等发达国家的平均值为 10.2%，中国与其他 10 个国家的平均值相比，低于平均值 6.1%（见图 6—7）。

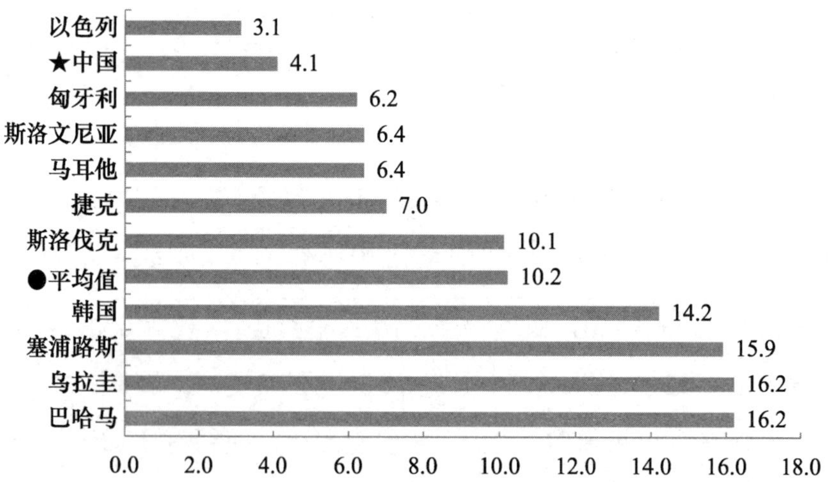

图 6—7 2014 年中国与中等发达国家失业率的比较（单位:%）

从 2013 年和 2014 年的数据来看，中国的失业率保持不变，仍为 4.1%，2013 年高于平均值 4.9%，2014 年高于平均值 6.1%。

在经济发展进入新常态后，面对经济下行给就业带来的压力，中国采取了各种政策措施，伴随着国家“一带一路”战略的实施和自贸区建设，沿线国家和地区基础建设投资将在未来进一步拉动工业行业产出增长。这些都将为中国“十三五”时期的就业奠定基础。

二　社会服务若干指标的比较

对中国与中等发达国家社会服务的比较，选择了五个医疗卫生的指标，一个教育指标，一个人文发展指标，基本上能较完整地看到中国与中等发达国家的社会服务水平。

（一）孕产妇死亡率

在 2014 年“孕产妇死亡率”的指标中，中国的数据为 32/10 万，在中等发达国家中排名倒数第三位，比排名第一位的以色列高 30/10 万，比排名最后一位的匈牙利低 37/10 万；中等发达国家的平均值为 19/10 万，中国与其他 10 个国家的平均值相比，高于平均值 13/10 万（见图 6—8）。

从 2013 年和 2014 年的数据看，中国的孕产妇死亡率保持不变，为 32/10 万，与发达国家孕产妇死亡率的平均值之间的差距正在缩小，2013 年中国高于平均值 18.8/10 万，2014 年中国高于平均值 13/10 万。

随着二孩政策的全面放开，高龄孕产妇的增加带来了部分并

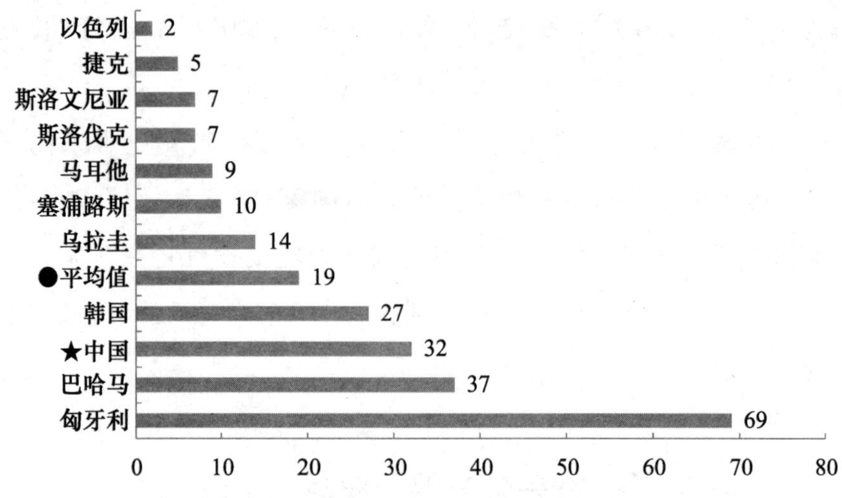

图 6—8 2014 年中国与中等发达国家孕产妇死亡率的比较（单位：1/10 万）

发症的增加，为了降低孕产妇死亡率，国家卫计委已经启动“十三五”规划的编制工作，结合“四个全面”战略布局，在“十三五”时期重点做好以下几个方面的妇幼健康工作。

一是切实保障母婴安全，努力控制孕产妇和婴儿死亡率。继续开展农村孕产妇住院分娩补助，加强危重孕产妇、新生儿急救能力建设，做好孕产妇和儿童死亡监测。探索整合现有政策和项目，向孕产妇提供生育全过程的基本医疗保健服务。

二是加强出生缺陷综合防治，提高出生人口素质。落实出生缺陷三级预防措施，探索完善婚前、孕前、孕期、新生儿等各阶段的综合防治模式，努力减少严重多发致残出生缺陷的发生。

三是加强妇女儿童疾病防治，提升妇女儿童生活质量。进一步扩大“两癌”检查覆盖面，落实《国家贫困地区儿童发展规划》，不断改善贫困地区儿童营养状况，推动预防艾滋病、梅毒和乙肝母婴传播项目全国全覆盖，力争率先在儿童身上基本实现“零艾滋”

目标。将流动人口纳入公共卫生服务覆盖范围，加强流动妇女儿童健康服务，联合教育部门加强对青少年的生殖健康教育。

四是完善妇幼健康服务体系，保障妇女儿童健康权益。配合逐步调整完善生育政策，加强妇幼健康服务体系建设，支持各级妇幼保健机构建设和医疗卫生机构的妇产科、儿科建设，不断提高服务能力。

（二）熟练卫生人员接生比例

在 2014 年“熟练卫生人员接生比例”的指标中，中国的数据为 100%，比 2013 年提高了 4%，与中等发达国家相比排名第一位；中等发达国家的平均值为 99.7%，中国与其他 10 个国家（实为 9 个国家，缺以色列数据）的平均值相比，高于平均值 0.3%（见图 6—9）。

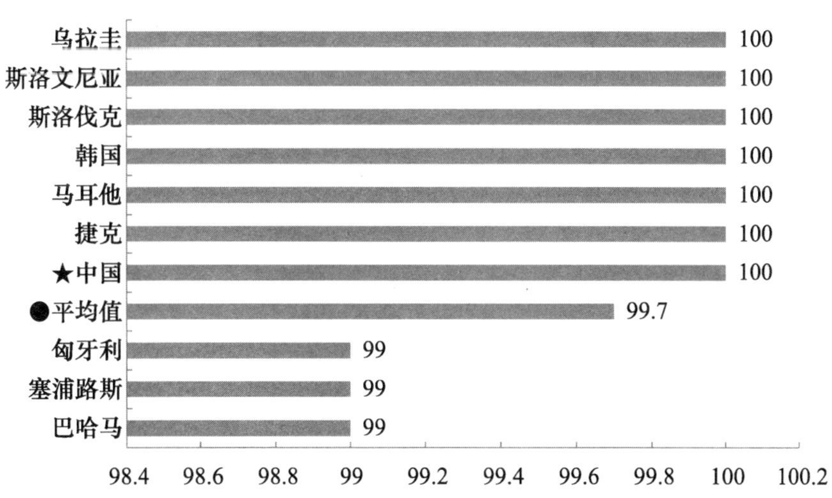

图 6—9　2014 年中国与中等发达国家熟练卫生人员接生比例的比较（单位：%）

从 2013 年和 2014 年的数据看，中国熟练卫生人员接生比例有所上升，从 2013 年的 96% 上升到 100%。与中等发达国家熟练卫生人员接生比例平均值相比，2013 年中国低于平均值 3%，2014 年中国高于平均值 0.3%。

近年来，中国医疗卫生行业按照“为民、务实、清廉”的要求，坚持“以保健为中心，以保障生殖健康为目的，面向基层，面向群体”的妇幼卫生工作方针，开展与妇女儿童健康密切相关的基本医疗服务。

同时，深入开展以电子病历为核心的医院信息化建设，逐步实施对医疗服务信息实时监控；建立医疗质量安全风险预警机制，做好各项措施的落实工作，实行责任追究，从源头上预防和控制医患纠纷的发生；根据专业特色，重点加强孕产妇、儿童用药和抗菌药物、激素类药物的临床应用，促进抗菌药物临床应用各项指标的全面达标。

（三）每万人口医院床位数

该指标没有新的统计数据，故沿用《中国社会建设报告 2015》中中等发达国家每万人口医院床位数的数据。

在 2013 年“每万人口医院床位数”的指标中，中国的数据为 38 张，与中等发达国家相比排名第七位，比排名第一位的韩国少 65 张，比最后一位的乌拉圭多 13 张；中等发达国家的平均值为 52 张，中国与其他 10 个国家的平均值相比少了 14 张（见图 6—10）。

到 2013 年，中国的每万人口医院床位数仍低于中等发达国家的平均水平。主要原因：中国的医疗卫生资源总量不足、质量不

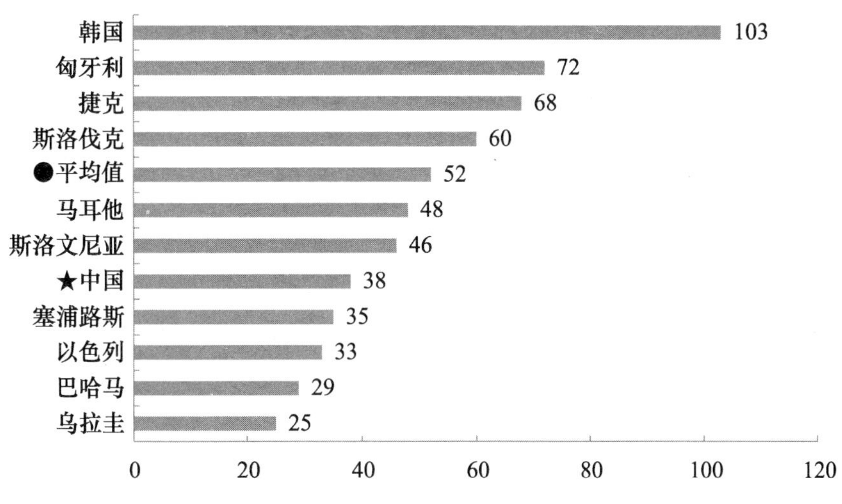

图 6—10　2014 年中国与中等发达国家每万人口医院床位数的比较（单位：张）

高、结构与布局不合理、服务体系碎片化、部分公立医院单体规模不合理扩张等问题依然突出。一是与经济社会发展和人民群众日益增长的服务需求相比，医疗卫生资源总量相对不足，质量有待提高；二是资源布局结构不合理，影响医疗卫生服务提供的公平与效率；三是医疗卫生服务体系碎片化的问题比较突出；四是公立医院改革还不到位，以药补医机制尚未有效破除，科学的补偿机制尚未建立，普遍存在追求床位规模、竞相购置大型设备、忽视医院内部机制建设等粗放式发展问题，部分公立医院单体规模过大，挤压了基层医疗卫生机构与社会办医院的发展空间，影响了医疗卫生服务体系整体效率的提升；五是政府对医疗卫生资源配置的宏观管理能力不强，资源配置需要进一步优化。

（四）每万人口医师

在 2014 年“每万人口医师”的指标中，中国的数据为 14.9

人，与中等发达国家相比排名最后一位，比排名在第一位的乌拉圭少了 22.1 人；中等发达国家的平均值为 30.3 人，中国与其他 10 个国家的平均值相比，低于平均值 15.4 人（见图 6—11）。

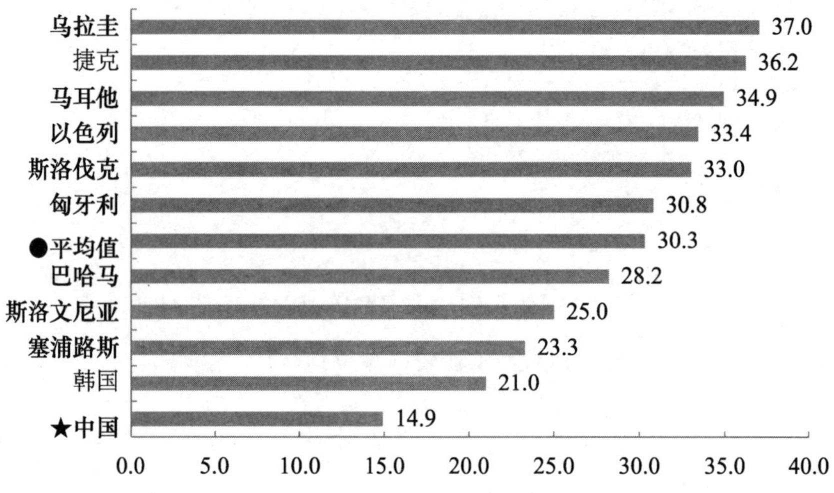

图 6—11　2014 年中国与中等发达国家每万人口医师的比较（单位：人）

从 2013 年和 2014 年数据来看，中国每万人口医师有所上升，2013 年是 14.6 人，2014 年是 14.9 人。与中等发达国家每万人口医师平均值的差距有轻微扩大，2013 年比平均值少 15.3 人，2014 年比平均值少 15.4 人。

中国每万人口医师，比中等发达国家的平均值还要低 15.4 人，差距显而易见。近年来，国家卫计委强调要加强卫生人才队伍建设，注重医疗、公共卫生、中医药以及卫生管理人才的培养，制定有利于卫生人才培养使用的政策措施。到 2020 年，基本建成院校教育、毕业后教育、继续教育三阶段有机衔接的具有中国特色的标准化、规范化临床医学人才培养体系。院校教育质量显著提高，毕业后教育得到普及，继续教育实现全覆盖。2015 年，重点要加快构建以“5 +3”（5 年临床医学本科教育 +3 年住院医师规范化培训或 3 年临床医学硕士专业学位研究生教育）为主体、以“3 +2”（3 年临床医学专科教育 +2 年助理全科医生培训）为补充的临床医学人才培养体系。切实加强医教协同工作，深化院校教育改革，推进院校医学教育与卫生计生行业需求的紧密衔接，加强人才培养的针对性和适应性，提高人才培养质量。

“十三五”期间，我国卫生计生人才发展的总体目标是：提高人才素质、优化人才结构、创新人才政策，健全体制机制，卫生计生人才数量、素质、结构、分布适应经济社会发展和人民群众健康需求。

（五）每万人口护士和助产士数

在 2014 年“每万人口护士和助产士数”的指标中，中国的数据为 16.6 人，比 2013 年的 15.1 人增加了 1.5 人，但与中等发达国家相比排名仍为最后一位，比排名第一位的斯洛文尼亚少了 68.4 人；中等发达国家的平均值为 61.2 人，中国与其他 10 个国家的平均值相比，少了 44.6 人（见图 6—12）。

从 2013 年和 2014 年的数据看，中国每万人口护士和助产士数有所增加，2013 年是 15.1 人，2014 年是 16.6 人。中国与中等发达国家每万人口护士和助产士数平均值的差距正在缩小，2013 年中国比平均值少 45.5 人，2014 年中国比平均值少 44.6 人。

中国每万人口护士和助产士数低于中等发达国家平均值 44.6 人，已难以适应中国老龄社会对护理人士的需求。尤其是随着近年来工业化和城镇化的加速推进，大量青壮年劳动人口从农村流

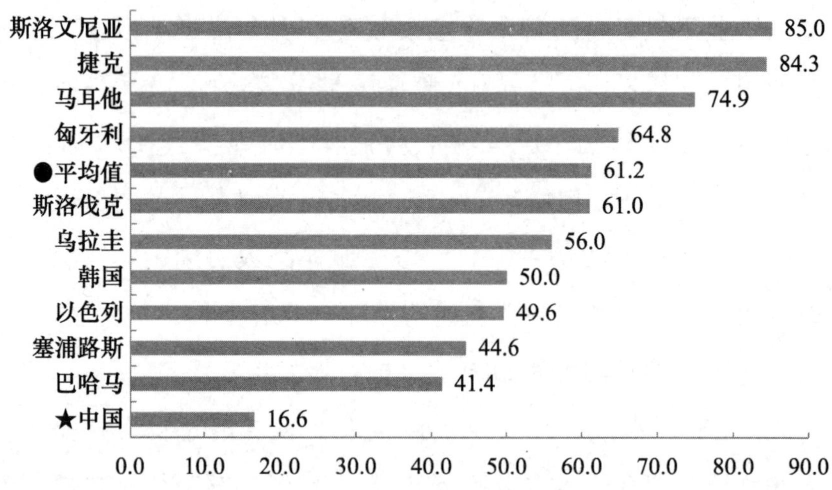

图 6—12　2014 年中国与中等发达国家每万人口护士和助产士数的比较（单位：人）

入城市，提高了农村实际老龄化程度。老龄化进程与家庭小型化、空巢化相伴随，与经济社会转型期各类矛盾相交织，医疗服务需求将急剧增加。老年人口医养结合需要更多卫生资源支撑，康复、老年护理等薄弱环节更为凸显。实施单独两孩生育政策后，新增出生人口将持续增加，对包括医疗卫生机构在内的公共资源造成压力，特别是大中城市妇产、儿童、生殖健康等相关医疗保健服务的供需矛盾也将更加突出。

中国在“十三五”时期必须加强护士和助产士的基层医疗卫生队伍建设，健全在岗培训制度，鼓励乡村护士和助产士参加学历教育。加强政府对护士和助产士人才流动的政策引导，推动护士和助产士人才向基层流动。加强公共卫生人才队伍建设，加强高层次护士和助产士人才队伍建设，大力开发护理、儿科、精神科等急需紧缺专门人才，大力支持中医类人才培养。

在卫计委制订的“十三五”全国卫生计生人才发展规划中提

出，到2020年，卫生计生人才总量达到1255万人，其中全科医生达到30万人以上。每千人口执业（助理）医师达到2.50人以上、注册护士达到3.14人以上、专业公共卫生机构人员达到0.83人以上。

（六）平均受教育年限

该指标是反映一个国家或地区劳动力教育程度或国民素质的重要指标之一。

在2014年“平均受教育年限”的指标中，中国的数据为7.5年，与中等发达国家相比排名最后一位，比排名第一位的以色列低5.0年；中等发达国家的平均值为11.4年，中国与其他10个国家的平均值相比，低于平均值3.9年（见图6—13）。

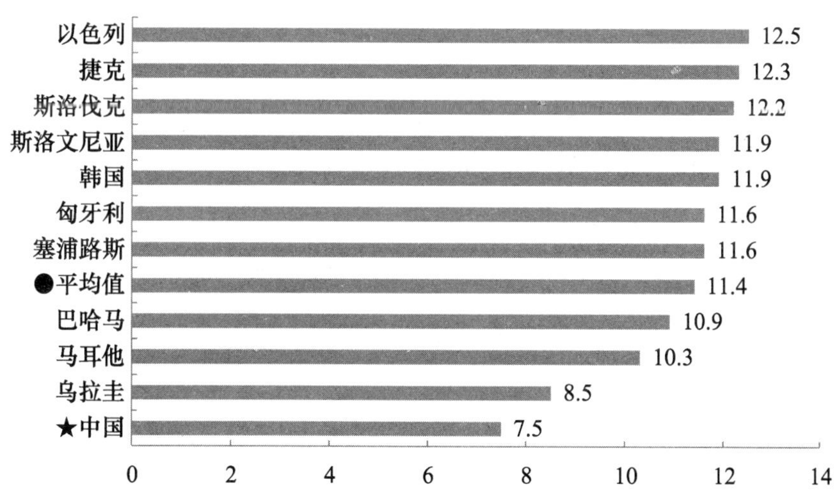

图6—13　2014年中国与中等发达国家平均受教育年限的比较（单位：年）

从 2013 年和 2014 年的数据看，中国的平均受教育年限保持不变，仍为 7.5 年，中国与中等发达国家平均受教育年限平均值的差距有所扩大，2013 年低于平均值 3.4 年，2014 年低于平均值 3.9 年。

（七）人文发展指数

人文发展指数（HDI）由三部分构成，包括“健康长寿”“教育获得”和“生活水平”三项基础变量，其中健康长寿由出生时预期寿命来衡量，教育获得由平均受教育年限和预期受教育年限来衡量，生活水平由人均国民总收入（GNI）来衡量，是目前在世界范围内应用最广泛、影响最大的衡量人类发展的评价工具。

在 2014 年“人文发展指数”的指标中，中国的数据为 0.727，与中等发达国家相比排名最后一位，比排名第一位的韩国低了 0.171；中等发达国家的平均值为 0.849，中国与其他 10 个国家的平均值相比，低于平均值 0.122（见图 6—14）。

从 2013 年和 2014 年的数据看，中国人文发展指数有所提高，2013 年是 0.719，2014 年是 0.727。中国与中等发达国家人文发展指数平均值之间的差距有所减小，2013 年低于平均值 0.123，2014 年低于平均值 0.122。

中国人文发展指数排在最后，很明显地标示了中国的发展水平还不高，要达到“中等发达”水平，还有一段艰难的路要走。中国人文发展指数不高的原因：中国人文发展指数的提高主要由经济高速发展拉动，与经济的高速发展相比，健康、教育等社会方面的进步明显滞后。2014 年中国人均国民总收入在 188 个国家

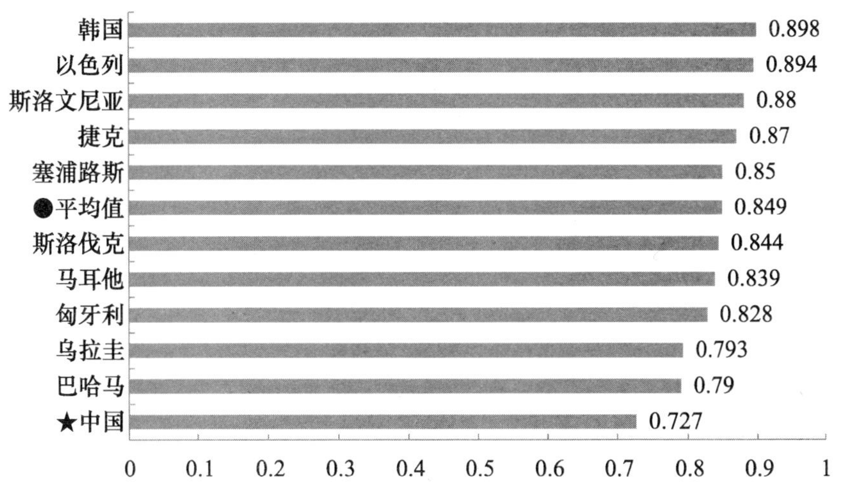

图 6—14　2014 年中国与中等发达国家人文发展指数的比较（单位：HDI）

和地区中排名第 83 位，但 HDI 排名却比人均国民收入排名低 7 位。与 2000 年后中国人均 GNI 完成“三级跳”对比，国民的健康水平、教育水平近十多年来的进步幅度不大。2013 年国民预期寿命仅比 2000 年多 3.3 岁，预期受教育年限仅比 2000 年多 1.5 年，而平均受教育年限与 2000 年并没有发生变化，仍为 7.5 年，经济成果没能更有效地传递到社会进步中去。

三　社会环境若干指标的比较

中国与中等发达国家社会环境的比较，选择了万美元国内生产总值能耗、人均二氧化碳排放量等六个指标来说明。

（一）万美元国内生产总值能耗

在 2014 年“万美元国内生产总值能耗”的指标中，中国的数据为1.95吨标准油，与3个中等发达国家相比，中国的万美元国内生产总值的能耗最高，比能耗最低的以色列高0.94吨标准油；3个中等发达国家的平均值为1.36吨标准油，中国与其他3个国家（分别是以色列、韩国和捷克）的平均值相比，高于平均值0.59吨标准油（见图6—15）。

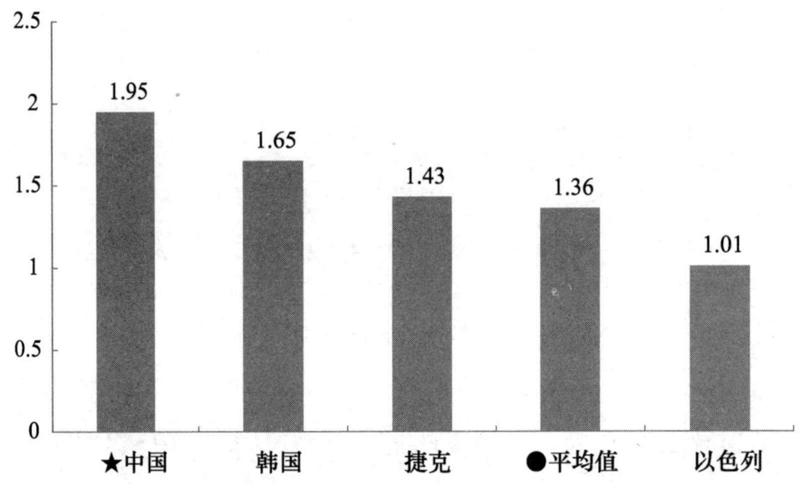

图6—15　2014年中国与中等发达国家万美元国内生产总值能耗的比较（2011年PP价）（单位：吨标准油）

从2013年和2014年的数据看，中国的万美元国内生产总值能耗有所降低，2013年是2.02吨标准油，2014年是1.95吨标准油。中国与中等发达国家万美元国内生产总值能耗平均值的差距正在缩小，2013年中国高于平均值0.62吨标准油，2014年中国高于平均值0.59吨标准油。

2014年，中国全年能源消费总量，为43.0亿吨标准煤，比上年增长0.9%，全国万元国内生产总值能耗下降5.6%。[①] 当前，在经济下行压力较大的情况下，更应该重视“十三五”节能减排工作，平衡稳增长与节能减排之间的关系。

（二）人均二氧化碳排放量

在2014年“人均二氧化碳排放量”的指标中，中国排放量为6.7吨，与中等发达国家相比排名第七位，比排名第一位的乌拉圭多了4.4吨，比排名最后一位的韩国少了5.1吨；中等发达国家的平均值为7.0吨，中国与其他10个国家的平均值相比，低于平均值0.3吨（见图6—16）。

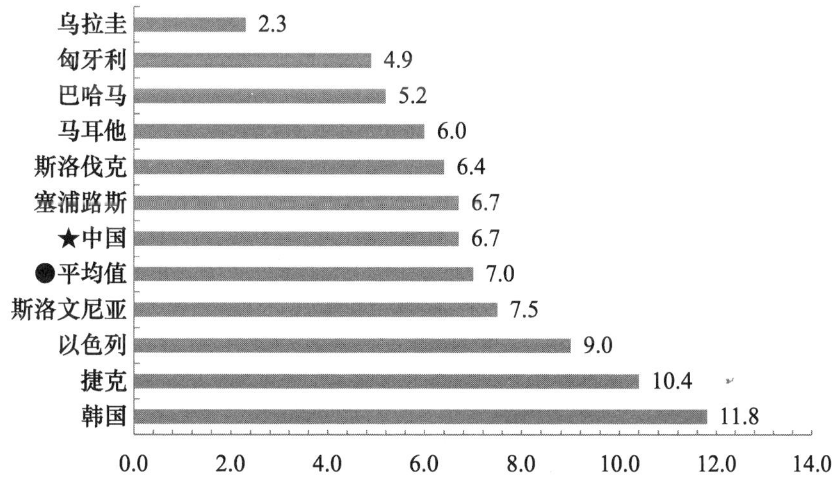

图6—16　2014年中国与中等发达国家人均二氧化碳排放量的比较（单位：吨）

① 国家统计局：《2015年国民经济和社会发展统计公报》（http：//www.stats.gov.cn/tjsj/zxfb/201602/t20160229_1323991.html）。

从 2013 年和 2014 年的数据看，中国的人均二氧化碳排放量有所增加，2013 年是 6.2 吨，2014 年是 6.7 吨。2013 年该指标数据缺失国家较多，故没有比较中国与平均值之间的差距。

中国的人均二氧化碳排放量在中等发达国家相比较低，得益于近几年我国加强节能减排，实现低碳发展，建设生态文明的政策。第一，推进产业结构调整。积极化解产能严重过剩矛盾，加快发展低能耗低排放产业，调整优化能源消费结构。第二，建设节能减排降碳工程。推进实施重点工程，更新改造燃煤锅炉，加大机动车减排力度，强化水污染防治。第三，狠抓重点领域节能降碳。加强工业节能降碳，推进建筑节能降碳，强化交通运输节能降碳，抓好公共机构节能降碳。第四，强化技术支撑。加强技术创新，加快先进技术推广应用。第五，进一步加强政策扶持。完善价格政策，强化财税支持，推进绿色融资。第六，积极推行市场化节能减排机制。实施能效领跑者制度，建立碳排放权、节能量和排污权交易制度，推行能效标识和节能低碳产品认证，强化电力需求侧管理。第七，加强监测预警和监督检查。强化统计预警，加强运行监测，完善法规标准，强化执法监察。

（三）空气中细颗粒物含量

该指标没有新的统计数据，故沿用《中国社会建设报告 2015》中中等发达国家空气中细颗粒物含量的数据。

在 2013 年“空气中细颗粒物含量”的指标中，中国的数据为 82.4 微克/立方米，与 3 个中等发达国家相比，中国空气中细颗粒物含量最高，比最低的捷克高 53.2 微克/立方米；3 个中等发达国家的平均值为 40.8 微克/立方米，中国与其他 3 个中等发达国家国家（分别是以色列、韩国和捷克）的平均值相比，高于平均值41.6微克/立方米（见图6—17）。

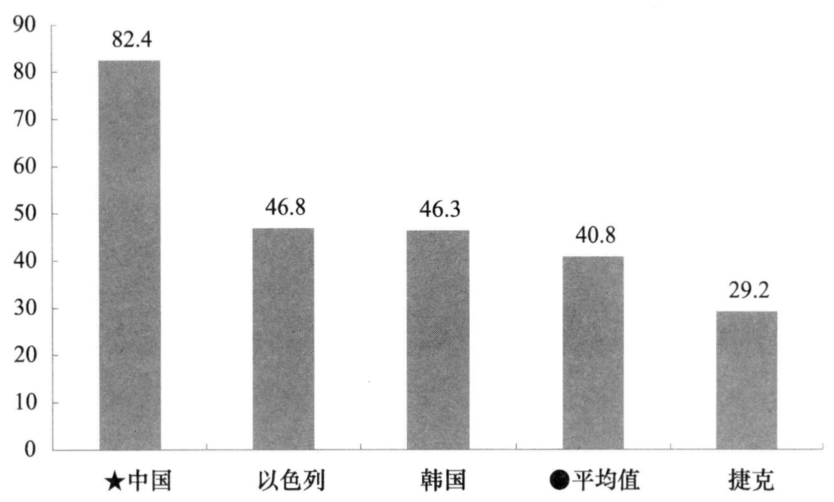

图6—17　2013年中国与中等发达国家空气中细颗粒物含量的比较（直径不足10微米的颗粒物）（单位：微克/立方米）

中国空气中细颗粒物含量如此之高的原因是什么呢？首先中国煤炭消耗第一，中国的煤炭消费量，占了全球的一半；其次是机动车的生产和销售，近年来中国的汽车产量和销售量，还有保有量都是世界第一，机动车已经成为空气重要污染源。那么如何降低空气中细颗粒物含量：第一，应将能源合理开发利用作为防治细颗粒物污染的优先领域，实行煤炭消费总量控制，大力发展清洁能源。天然气等清洁能源应优先供应居民日常生活使用。在大型城市应不断减少煤炭在能源供应中的比重。限制高硫分或高灰分煤炭的开采、使用和进口，提高煤炭洗选比例，研究推广煤炭清洁化利用技术，减少燃烧煤炭造成的污染物排放。第二，应将防治细颗粒物污染作为制定和实施城市建设规划的目的之一，优化城市功能布局，开展城市生态建设，不断提高环境承载力，适当控制城市规模，大力发展公共交通系统。第三，应调整产业结构，强化规划环评和项目环评，严格实施准入制度，必要时对重点区域和重点行业采取限批措施；淘汰落后产能，形成合理的产业分布空间格局。第四，环境空气中细颗粒物浓度超标的城市，应按照相关法律规定，制订达标规划，明确各年度或各阶段工作目标，并予以落实。应完善环境质量监测工作，开展污染来源解析，编制各地重点污染源清单，采取针对性的污染排放控制措施。应以环境质量变化趋势为依据，建立污染排放控制措施有效性评估和改善工作机制。

（四）安全饮用水普及率

该指标没有新的统计数据，故沿用《中国社会建设报告 2015》中中等发达国家安全饮用水普及率的数据。

在 2013 年“安全饮用水普及率”的指标中，中国的数据为 92%，与中等发达国家相比排名最后一位；中等发达国家的平均值为 99.5%，中国与其他 10 个国家的平均值相比，低于平均值 7.5 个百分点（见图 6—18）。

为了提高中国安全饮用水普及率，就要抓好水源保护，强化水质保障。对人为造成水源变化、水质污染或工程损坏影响群众饮水安全的，要坚决追究责任并限期整改。强化水质净化处理设施建设以及消毒设施设备的安装、使用和运行管理。推行规模水厂自检、县级水质检测中心巡检、卫生疾控部门抽检的三级水质检测制度。“十三五”时期，要加快建立健全县级农村饮水安全工程维修养护基金。强化工程管护人员培训，定期开展巡查、维

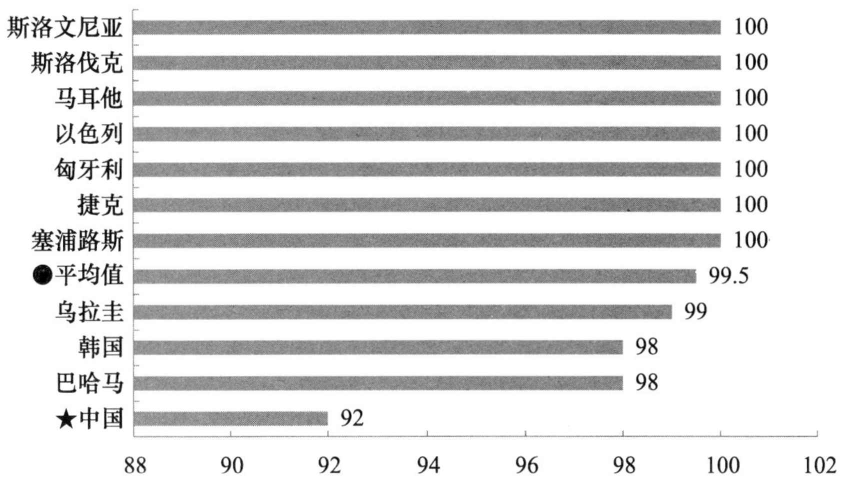

图 6—18　2013 年中国与中等发达国家安全饮用水普及率的比较（单位:%）

修、养护。保障农村饮水安全是一项长期、动态的任务。要抓紧“十三五”农村饮水提质增效规划，进一步提高农村供水保证率、水质合格率和自来水普及率。

（五）卫生厕所普及率

该指标没有新的统计数据，故沿用《中国社会建设报告2015》中中等发达国家卫生厕所普及率的数据。

在 2013 年“卫生厕所普及率”的指标中，中国的数据为65%，与中等发达国家相比排名最后一位；中等发达国家的平均值为 98.8%，中国与其他 10 个国家的平均值相比，低于平均值33.8 个百分点（见图 6—19）。

面对中国的卫生厕所普及率排名最后的现状，中国要不断加强城市和农村的改厕、改路、改水等工程建设。地方政府要将改厕作为当地新农村建设中重要的民生工程整体推动，加大农村改

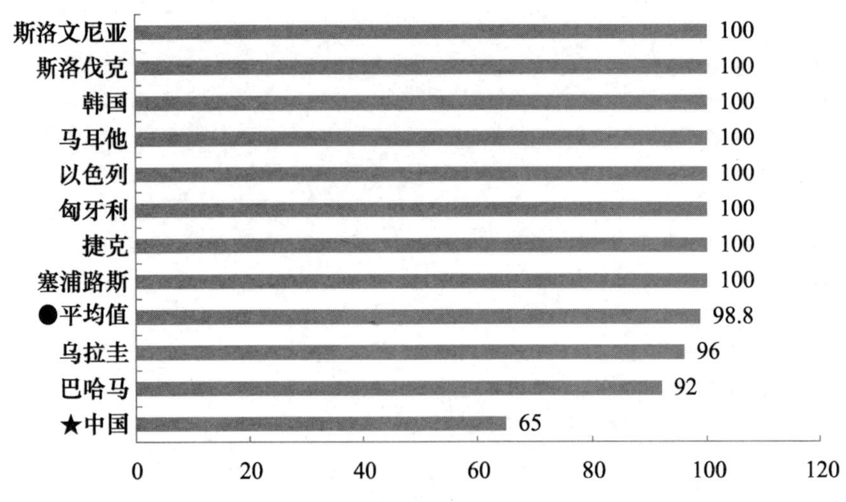

图 6—19　2013 年中国与中等发达国家卫生厕所普及率的比较（单位:%）

厕工作的力度，加大经费投入，督促项目的落实，研究推广适宜的改厕技术，不断提高建设的标准，重点做好粪便的无害化处理，不断改善农民群众的生活条件，这些措施对进一步推进农村改厕工作起到了重要作用。

（六）森林覆盖率

在 2014 年“森林覆盖率”的指标中，中国的数据为 22.6%，与中等发达国家相比排名第七位，比排名第一位的韩国少 41.2%，比排名最后一位的马耳他高 21.7%；中等发达国家的平均值为 31.2%，中国与其他 10 个国家的平均值相比，低于平均值 8.6%（见图 6—20）。

从 2013 年和 2014 年数据看，中国的森林覆盖率有所提升，2013 年是 22.5%，2014 年是 22.6%。2013 年该指标数据缺失国家较多，故没有比较中国与平均值之间的差距。

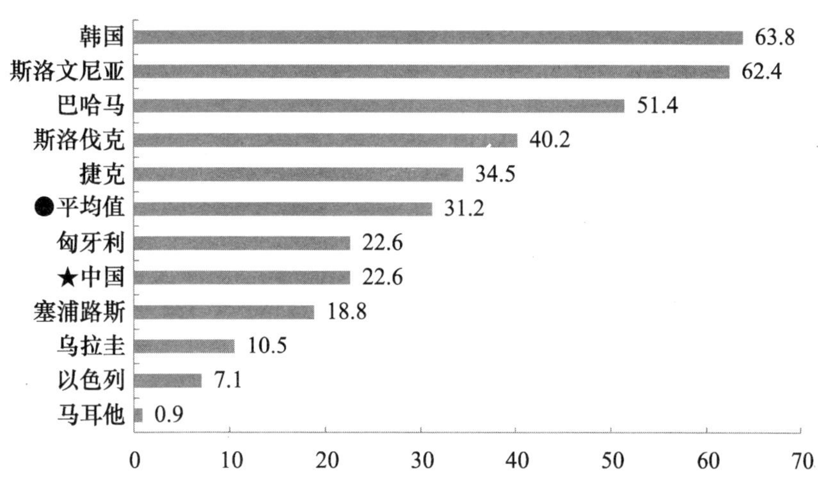

图 6—20　2014 年中国与中等发达国家森林覆盖率的比较（单位:%）

中国政府在大力推进经济社会发展的同时，在提高森林覆盖率方面采取一系列重大措施：（1）将植树课程列入中小学大学的必修课程，但不作为考核课程，从小培养大家爱护树木、草原、湿地的意识。（2）国家制定严厉的法律保护森林、草原、湿地。奖励植树成功人士，严厉惩罚破坏树木、草原、湿地的人。对于植树成活三年的人士国家应给予适当奖励，采伐树木必须取得林业局的采伐证，对于没有采伐证而砍伐树木的给予严厉惩罚，砍伐一棵树罚款 1000 元，将罚款的 50% 用于奖励举报者，其余归林业局用于植树造林。（3）地方政府必须用森林考核政绩，绿色 GDP 比任何其他 GDP 重要，因为绿色经济是可持续的。（4）在植树季节，媒体及林业部门应广泛宣传发动志愿者义务植树，林业局应划定并公布一定区域给志愿者植树造林，开通植树专线电话、专线公交车，并派专人带领志愿者到指定的植树地点，给志愿者提供相关服务。（5）各县市林业局应成立植树队到所辖区域的荒山、荒地、道路两旁、田间、村前屋后等地植树造林，所有林地应派专人守护。(6)媒体应广泛宣传植树造林,保护森林、草原、湿地,对于破坏者应给予报道揭发,对植树成功人士及义务植树者应给予报道或奖励。(7)旅行社应该开通植树旅游专线,让更多的人参与植树造林。(8)严禁在国内种植桉树等一切有害外来树种,对外来植物应得到充分论证才能在国内种植。

四 中国与中等发达国家的社会建设综合比较

综合中国与中等发达国家社会建设 20 个指标指数来看,中国的表现喜忧参半,有 2 个指标位居前列,但也有 13 个指标相对比较低甚至明显落后,折射出中国在社会建设上的一些不足之处。

(一)排名靠前和排名中间的指标

在 20 个指标中,中国共有 2 个指标排名靠前,主要有:失业率、熟练卫生人员接生比例,见表 6—1。

表 6—1 中国排名靠前的指标

中国排名靠前的指标	具体指标排名情况
失业率	中国排名第二,4.1%,以色列排名第一,3.1%
熟练卫生人员接生比例	中国与其他六个国家并列排名第一,100%

在 20 个指标中,中国共有 5 个指标排名中间,主要有社会医保支出占政府卫生支出、政府卫生支出占政府总支出、每万人口医院床位数、人均二氧化碳排放量、森林覆盖率,见表 6—2。

表 6—2　　中国排名中间的指标

中国排名中间的指标	具体指标排名情况
社会医保支出占政府卫生支出	中国排名第七，67.9%，捷克排名第一，92.7%
政府卫生支出占政府总支出	中国排名第七，12.5%，乌拉圭排名第一，19.3%
每万人口医院床位数	中国排名第七，38 张，韩国排名第一，103 张
人均二氧化碳排放量	中国排名第七，6.7 吨，乌拉圭排名第一，2.3 吨
森林覆盖率	中国排名第七，22.6%，韩国排名第一，63.8%

（二）排名靠后的指标

在 20 个指标中，中国共有 13 个指标排在后面，主要有人均国民收入（2011 年购买力评价）、居民消费率、人均卫生费用、教育支出占 GDP 的比重、孕产妇死亡率、每万人口医师、每万人口护士和助产士数、平均受教育年限、人文发展指数、万美元国内生产总值能耗、空气中细颗粒物含量、安全饮用水普及率、卫生厕所普及率，见表 6—3。

表 6—3　　中国排名靠后的指标

中国排名后面的指标	具体指标排名情况
人均国民收入（2011 年购买力平价）	中国排名最后，12547 美元，韩国排名第一，33890 美元
居民消费率	中国排名最后，37.7%，以色列排名第一，56.9%
人均卫生费用	中国排名最后，322 美元，以色列排名第一，2395 美元

续表

中国排名后面的指标	具体指标排名情况
教育支出占 GDP 的比重	中国排名最后，5.6%，斯洛文尼亚排名第一，9.2%
孕产妇死亡率	中国 32/10 万排名倒数第三，以色列排名第一，2/10 万
每万人口医师	中国排名最后，14.9 人，乌拉圭排名第一，37 人
每万人口护士和助产士数	中国排名最后，16.6 人，斯洛文尼亚排名第一，85.0 人
平均受教育年限	中国排名最后，7.5 年，以色列排名第一，12.5 年
人文发展指数	中国排名最后，0.727，韩国排名第一，0.898
万美元国内生产总值能耗	中国排名最后，1.95 吨标准油，以色列排名第一，1.01 吨标准油
空气中细颗粒物含量	中国排名最后，82.4 微克/立方米，捷克排名第一，29.2 微克/立方米
安全饮用水普及率	中国排名最后，92%，塞浦路斯、捷克、匈牙利、以色列、马耳他、斯洛伐克、斯洛文尼亚并列第一，100%
卫生厕所普及率	中国排名最后，65%，塞浦路斯、捷克、匈牙利、以色列、马耳他、韩国、斯洛伐克、斯洛文尼亚并列第一，100%

第七章　北京市 16 个区社会建设指数

从 2013 年到 2016 年，北京市先后四次发布了 16 个区社会建设指数。2015 年北京 16 个区社会建设总指数平均得分 85.65 分，2016 年为 86.56 分；2016 年比 2015 年上升了 0.91 分。16 个区的社会建设指数得分均在不同程度提高。

2016 年北京市 16 个区社会建设综合指数依据社会保障、社会服务、社会治理、社会环境的 36 个评价指标采集相关数据，并运用主成分分析法计算后获得。

一　北京市 16 个区社会建设综合指数比较

（一）北京市 16 个区社会建设综合指数排序

北京 16 个区社会建设综合指数得分平均分 86.56 分，第一名西城区的得分高出平均分 10.48 分，与最后一名通州区得分相差 14.92 分。

2016 年，北京 16 个区社会建设综合指数得分依然呈现三个梯队的结构，但具体梯队名单，较 2015 年有所变化。第一梯队，西城区 97.04 分、东城区 96.19 分，朝阳区 90.39 分；第二梯队，海淀区

88.95 分、石景山区 88.43 分、门头沟区 87.34 分、怀柔区 85.71 分、丰台区 85.30 分；第三梯队，平谷区 84.36 分、顺义区 84.05 分、房山区 83.54 分、大兴区 83.40 分、密云区 83.13 分、昌平区 82.61 分、延庆区 82.40 分、通州区 82.12 分（见图 7—1）。

相比于 2015 年，各梯队的名单，排名略有变化；第二梯队的得分区间为 85—90 分，第三梯队的得分区间为 82—85 分，两个梯队的得分区间较去年均有所提升。

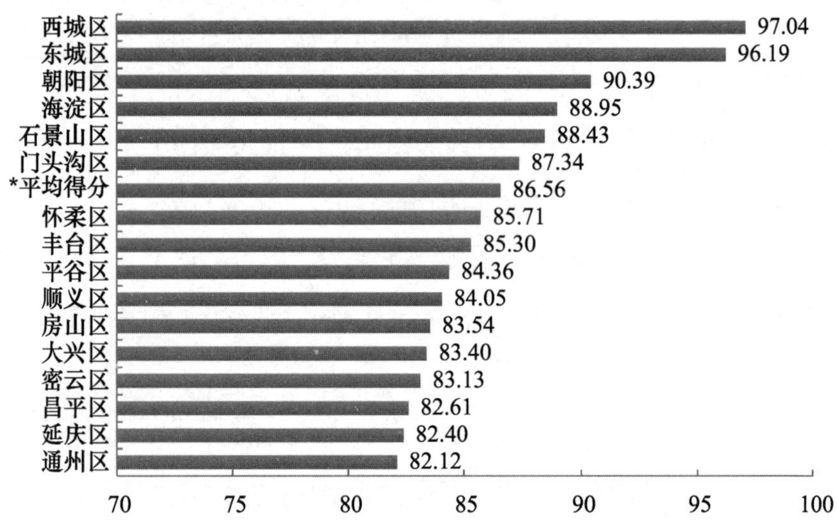

图 7—1 北京市 16 个区社会建设综合指数比较（单位：分）

2016 年北京市 16 个区社会建设综合指数得分排序见表 7—1。

表 7—1 2016 年北京市 16 个区社会建设指数排名

排名	区	社会建设指数得分	社会建设指数百分制得分
1	西城区	31.26124529	97.04
2	东城区	30.72148651	96.19

续表

排名	区	社会建设指数得分	社会建设指数百分制得分
3	朝阳区	27. 12468313	90. 39
4	海淀区	26. 26633670	88. 95
5	石景山区	25. 96377303	88. 43
6	门头沟区	25. 32726899	87. 34
7	怀柔区	24. 38700960	85. 71
8	丰台区	24. 15621326	85. 30
9	平谷区	23. 62972371	84. 36
10	顺义区	23. 45140751	84. 05
11	房山区	23. 16776822	83. 54
12	大兴区	23. 09421149	83. 40
13	密云区	22. 94109710	83. 13
14	昌平区	22. 65747990	82. 61
15	延庆区	22. 54011961	82. 40
16	通州区	22. 38826538	82. 12
	平均得分		86. 56
	百分标准值	29. 05438954	100

（二）社会建设总指数比较分析

2016年社会建设总指数的各区排名与去年相比并没有显著的变化，但各个区的得分较2015年均有不同程度的提升，16个区的平均得分比2015年也有所提升。相比于2015年，北京16个区社会建设进步指数有升有降，2016年北京16个区社会建设指数得分的总体连续提升，意味着北京社会建设在新常态和京津冀一体化的背景下，应对压力和挑战，及时抓住了新的调整和战略规划带来的机遇，进入了稳步增长期。

1. 适应新常态，首都经济社会稳定和谐

党的十八大以来，面对国际国内错综复杂的形势，以习近平为总书记的党中央审时度势，从我国经济发展的阶段性特征出发，做出我国经济发展进入新常态的战略判断。新常态在宏观经济领域被西方舆论普遍形容为危机之后经济恢复的缓慢而痛苦的过程。全球经济新常态是对未来世界经济趋势的一种悲观认识。不同于常规经济周期中的衰退和萧条阶段，中国经济新常态则是经济脱离常轨、另辟蹊径的新发展，包含着经济朝向形态更高级、分工更复杂、结构更合理的阶段演化的积极内容。在国际上表现为供应链重组、经济结构转变、治理体系重塑和大国关系再造等内容；在国内表现为脱离投资驱动和出口驱动增长方式，对质量、效益、创新、生态文明和可持续发展的追求，并由此越过“中等收入陷阱”，是中华民族伟大复兴之路上“浴火重生”的重要阶段。

北京为适应把握引领经济发展新常态，提质增效，坚持首都城市战略定位，以推进供给侧结构性改革为主线，加快疏功能、转方式、治环境、补短板、促协同，实现了“十三五”良好开局。

2. 落实《京津冀协同发展规划纲要》，首都经济圈协同发展

2016 年开展“非首都功能疏解、首都核心功能建设、城市副中心建设”等重点工作。

第一，有序疏解，优化提升首都核心功能。

加大了对总部经济产业、高新技术产业、高端生产性服务业、高品质生活性服务业、高价值文化创意产业五类“高精尖”项目的促进力度。“在有序疏解非首都功能的大背景下，过去一年，促成‘高精尖’注册大项目 671 个，促成外资注册项目 747 个，合同外资 70.2 亿美元，合同外资同比增长超过 10%，逆势

而进，有效提升了首都核心功能。”①

通过疏解，将非首都功能定位的额外负担向副中心或其他地区疏解，增强首都核心功能的需要，增加治理“大城市病”、完善城市基础设施方面的投入，增加发展公共服务、保障改善民生等方面的支出，以有利于社会建设质量和水平的提高。

第二，协同创新，大力促进公共服务跨区域合作。

构建协同创新共同体，京津冀全面创新改革试验推动了区域创新政策交叉覆盖，在健全区域知识产权联动服务机制、开展跨区域联合监管等方面实现突破。促进了包括社会建设在内的公共资源的分配和布局更加均等化、合理化。

京津冀三省市已在社会保障、医疗卫生、教育等方面有良好的合作基础，积累了一定的经验。目前，三省市基本实现了城乡居民养老保险制度名称、政策标准、经办服务、信息系统“四统一”。今后，将加强统筹协调，积极推动落实基本养老保险关系跨区域转移接续、推动京津两地高校到河北办分校、支持开展合作办医试点等政策，力争在社会保障、教育、医疗卫生、文化、社会治理等公共服务领域一体化上不断取得明显进展，让广大群众切实得到实惠，享受社会建设的成果。

第三，重点突破，提升环保和交通的一体化建设水平。

以“环保和交通”为突破口，解决京津冀协同发展重难点问题。交通一体化发展、生态环境保护、产业升级转移是京津冀协同发展的三大重点领域。环保和交通是京津冀协同发展的突破口。环保和交通先行，没有交通一体化，没有环保一体化，就没有京

---

① 《671个优选“高精尖”大项目去年落户北京》，中华人民共和国中央政府网（http：//www. gov. cn/xinwen/2017 -02/04/content_5165228. htm）。

津冀一体化。

另外，产业升级转移，并非是污染产业的转移，而是绿色转移，要根据绿色化的要求升级转移或就地升级。通过发展解决环境和社会经济问题，同时也通过环境的约束性为发展打下基础。如通过产业转移、加大投入、生态补偿等实现区域协同发展，令京津冀区域成为新的经济增长层级。

京津冀协同联合治理生态环境。按照“统一规划、严格标准、联合管理、改革创新、协同互助”的原则，打破行政区域限制，推动能源生产和消费革命，促进绿色循环低碳发展，加强生态环境保护和治理，扩大区域生态空间。重点是联防联控环境污染，建立一体化的环境准入和退出机制，加强环境污染治理，实施清洁水行动，大力发展循环经济，推进生态保护与建设，建设一批环首都国家公园和森林公园，积极应对气候变化。目前，三省市落实 2015—2017 年植树造林实施方案，已将山东、河南毗邻河北部分区域纳入京津冀大气污染防治范围，完善区域联防联控污染机制。

2016 年，推进京津冀三地统一实施机动车国 V 排放标准等大气污染排放标准，推动协同治污，深化与廊坊、保定的对接合作机制，协助推进一批大气污染治理减排工程，推动联合执法，针对跨区域的机动车排放、秸秆焚烧、煤炭和油品质量等环境问题，开展联合执法、跨区域执法、交叉执法，共同打击违法排污行为；重点推进加大京津冀及周边地区新车排放一致性和用车环保符合性检查力度等。①

---

① 《北京市人民政府办公厅关于印发〈北京市 2013—2017 年清洁空气行动计划重点任务分解 2016 年工作措施〉》（http：//zhengwu. beijing. gov. cn/gzdt/gggs/t1423804. htm）。

3. 创新社会治理模式，中心城区持续发挥社会建设引领作用

2015 年 8 月 31 日，国务院下发《关于印发促进大数据发展行动纲要的通知》（国发〔2015〕50 号），北京市各级政府积极打造精准治理、多方协作的社会治理新模式。将大数据作为提升政府治理能力的重要手段，通过高效采集、有效整合、深化应用政府数据和社会数据，提升政府决策和风险防范水平，提高社会治理的精准性和有效性，增强乡村社会治理能力；助力简政放权，支持从事前审批向事中事后监管转变，推动商事制度改革；促进政府监管和社会监督有机结合，有效调动社会力量参与社会治理的积极性。

西城区、东城区分列社会建设指数的前两位。数据显示，西城区、东城区在城镇常住人口基本养老保险覆盖率、城镇常住人口基本医疗保险覆盖率、城镇常住人口失业保险覆盖率、每千常住人口医院床位数、每千常住人口执业（助理）医师、生活垃圾无害化处理率 6 个指标上均名列 16 个区的前两位。

东城区“创建就业服务联盟，加大对高校毕业生、农民工等群体就业帮扶力度，城镇登记失业率控制在 1% 以内，‘零就业家庭’保持动态为零。社会保障实现全覆盖，各项社会保险基金收缴率均在 99% 以上”①。在社区工作方面，东城区“建立‘三级五方联动、分类精准供给’居家养老服务模式，引入家政、助餐、助洁等各类服务企业 848 家，新增养老床位 708 张，建成 30 个心理健康站、17 家养老照料中心、17 家社区养老服务驿站，荣

① 李先忠：《北京市东城区人民政府工作报告（2016 年 12 月 19 日在北京市东城区第十六届人民代表大会第一次会议上）》，数字东城（http：//www.bjdch.gov.cn/n3952/n3976/n3977/c4926921/content.html）。

获‘全国养老服务示范单位’称号”①。西城区“积极探索‘大城管’模式，初步形成管理、作业、执法、监督‘四位一体’闭环体系。发布实施城市环境分类分级管理标准，打造了一批示范街区、达标街区、重点街区和自管街区。构建网格化城市管理‘微循环’，实现市级平台与区级平台无缝对接，全响应平台运行效率进一步提高”②。

2016 年社会建设指数得分进步速度靠前的是丰台区和东城区。丰台区、东城区的社会建设指数比 2015 年分别上升了 1.15 个百分点和 1.14 个百分点，在 16 个区中的进步速度排在前两位。

二　北京市 16 个区社会建设进步指数

（一）北京市 16 个区社会建设进步指数排序

2016 年北京市 16 个区社会建设指数，较 2015 年均有所上升。在进步指数方面，排名第一的怀柔区进步指数为 1.94%，最后一名平谷区进步指数 0.08%，两者相差 1.86 个百分点（见图 7—2）。

怀柔区的社会建设进步指数在 16 个区中排名第一位。社会建设进步指数排名前三位的是怀柔区、昌平区、顺义区，排名后三位的是房山区、通州区、平谷区。

① 李先忠：《北京市东城区人民政府工作报告（2016 年 12 月 19 日在北京市东城区第十六届人民代表大会第一次会议上）》，数字东城（http：//www.bjdch.gov.cn/n3952/n3976/n3977/c4926921/content.html）。

② 王少峰：《北京市西城区人民政府工作报告（2016 年 1 月 12 日在北京市西城区第十五届人民代表大会第六次会议上）》，数字西城（http：//www.bjxch.gov.cn/f/160415//21380.pdf）。

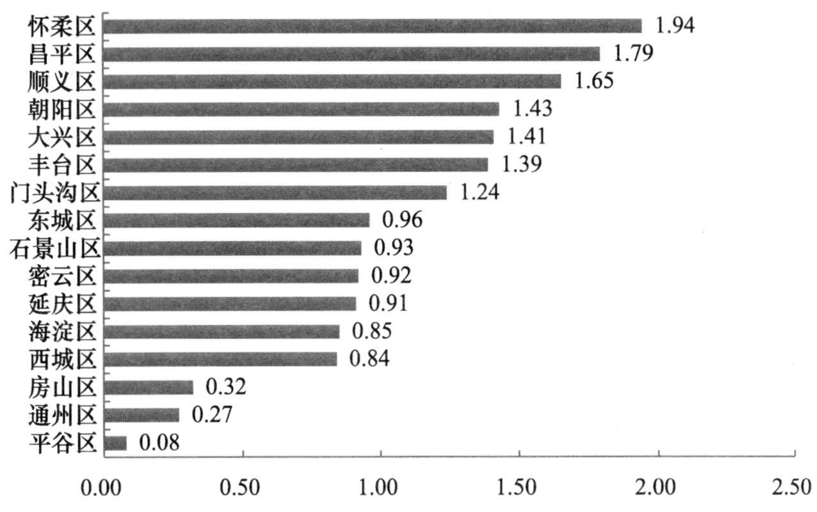

图 7—2　北京市 16 个区 2016 年社会建设进步指数比较

（单位:%）（2016 年与 2015 年比较）

北京市 16 个区 2016 年社会建设进步指数（2016 年与 2015 年比较）排序见表 7—2。

表 7—2　北京市 16 个区 2016 年社会建设进步指数排名

（2016 年与 2015 年比较）

排名	区	社会建设指数百分制得分（分）		进步指数
		2015 年	2016 年	（增长百分比）（%）
1	怀柔区	84.08	85.71	1.94
2	昌平区	81.15	82.61	1.79
3	顺义区	82.68	84.05	1.65
4	朝阳区	89.11	90.39	1.43
5	大兴区	82.24	83.40	1.41
6	丰台区	84.13	85.30	1.39
7	门头沟区	86.27	87.34	1.24

续表

排名	区	社会建设指数百分制得分（分）		进步指数
		2015 年	2016 年	（增长百分比）（%）
8	东城区	95. 28	96. 19	0. 96
9	石景山区	87. 62	88. 43	0. 93
10	密云区	82. 37	83. 13	0. 92
11	延庆区	81. 66	82. 40	0. 91
12	海淀区	88. 19	88. 95	0. 85
13	西城区	96. 22	97. 04	0. 84
14	房山区	83. 27	83. 54	0. 32
15	通州区	81. 90	82. 12	0. 27
16	平谷区	84. 30	84. 36	0. 08

（二）北京市 16 个区社会建设进步指数分析

2016 年北京市社会建设进步指数排在前三位的分别是怀柔区、昌平区、顺义区。

怀柔区在不少具体指标的排名上表现突出，其中在岗职工平均工资增长速度以 18. 8% 排在全市第一位，每万人口社会组织数以 10. 84 个排在全市第一位，城镇居民人均可支配收入增长速度以 10. 00% 排在全市第二位，农村居民人均纯收入增长速度以 11. 25% 排在全市第四位，每千常住人口执业（助理）医师以 3. 69 人排在全市第五位。可以看出，怀柔在居民收入的增长方面表现抢眼，在全市处于领先位置，社会服务也在社会机构和医疗资源等方面取得了重点突破。

昌平区在一些具体指标上也表现不俗，农村居民人均纯收入增长速度以 11. 54% 排在全市第二位，在岗职工平均工资增长速度以 13.0% 排在全市第四位，地方公共财政预算支出中教育增长速度和地方公共财政预算支出中医疗卫生与计划生育增长速度分别以 21.9%、24.6% 排在全市第三位，城镇居民人均可支配收入增长速度以 9.3% 排在全市第四位。与怀柔区类似，昌平区在提高居民收入方面取得了较为快速的进步，说明地区经济发展和收入分配正运行在良性通道之中，而医疗、教育等公共服务的投入也增长迅速，看出政府的重视和举措有力。

顺义区的城镇居民人均可支配收入增长速度、农村居民人均纯收入增长速度在全市也排名靠前，新型农村合作医疗参合率达到了 100.04%，排名全市第二位，社区服务机构数位列全市第一位。

可以看出，怀柔、昌平、顺义在近年来的经济社会发展布局中，做到了经济发展和社会建设的同步推进，让居民享受到了经济发展的成果。不过，值得注意的是三个区在生态环境建设和保护方面，在全市还处于相对靠后的水平，如万元 GDP 能耗下降率、生活垃圾无害化处理率、地方公共财政预算支出中节能环保增长速度等指标上的表现不突出，甚至还略为落后于全市平均水平。因此，在注重经济发展、增加收入以及公共服务的基础上，还应对生态环境建设投入更多的关注，坚持走可持续发展的道路。

三　北京市 16 个区社会建设 36 个指标排序

（一）城镇居民人均可支配收入（元）

北京市 16 个区城镇居民人均可支配收入排名靠前的是海淀区、西城区、东城区、朝阳区。排名第一的海淀区城镇居民人均可支配收入 50088 元，最后一名延庆区 33778 元，相差 16310 元。北京中心城区与远郊区的城镇居民人均可支配收入存在较大差别。

2014 年北京市 16 个区城镇居民人均可支配收入见图 7—3。

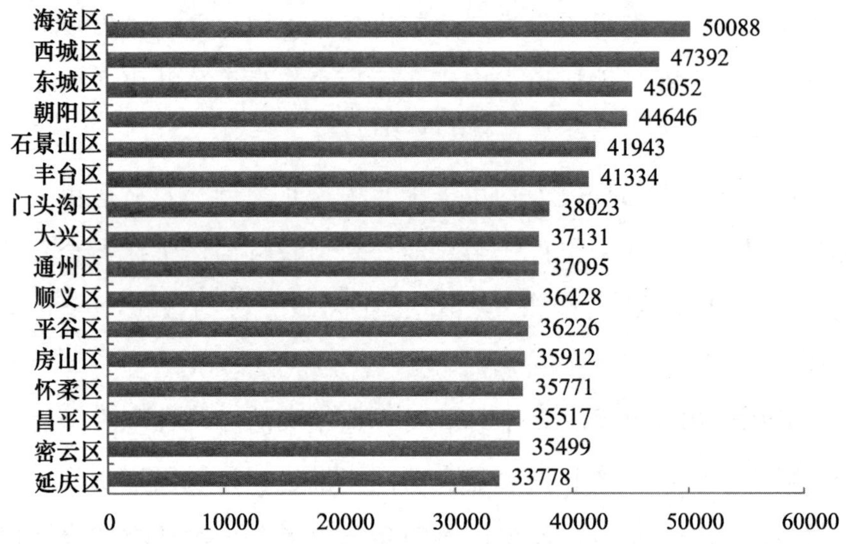

图 7—3 2014 年北京市各区城镇居民人均可支配收入（单位：元）

2014 年北京市 16 个区城镇居民人均可支配收入排序见表 7—3。

表 7—3 2014 年北京市各区城镇居民人均可支配收入排序 单位：元

评价指标	评价标准	序号	2014 年	
社会保障	城镇居民人均可支配收入	1	海淀区	50088
		2	西城区	47392
		3	东城区	45052
		4	朝阳区	44646
		5	石景山区	41943

续表

评价指标	评价标准	序号	2014 年	
社会保障	城镇居民人均可支配收入	6	丰台区	41334
		7	门头沟区	38023
		8	大兴区	37131
		9	通州区	37095
		10	顺义区	36428
		11	平谷区	36226
		12	房山区	35912
		13	怀柔区	35771
		14	昌平区	35517
		15	密云区	35499
		16	延庆区	33778

（二）城镇居民人均可支配收入增长速度（%）

北京市 16 个区城镇居民人均可支配收入增长速度排名靠前的是通州区、平谷区、怀柔区、昌平区、顺义区。排名第一的通州区城镇居民人均可支配收入增长速度 10.2%，最后一名东城区 8.1%，相差 2.1 个百分点。北京首都功能核心区城镇居民人均可支配收入的增长速度与其他三个功能区相比较慢，因其基数较大，影响其增长速度。

2014 年北京市 16 个区城镇居民人均可支配收入增长速度见图 7—4。

2014 年北京市 16 个区城镇居民人均可支配收入增长速度排序见表 7—4。

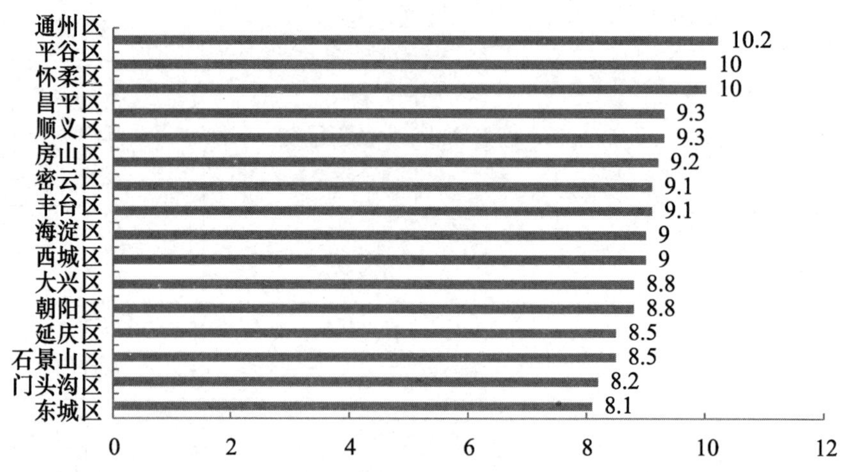

图 7—4 2014 年北京市各区城镇居民人均可支配收入增长速度（单位:%）

表 7—4 2014 年北京市各区城镇居民人均可支配收入增长速度排序

单位:%

评价指标	评价标准	序号	2014 年	
社会保障	城镇居民人均可支配收入增长速度	1	通州区	10.2
		2	怀柔区	10
		3	平谷区	10
		4	顺义区	9.3
		5	昌平区	9.3
		6	房山区	9.2
		7	丰台区	9.1
		8	密云区	9.1
		9	西城区	9
		10	海淀区	9
		11	朝阳区	8.8
		12	大兴区	8.8
		13	石景山区	8.5
		14	延庆区	8.5
		15	门头沟区	8.2
		16	东城区	8.1

（三）农村居民人均纯收入（元）

由于未见最新数据，故沿用2015年北京16个区社会建设报告中的数据。

北京市16个区中13个区有农村居民，农村居民人均纯收入排名靠前的是海淀区、朝阳区、丰台区、通州区。排名第一的海淀区农村居民人均纯收入27098元，最后一名延庆区17017元，相差10081元。远郊区农村居民人均纯收入水平不高，保障农村居民收入增长仍需寻求新的思路。（石景山区、西城区和东城区因无此项数据，故图表显示零，不作分析。）

2014年北京市13个区农村居民人均纯收入状况见图7—5。

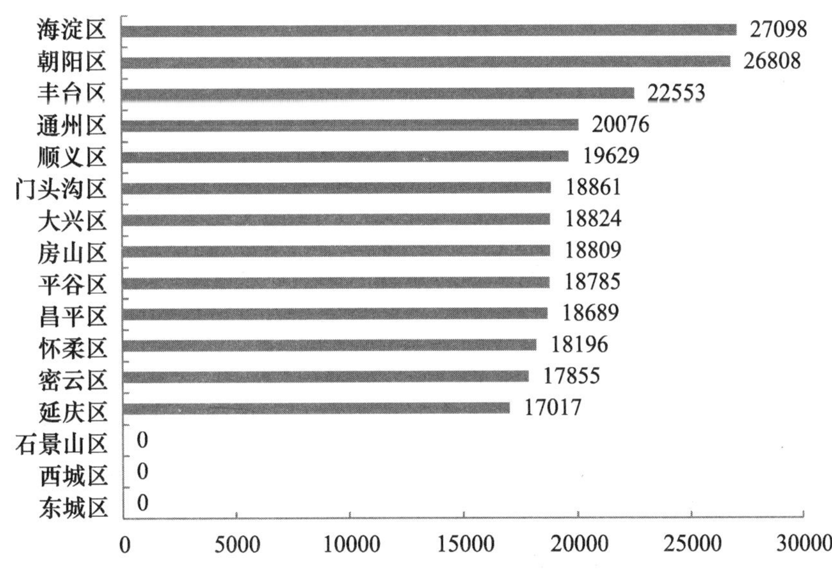

图7—5　2014年北京市13个区农村居民人均纯收入（单位：元）

2014 年北京市 13 个区农村居民人均纯收入排序见表 7—5。

表 7—5　2014 年北京市 13 个区农村居民人均纯收入排名　单位：元

评价指标	评价标准	序号	2014 年	
社会保障	农村居民人均纯收入	1	海淀区	27098
		2	朝阳区	26808
		3	丰台区	22553
		4	通州区	20076
		5	顺义区	19629
		6	门头沟区	18861
		7	大兴区	18824
		8	房山区	18809
		9	平谷区	18785
		10	昌平区	18689
		11	怀柔区	18196
		12	密云区	17855
		13	延庆区	17017
		14	东城区	0
		15	西城区	0
		16	石景山区	0

（四）农村居民人均纯收入增长速度（%）

北京市 16 个区农村居民人均纯收入增长速度排名靠前的是通州区、昌平区、平谷区、怀柔区。排名第一的通州区农村居民人均纯收入增长速度的百分比为 12.00%，最后一名门头沟区 8.35%，相差 3.65 个百分点。（石景山区、西城区和东城区因无此项数据，故图表显示零，不作分析。）

2014 年北京市 13 个区农村居民人均纯收入增长速度排序见图 7—6。

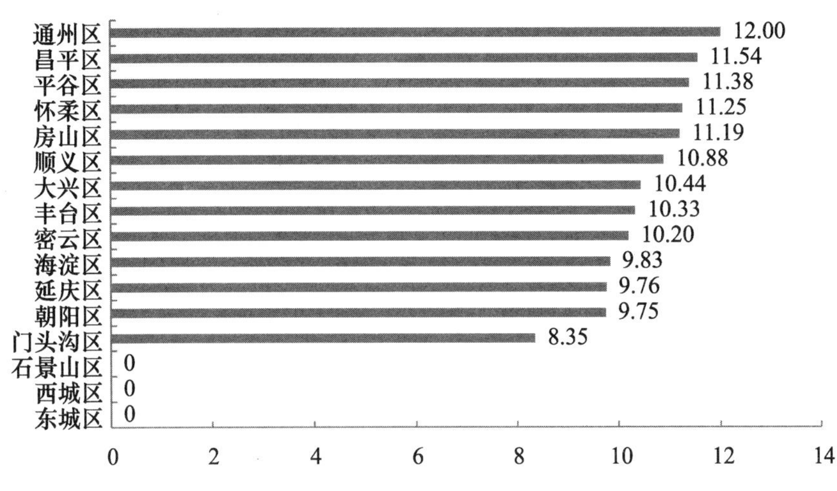

图 7—6　2014 年北京市 13 个区农村居民人均纯收入增长速度排序（单位:%）

2014 年北京市 13 个区农村居民人均纯收入排序见表 7—6。

表 7—6　2014 年北京市 13 个区农村居民人均纯收入增长速度排序

单位:%

评价指标	评价标准	序号	2014 年	
社会保障	农村居民人均纯收入	1	通州区	12.00
		2	昌平区	11.54
		3	平谷区	11.38
		4	怀柔区	11.25
		5	房山区	11.19
		6	顺义区	10.88
		7	大兴区	10.44
		8	丰台区	10.33
		9	密云区	10.20
		10	海淀区	9.83
		11	延庆区	9.76
		12	朝阳区	9.75
		13	门头沟区	8.35
		14	东城区	0
		15	西城区	0
		16	石景山区	0

（五）城镇常住人口基本养老保险覆盖率（%）

北京市 16 个区城镇常住人口基本养老保险覆盖率排名靠前的是东城区、西城区。排名第一的东城区城镇常住人口基本养老保险覆盖率为 148.20%，最后一名昌平区 22.39%，相差 125.81 个百分点。北京市的基本养老保险已经在体系建设上实现了全覆盖，但远郊区的基本养老保险参保情况仍有待提升。

2014 年北京市 16 个区城镇常住人口基本养老保险覆盖率见图 7—7。

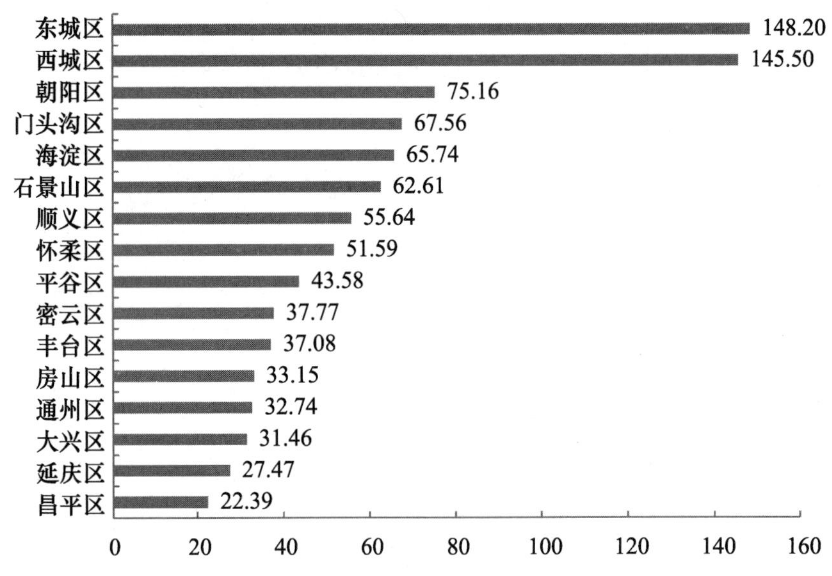

图 7—7　2014 年北京市各区城镇常住人口基本养老保险覆盖率（单位：%）

2014 年北京市 16 个区城镇常住人口基本养老保险覆盖率排序见表 7—7。

表 7—7　　2014 年北京市各区城镇常住人口基本养老保险覆盖率排序

单位：%

评价指标	评价标准	序号	2014 年	
社会保障	城镇常住人口基本养老保险覆盖率	1	东城区	148. 20
		2	西城区	145. 50
		3	朝阳区	75. 16
		4	门头沟区	67. 56
		5	海淀区	65. 74
		6	石景山区	62. 61
		7	顺义区	55. 64
		8	怀柔区	51. 59
		9	平谷区	43. 58
		10	密云区	37. 77
		11	丰台区	37. 08
		12	房山区	33. 15
		13	通州区	32. 74
		14	大兴区	31. 46
		15	延庆区	27. 47
		16	昌平区	22. 39

（六）新型农村合作医疗参合率（%）

北京市 13 个区新型农村合作医疗参合率排名靠前的是密云区、顺义区、房山区、门头沟区。排名第一的密云区新型农村合作医疗参合率为 100. 08%，最后一名海淀区 97. 18%，相差 2. 9 个百分点。（石景山区、西城区和东城区因无此项数据，故图表显示零，不作分析。）

2014 年北京市 13 个区新型农村合作医疗参合率见图 7—8。

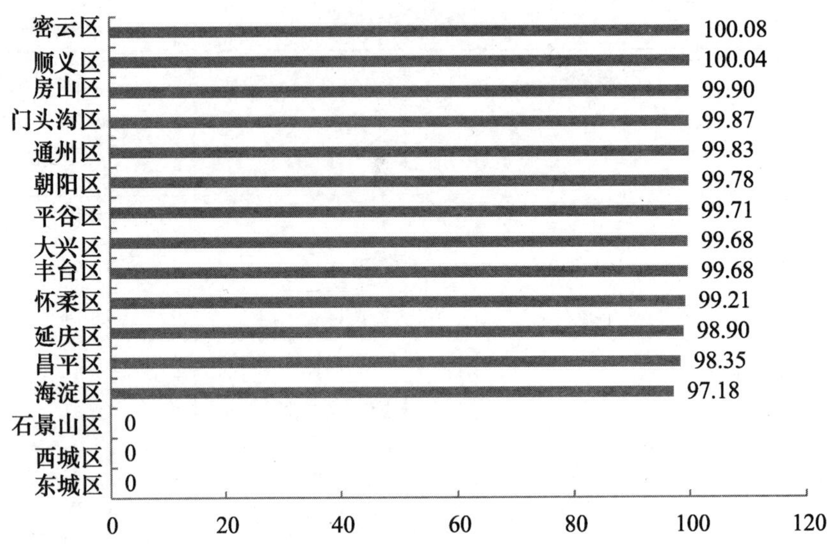

图 7—8　2014 年北京市 13 个区新型农村合作医疗参合率（单位：%）

2014 年北京市 13 个区新型农村合作医疗参合率排序见表 7—8。

表 7—8　2014 年北京市 13 个区新型农村合作医疗参合率排序　单位：%

评价指标	评价标准	序号	2014 年	
社会保障	新型农村合作医疗参合率	1	密云区	100.08
		2	顺义区	100.04
		3	房山区	99.90
		4	门头沟区	99.87
		5	通州区	99.83
		6	朝阳区	99.78
		7	平谷区	99.71

续表

评价指标	评价标准	序号	2014 年	
社会保障	新型农村合作医疗参合率	8	丰台区	99.68
		9	大兴区	99.68
		10	怀柔区	99.21
		11	延庆区	98.90
		12	昌平区	98.35
		13	海淀区	97.18
		14	东城区	0
		15	西城区	0
		16	石景山区	0

（七）城镇常住人口基本医疗保险覆盖率（%）

北京市 16 个区城镇常住人口基本医疗保险覆盖率排名靠前的是东城区、西城区、朝阳区、海淀区。排名第一的东城区城镇常住人口基本医疗保险覆盖率为 172.6%，最后一名昌平区 23.28%，相差 149.32 个百分点。北京市的基本医疗保险已经在体系建设上实现了全覆盖，但远郊区的基本医疗保险参保情况仍有待提升。

2014 年北京市 16 个区城镇常住人口基本医疗保险覆盖率见图 7—9。

2014 年北京市 16 个区城镇常住人口基本医疗保险覆盖率排序见表 7—9。

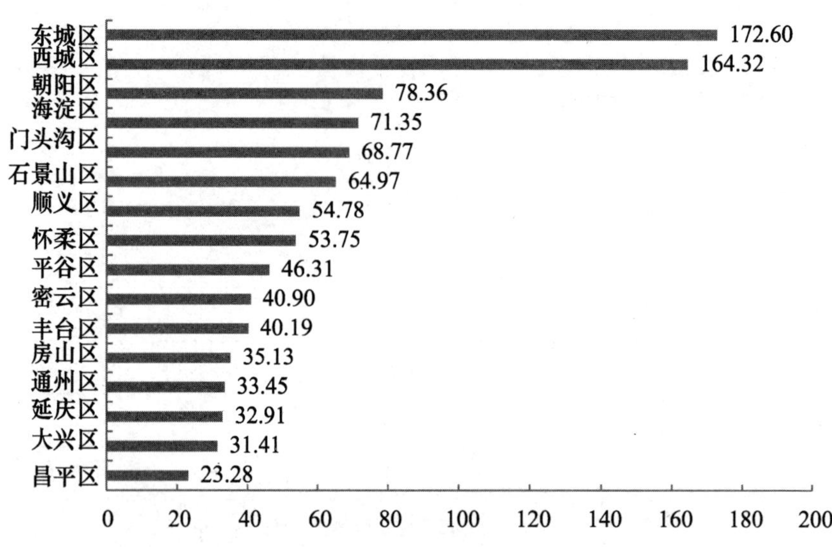

图 7—9　2014 年北京市 16 个区城镇常住人口基本医疗保险覆盖率（单位:%）

表 7—9 2014 年北京市各区城镇常住人口基本医疗保险覆盖率 单位:%

评价指标	评价标准	序号	2014 年	
社会保障	城镇常住人口基本医疗保险覆盖率	1	东城区	172.60
		2	西城区	164.32
		3	朝阳区	78.36
		4	海淀区	71.35
		5	门头沟区	68.77
		6	石景山区	64.97
		7	顺义区	54.78
		8	怀柔区	53.75
		9	平谷区	46.31
		10	密云区	40.90
		11	丰台区	40.19
		12	房山区	35.13

续表

评价指标	评价标准	序号	2014 年	
社会保障	城镇常住人口基本医疗保险覆盖率	13	通州区	33.45
		14	延庆区	32.91
		15	大兴区	31.41
		16	昌平区	23.28

（八）城镇常住人口失业保险覆盖率（%）

北京市 16 个区城镇常住人口失业保险覆盖率排名靠前的是东城区、西城区。排名第一的东城区城镇常住人口失业保险覆盖率为 116.16%，最后一名昌平区为 17.10%，相差 99.06 个百分点。

2014 年北京市 16 个区城镇常住人口失业保险覆盖率见图 7—10。

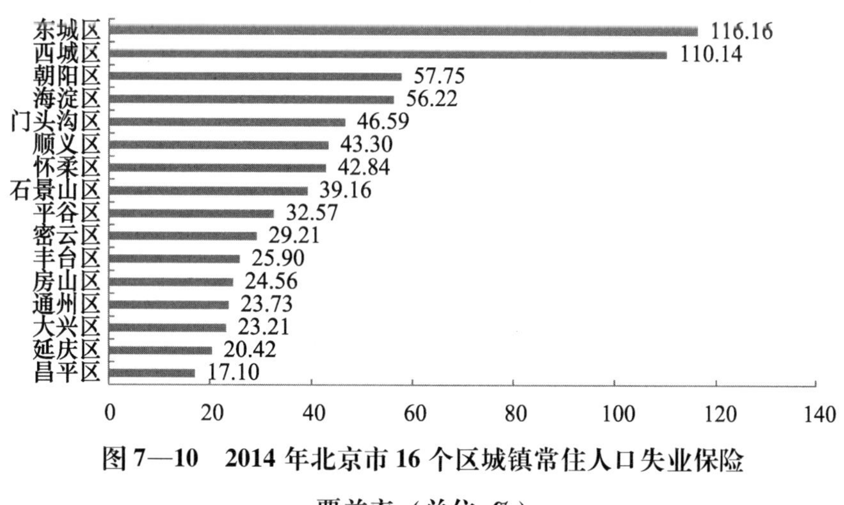

图 7—10　2014 年北京市 16 个区城镇常住人口失业保险覆盖率（单位:%）

2014 年北京市 16 个区城镇常住人口失业保险覆盖率排序

见表 7—10。

表 7—10　2014 年北京市各区城镇常住人口失业保险覆盖率　　单位:%

评价指标	评价标准	序号	2014 年	
社会保障	城镇常住人口失业保险覆盖率	1	东城区	116.16
		2	西城区	110.14
		3	朝阳区	57.75
		4	海淀区	56.22
		5	门头沟区	46.59
		6	顺义区	43.30
		7	怀柔区	42.84
		8	石景山区	39.16
		9	平谷区	32.57
		10	密云区	29.21
		11	丰台区	25.90
		12	房山区	24.56
		13	通州区	23.73
		14	大兴区	23.21
		15	延庆区	20.42
		16	昌平区	17.10

（九）城镇登记失业率（%）

北京市 16 个区城镇登记失业率排名靠前的是海淀区、朝阳区、西城区、东城区。排名第一的海淀区城镇登记失业率为 0.57%，最后一名门头沟区为 6.24%，相差 5.67 个百分点。

2014 年北京市 16 个区城镇登记失业率见图 7—11。

2014 年北京市 16 个区城镇登记失业率排序见表 7—11。

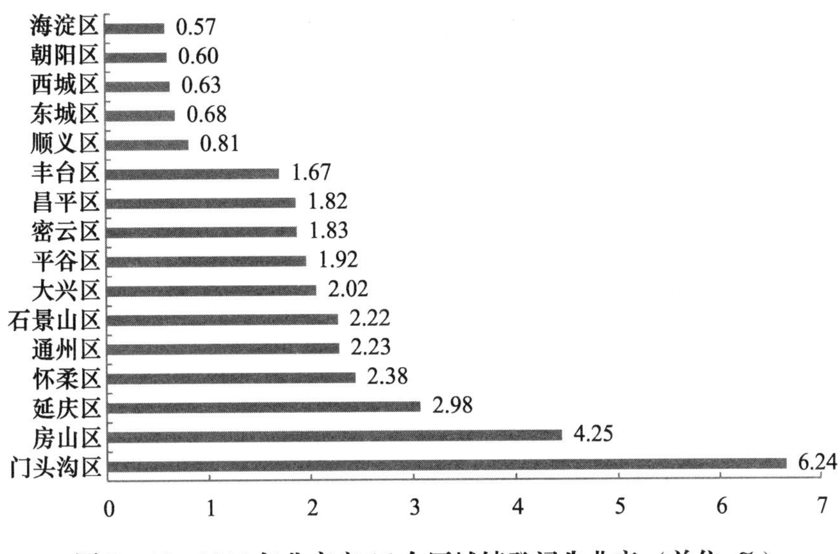

图 7—11　2014 年北京市 16 个区城镇登记失业率（单位:%）

表 7—11　　2014 年北京市各区城镇登记失业率　　单位:%

评价指标	评价标准	序号	2014 年	
社会保障	城镇登记失业率	1	海淀区	0. 58
		2	朝阳区	0. 60
		3	西城区	0. 63
		4	东城区	0. 68
		5	顺义区	0. 81
		6	丰台区	1. 67
		7	昌平区	1. 82
		8	密云区	1. 83
		9	平谷区	1. 92
		10	大兴区	2. 02
		11	石景山区	2. 22
		12	通州区	2. 23
		13	怀柔区	2. 38
		14	延庆区	2. 98
		15	房山区	4. 25
		16	门头沟区	6. 24

（十）在岗职工平均工资增长速度（%）

北京市16个区在岗职工平均工资增长速度排名靠前的是怀柔区、密云区、房山区、昌平区。排名第一的怀柔区在岗职工平均工资增长速度为18.8%，最后一名平谷区为7.5%，相差11.3个百分点。

2014年北京市16个区在岗职工平均工资增长速度见图7—12。

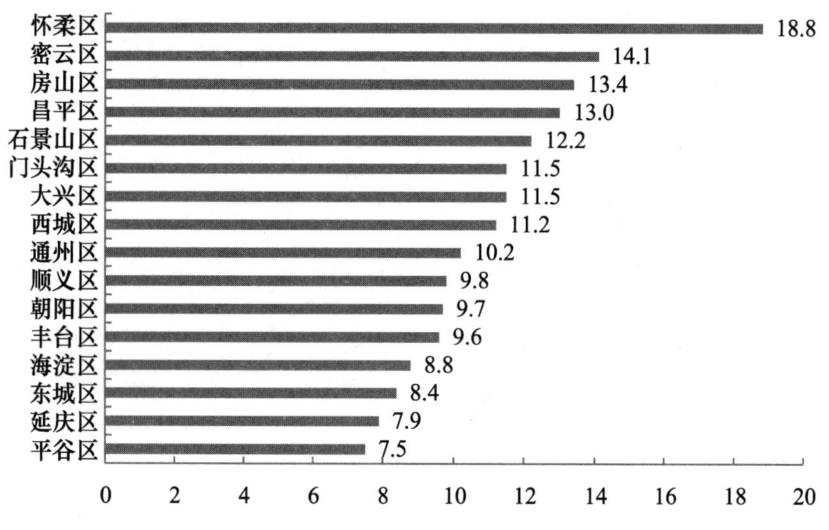

图7—12　2014年北京市16个区在岗职工平均工资增长速度（单位:%）

2014年北京市16个区在岗职工平均工资增长速度排序见表7—12。

表7—12 2014年北京市各区在岗职工平均工资增长速度排序　单位:%

评价指标	评价标准	序号	2014年	
社会保障	在岗职工平均工资增长速度	1	怀柔区	18.8
		2	密云区	14.1
		3	房山区	13.4
		4	昌平区	13.0
		5	石景山区	12.2
		6	大兴区	11.5
		7	门头沟区	11.5
		8	西城区	11.2
		9	通州区	10.2
		10	顺义区	9.8
		11	朝阳区	9.7
		12	丰台区	9.6
		13	海淀区	8.8
		14	东城区	8.4
		15	延庆区	7.9
		16	平谷区	7.5

（十一）每万人口城市居民最低生活保障人数（人）

北京市16个区每万人口城市居民最低生活保障人数（人）排名靠前的是门头沟区、东城区、西城区、石景山区。排名第一的门头沟区每万人口城市居民最低生活保障人数（人）为228.50人，最后一名昌平区为4.16人，相差224.34人。

2014年北京市16个区每万人口城市居民最低生活保障人数（人）见图7—13。

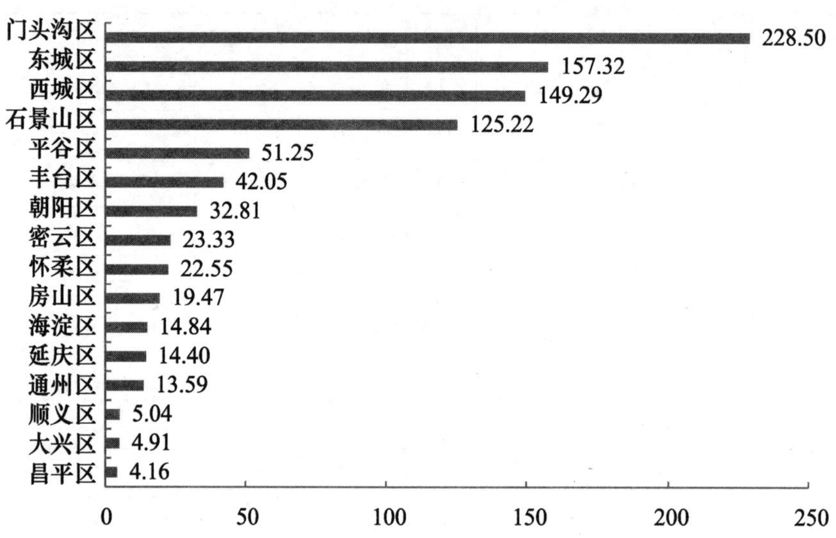

图 7—13　2014 年北京市 16 个区每万人口城市居民最低生活保障人数（单位：人）

2014 年北京市 16 个区每万人口城市居民最低生活保障人数排序见表 7—13。

表 7—13　2014 年北京市各区每万人口城市居民最低生活保障人数排序

单位：人

评价指标	评价标准	序号	2014 年	
社会保障	每万人口城市居民最低生活保障人数	1	门头沟区	228. 50
		2	东城区	157. 32
		3	西城区	149. 29
		4	石景山区	125. 22
		5	平谷区	51. 25

续表

评价指标	评价标准	序号	2014 年	
社会保障	每万人口城市居民最低生活保障人数	6	丰台区	42.05
		7	朝阳区	32.81
		8	密云区	23.33
		9	怀柔区	22.55
		10	房山区	19.47
		11	海淀区	14.84
		12	延庆区	14.40
		13	通州区	13.59
		14	顺义区	5.04
		15	大兴区	4.91
		16	昌平区	4.16

（十二）地方公共财政预算支出中社会保障和就业增长速度（%）

北京市 16 个区地方公共财政预算支出中社会保障和就业增长速度排名靠前的是朝阳区、丰台区、密云区。排名第一的朝阳区地方公共财政预算支出中社会保障和就业增长速度为 26.9%，最后一名房山区为 -17.6%，相差 44.5 个百分点。

2014 年北京市 16 个区地方公共财政预算支出中社会保障和就业增长速度见图 7—14。

2014 年北京市 16 个区地方公共财政预算支出中社会保障和就业增长速度排序见表 7—14。

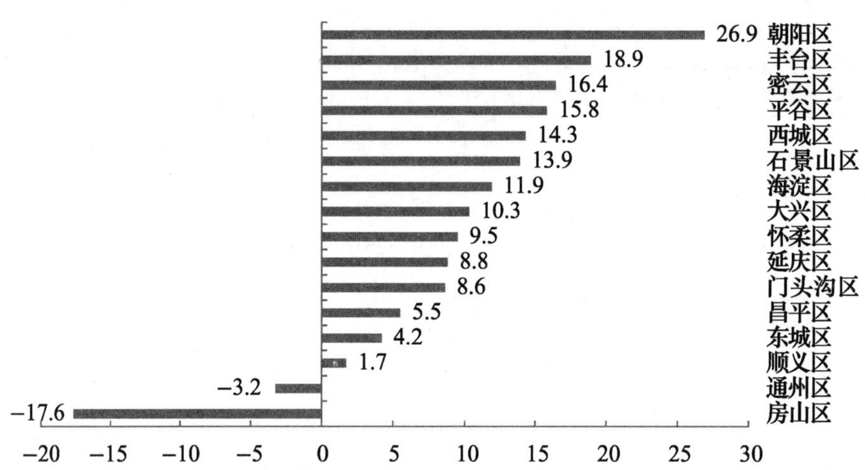

图 7—14　2014 年北京市 16 个区地方公共财政预算支出中社会保障和就业增长速度（单位:%）

表 7—14　2014 年北京市各区地方公共财政预算支出中社会保障和就业增长速度排序

单位:%

评价指标	评价标准	序号	2014 年	
社会保障	地方公共财政预算支出中社会保障和就业增长速度	1	朝阳区	26. 9
		2	丰台区	18. 9
		3	密云区	16. 4
		4	平谷区	15. 8
		5	西城区	14. 3
		6	石景山区	13. 9
		7	海淀区	11. 9
		8	大兴区	10. 3
		9	怀柔区	9. 5
		10	延庆区	8. 8
		11	门头沟区	8. 6
		12	昌平区	5. 5

续表

评价指标	评价标准	序号	2014年	
社会保障	地方公共财政预算支出中社会保障和就业增长速度	13	东城区	4.2
		14	顺义区	1.7
		15	通州区	-3.2
		16	房山区	-17.6

（十三）地方公共财政预算支出中教育增长速度（%）

北京市16个区地方公共财政预算支出中教育增长速度排名靠前的是平谷区、通州区、昌平区、石景山区。排名第一的平谷区地方公共财政预算支出中教育增长速度为40.2%，最后一名门头沟区为-9.4%，相差49.6个百分点。

2014年北京市16个区地方公共财政预算支出中教育增长速度见图7—15。

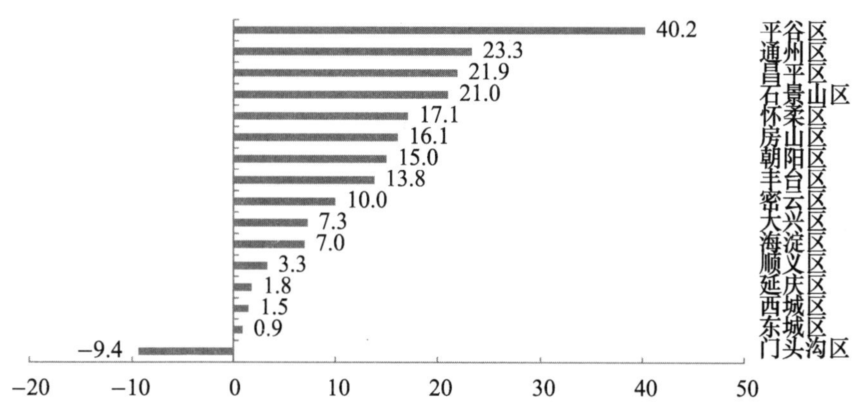

图7—15　2014年北京市16个区地方公共财政预算支出中教育增长速度（单位:%）

2014 年北京市 16 个区地方公共财政预算支出中教育增长速度排序见表 7—15。

表 7—15 2014 年北京市各区地方公共财政预算支出中教育增长速度排序 单位:%

评价指标	评价标准	序号	2014 年	
社会保障	地方公共财政预算支出中教育增长速度	1	平谷区	40.2
		2	通州区	23.3
		3	昌平区	21.9
		4	石景山区	21.0
		5	怀柔区	17.1
		6	房山区	16.1
		7	朝阳区	15.0
		8	丰台区	13.8
		9	密云区	10.0
		10	大兴区	7.3
		11	海淀区	7.0
		12	顺义区	3.3
		13	延庆区	1.8
		14	西城区	1.5
		15	东城区	0.9
		16	门头沟区	-9.4

（十四）地方公共财政预算支出中医疗卫生与计划生育增长速度（%）

北京市 16 个区地方公共财政预算支出中医疗卫生与计划生育增长速度排名靠前的是海淀区、大兴区、昌平区、延庆区。排名第一的海淀区地方公共财政预算支出中医疗卫生与计划生育增长速度为 33.2%，最后一名密云区为 -7.6%，相差 40.8 个百分点。

2014 年北京市 16 个区地方公共财政预算支出中医疗卫生与计划生育增长速度见图 7—16。

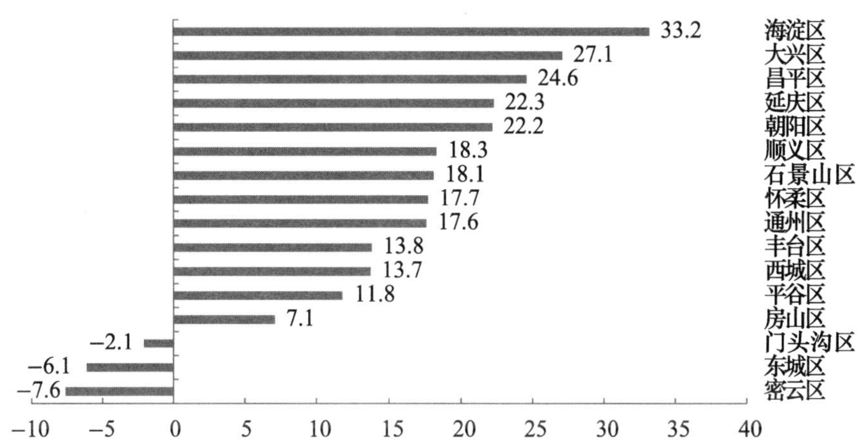

图 7—16　2014 年北京市 16 个区地方公共财政预算支出中医疗卫生与计划生育增长速度（单位：%）

2014 年北京市 16 个区地方公共财政预算支出中医疗卫生与计划生育增长速度排序见表 7—16。

表 7—16　2014 年北京市各区地方公共财政预算支出中医疗卫生与计划生育增长速度排序

单位：%

评价指标	评价标准	序号	2014 年	
社会保障	地方公共财政预算支出中医疗卫生与计划生育增长速度	1	海淀区	33.2
		2	大兴区	27.1

续表

评价指标	评价标准	序号	2014 年	
社会保障	地方公共财政预算支出中医疗卫生与计划生育增长速度	3	昌平区	24. 6
		4	延庆区	22. 3
		5	朝阳区	22. 2
		6	顺义区	18. 3
		7	石景山区	18. 1
		8	怀柔区	17. 7
		9	通州区	17. 6
		10	丰台区	13. 8
		11	西城区	13. 7
		12	平谷区	11. 8
		13	房山区	7. 1
		14	门头沟区	-2. 1
		15	东城区	-6. 1
		16	密云区	-7. 6

（十五）社区卫生服务机构专业技术人员数（人）

北京市 16 个区社区卫生服务机构专业技术人员数排名靠前的是朝阳区、海淀区、丰台区、大兴区。排名第一的朝阳区社区卫生服务机构专业技术人员数 4297 人，最后一名门头沟区为 545 人，相差 3752 人。

2014 年北京市 16 个区社区卫生服务机构专业技术人员数见图 7—17。

2014 年北京市 16 个区社区卫生服务机构专业技术人员数排序见表 7—17。

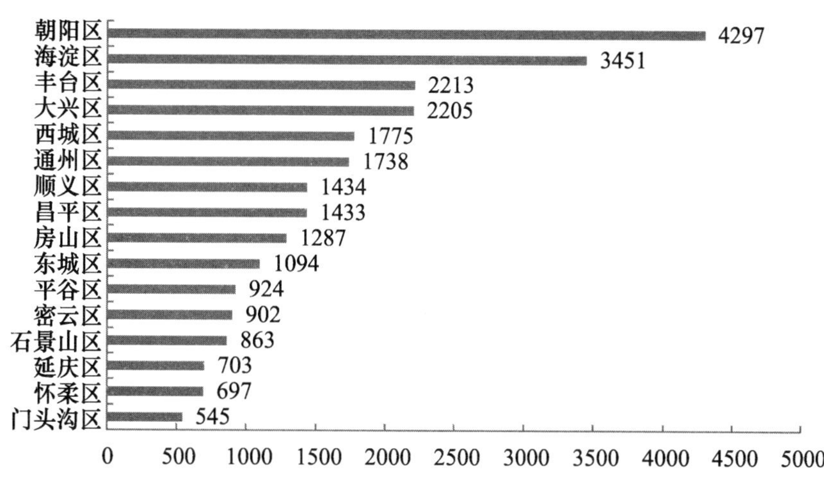

图7—17　2014年北京市16个区社区卫生服务机构专业技术人员数（单位：人）

表7—17　2014年北京市各区社区卫生服务机构专业技术人员数排序

单位：人

评价指标	评价标准	序号	2014年	
社会服务	社区卫生服务机构专业技术人员数	1	朝阳区	4297
		2	海淀区	3451
		3	丰台区	2213
		4	大兴区	2205
		5	西城区	1775
		6	通州区	1738
		7	顺义区	1434
		8	昌平区	1433
		9	房山区	1287
		10	东城区	1094
		11	平谷区	924
		12	密云区	902

续表

评价指标	评价标准	序号	2014 年	
社会服务	社区卫生服务机构专业技术人员数	13	石景山区	863
		14	延庆区	703
		15	怀柔区	697
		16	门头沟区	545

（十六）卫生机构床位数（张）

北京市 16 个区卫生机构床位数排名靠前的是朝阳区、西城区、海淀区。排名第一的朝阳区卫生机构床位数为 19053 张，最后一名延庆区为 982 张，相差 18071 张。卫生机构床位数是反映地区医疗资源分布的一项重要指标。

2014 年北京市 16 个区卫生机构床位数见图 7—18。

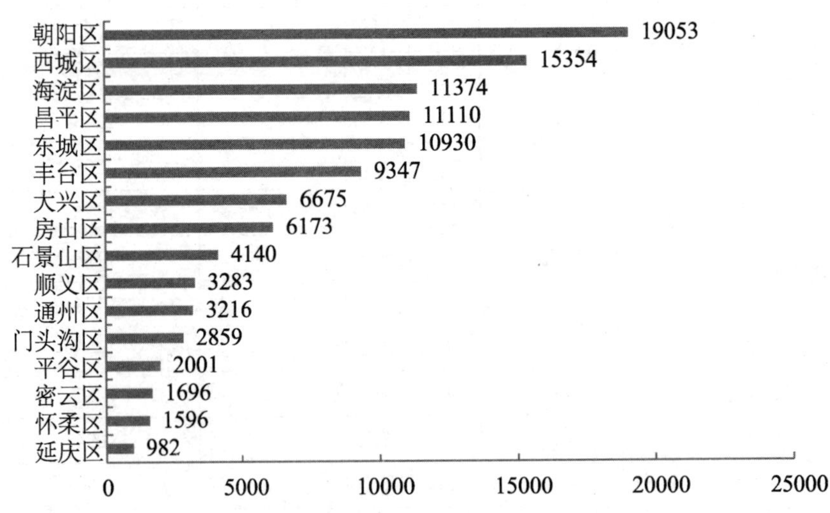

图 7—18　2014 年北京市 16 个区卫生机构床位数（单位：张）

2014年北京市16个区卫生机构床位数排序见表7—18。

表7—18　2014年北京市各区卫生机构床位数排序　单位：张

评价指标	评价标准	序号	2014年	
社会服务	卫生机构床位数	1	朝阳区	19053
		2	西城区	15354
		3	海淀区	11374
		4	昌平区	11110
		5	东城区	10930
		6	丰台区	9347
		7	大兴区	6675
		8	房山区	6173
		9	石景山区	4140
		10	顺义区	3283
		11	通州区	3216
		12	门头沟区	2859
		13	平谷区	2001
		14	密云区	1696
		15	怀柔区	1596
		16	延庆区	982

（十七）每千常住人口医院床位数（张）

北京市16个区每千常住人口医院床位数排名靠前的是东城区、西城区、门头沟区、石景山区。排名第一的东城区的每千常住人口医院床位数为11.83张，最后一名通州区为1.77张，相差10.06张。

虽然以朝阳区、海淀区为代表的城市功能拓展区在医院床位数的总量上排名靠前，但在人均数量上，分别排在第 7 位和第 12 位，显示出相对的不足。同时由于医疗资源质量不平衡，中心城区还要为其他郊区分担医疗需求，因此城市功能拓展区的医疗资源一方面仍需在总量上有所提高，另一方面也有必要将高端人才、设施等优质医疗资源向边远地区输送，以缓解中心城区的医疗空间和时间以及交通、住宿等方面的压力。

2014 年北京市 16 个区每千常住人口医院床位数见图 7—19。

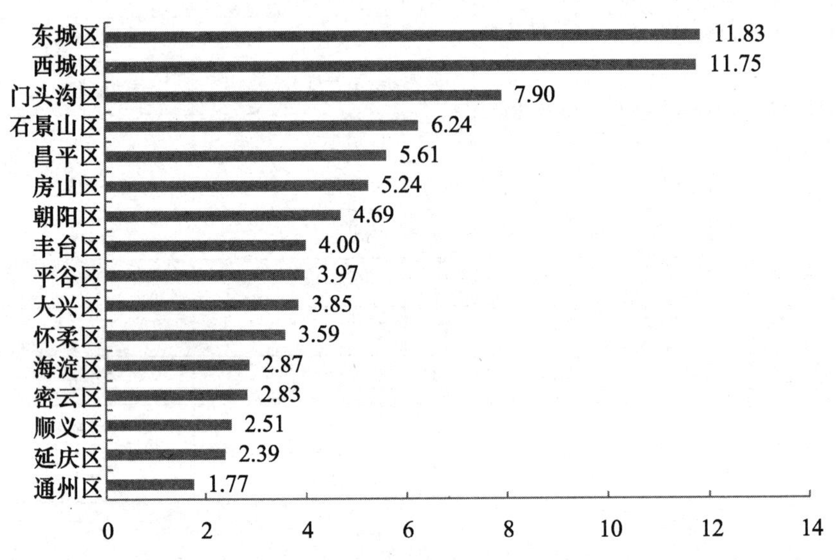

图 7—19　2014 年北京市 16 个区每千常住人口医院床位数（单位：张）

2014 年北京市 16 个区每千常住人口医院床位数排序见表 7—19。

表 7—19　　2014 年北京市各区每千常住人口医院床位数排序

单位：张

评价指标	评价标准	序号	2014 年	
社会服务	每千常住人口医院床位数	1	东城区	11.83
		2	西城区	11.75
		3	门头沟区	7.90
		4	石景山区	6.24
		5	昌平区	5.61
		6	房山区	5.24
		7	朝阳区	4.69
		8	丰台区	4.00
		9	平谷区	3.97
		10	大兴区	3.85
		11	怀柔区	3.59
		12	海淀区	2.87
		13	密云区	2.83
		14	顺义区	2.51
		15	延庆区	2.39
		16	通州区	1.77

（十八）每千常住人口执业（助理）医师（人）

北京市 16 个区每千常住人口执业（助理）医师排名靠前的是东城区、西城区、朝阳区、石景山区。排名第一的东城区每千常住人口执业（助理）医师为 10.38 人，最后一名昌平区为 2.24 人，相差 8.14 人。

2014 年北京市 16 个区每千名常住人口执业（助理）医师见图 7—20。

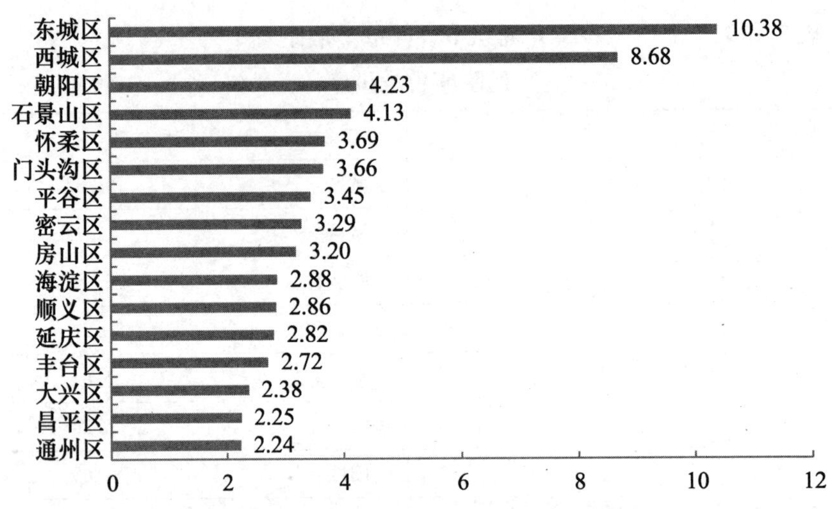

图 7—20 2014 年北京市 16 个区每千常住人口执业（助理）医师（单位：人）

2014 年北京市 16 个区每千常住人口执业（助理）医师排序见表 7—20。

表 7—20 2014 年北京市各区每千名常住人口执业排序（助理）医师

单位：人

评价指标	评价标准	序号	2014 年	
社会服务	每千常住人口执业（助理）医师	1	东城区	10.38
		2	西城区	8.68
		3	朝阳区	4.23
		4	石景山区	4.13
		5	怀柔区	3.69
		6	门头沟区	3.66
		7	平谷区	3.45
		8	密云区	3.29

续表

评价指标	评价标准	序号	2014 年	
社会服务	每千常住人口执业（助理）医师	9	房山区	3.20
		10	海淀区	2.88
		11	顺义区	2.86
		12	延庆区	2.82
		13	丰台区	2.72
		14	大兴区	2.38
		15	昌平区	2.25
		16	通州区	2.24

（十九）每千常住人口注册护士数（人）

北京市 16 个区每千常住人口注册护士数排名靠前的是东城区、西城区、石景山区、朝阳区。排名第一的东城区每千常住人口注册护士数为 10.95 人，最后一名通州区为 2.28 人，相差 8.67 人。

首都功能核心区的东城区、西城区的每千常住人口注册护士数排名分列第 1 位、第 2 位，而通州区则排名最后。不过，在被设定为行政副中心之后，未来通州区的医疗资源配置将迎来新的机遇。通州区地理位置特殊，地处京津冀三地交界，北京市内医疗资源布局的调整以及京冀医疗资源对接的尝试，都已在通州区内外展开。地处京东的通州区，正在进行着一场医疗资源的大变革，作为通州五大功能区之一的国际医疗服务区，正努力构建医疗健康产业服务体系。通州未来的医疗资源布局能否达到预期的效果和目标，值得拭目以待。

2014 年北京市 16 个区每千常住人口注册护士数见图 7—21。

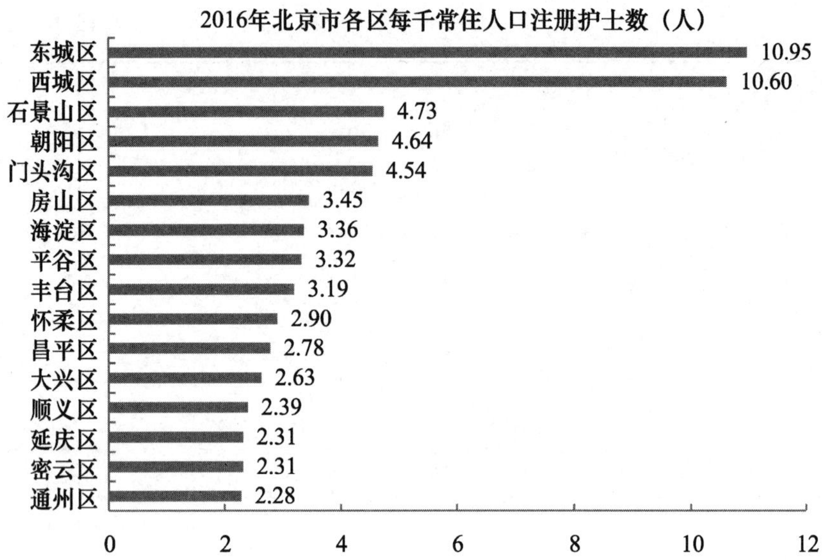

图 7—21　2014 年北京市 16 个区每千常住人口注册护士数（单位：人）

2014 年北京市 16 个区每千常住人口注册护士数排序见表 7—21。

表 7—21　2014 年北京市各区每千常住人口注册护士数排序　单位：人

评价指标	评价标准	序号	2014 年	
社会服务	每千常住人口注册护士数	1	东城区	10. 95
		2	西城区	10. 60
		3	石景山区	4. 73
		4	朝阳区	4. 64
		5	门头沟区	4. 54
		6	房山区	3. 45
		7	海淀区	3. 36
		8	平谷区	3. 32
		9	丰台区	3. 19
		10	怀柔区	2. 90
		11	昌平区	2. 78
		12	大兴区	2. 63

续表

评价指标	评价标准	序号	2014 年	
社会服务	每千常住人口注册护士数	13	顺义区	2. 39
		14	密云区	2. 31
		15	延庆区	2. 31
		16	通州区	2. 28

（二十）人均拥有公共图书馆藏数（册、件）

北京市 16 个区人均拥有公共图书馆藏数（册、件）排名靠前的是海淀区、门头沟区、朝阳区。排名第一的海淀区为 9. 38 册、件，最后一名昌平区为 0. 32 册、件，相差 9. 06 册、件。

北京市 16 个区人均拥有公共图书馆藏数（册、件）见图 7—22。

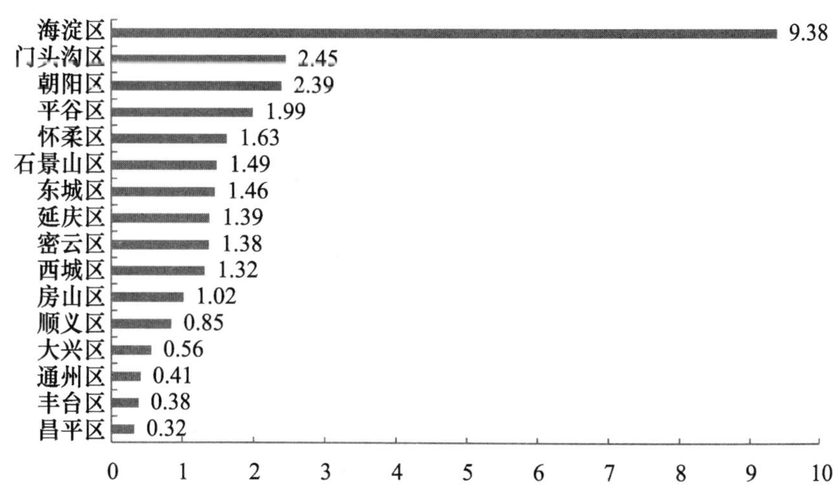

图 7—22　2014 年北京市 16 个区人均拥有公共图书馆藏数（单位：册、件）

2014 年北京市 16 个区人均拥有公共图书馆藏数排序见表 7—22。

表 7—22　　2014 年北京市 16 个区人均拥有公共图书馆藏数排序　　单位：册、件

评价指标	评价标准	序号	2014 年	
社会服务	人均拥有公共图书馆藏数	1	海淀区	9. 38
		2	门头沟区	2. 45
		3	朝阳区	2. 39
		4	平谷区	1. 99
		5	怀柔区	1. 63
		6	石景山区	1. 49
		7	东城区	1. 46
		8	延庆区	1. 39
		9	密云区	1. 38
		10	西城区	1. 32
		11	房山区	1. 02
		12	顺义区	0. 85
		13	大兴区	0. 56
		14	通州区	0. 41
		15	丰台区	0. 38
		16	昌平区	0. 32

（二十一）公共图书馆总流通人次（万人次）

北京市 16 个区公共图书馆总流通人次排名靠前的是朝阳区、海淀区、西城区。排名第一的朝阳区公共图书馆总流通人次为 527 万人次，最后一名门头沟区公共图书馆总流通人次为 1 万人

次，相差 526 万人次。

2014 年北京市 16 个区公共图书馆总流通人次见图 7—23。

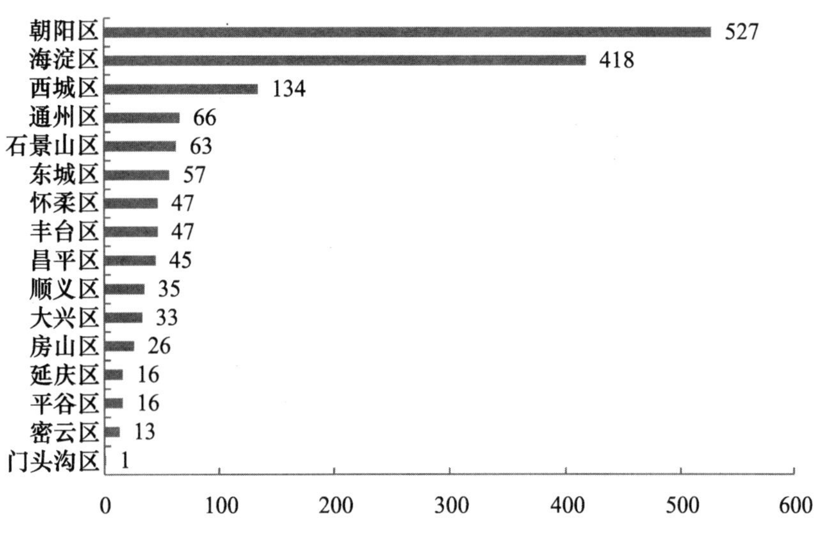

图 7—23　2014 年北京市 16 个区公共图书馆总流通人次

（单位：万人次）

2014 年北京市 16 个区公共图书馆总流通人次排序见表 7—23。

表 7—23　2014 年北京市各区公共图书馆总流通人次排序

单位：万人次

评价指标	评价标准	序号	2014 年	
社会服务	公共图书馆总流通人次	1	朝阳区	527
		2	海淀区	418
		3	西城区	134
		4	通州区	66

续表

评价指标	评价标准	序号	2014 年	
社会服务	公共图书馆总流通人次	5	石景山区	63
		6	东城区	57
		7	丰台区	47
		8	怀柔区	47
		9	昌平区	45
		10	顺义区	35
		11	大兴区	33
		12	房山区	26
		13	平谷区	16
		14	延庆区	16
		15	密云区	13
		16	门头沟区	1

（二十二）公共图书馆书刊文献外借册次（万册次）

北京市 16 个区公共图书馆书刊文献外借册次排名靠前的是朝阳区、海淀区、西城区。排名第一的朝阳区的公共图书馆书刊文献外借册次为 359 万册次，最后一名门头沟区为 9 万册次，相差 350 万册次。

2014 年北京市 16 个区公共图书馆书刊文献外借册次见图 7—24。

2014 年北京市 16 个区公共图书馆书刊文献外借册次排序见表 7—24。

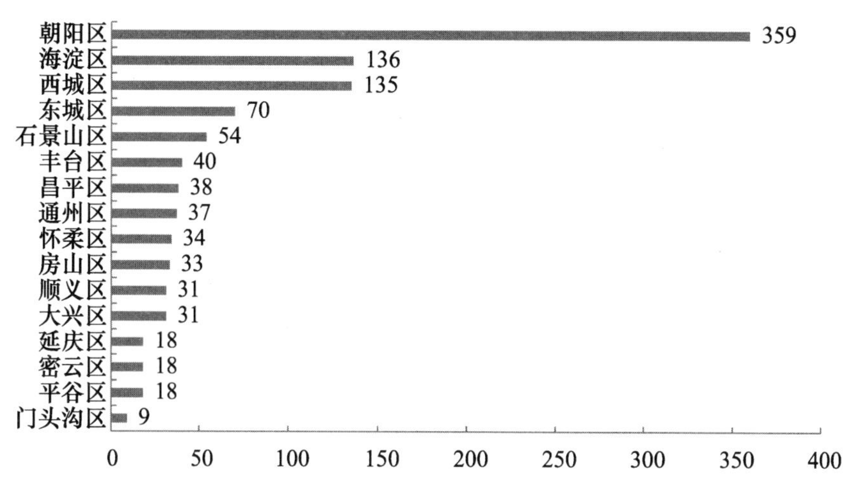

图7—24　2014年北京市16个区公共图书馆书刊文献外借册次
（单位：万册次）

表7—24　2014年北京市16个区公共图书馆书刊文献外借册次排序

单位：万册次

评价指标	评价标准	序号	2014年	
社会治理	共图书馆书刊文献外借册次	1	朝阳区	359
		2	海淀区	136
		3	西城区	135
		4	东城区	70
		5	石景山区	54
		6	丰台区	40
		7	昌平区	38
		8	通州区	37
		9	怀柔区	34
		10	房山区	33
		11	顺义区	31
		12	大兴区	31
		13	平谷区	18

续表

评价指标	评价标准	序号	2014 年	
社会治理	共图书馆书刊文献外借册次	14	密云区	18
		15	延庆区	18
		16	门头沟区	9

（二十三）社区服务机构数（个）

北京市 16 个区社区服务机构数排名靠前的是顺义区、海淀区、房山区、通州区。排名第一的顺义区的社区服务机构数为 719 个，最后一名石景山区为 163 个，相差 556 个。

2014 年北京市 16 个区社区服务机构数见图 7—25。

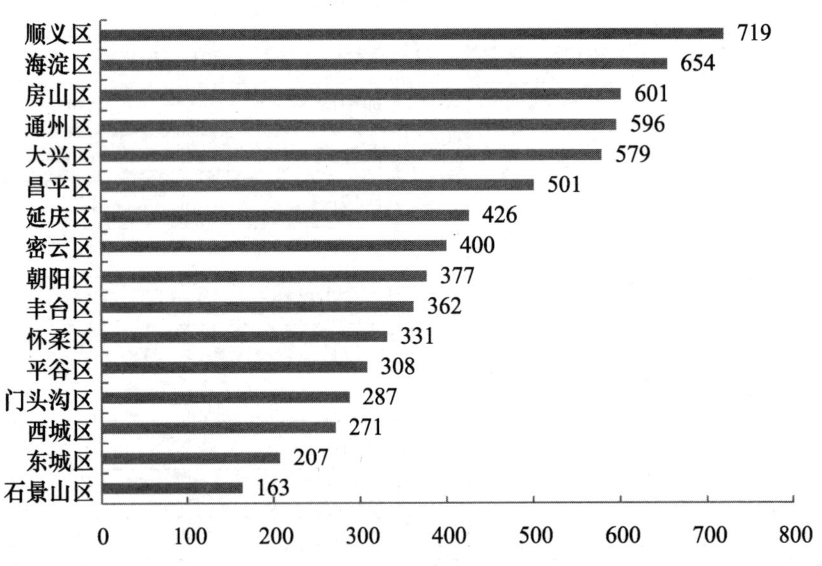

图 7—25　2014 年北京市 16 个区社区服务机构数（单位：个）

2014 年北京市 16 个区社区服务机构数排序见表 7—25。

表 7—25　2014 年北京市 16 个区社区服务机构数排序　单位：个

评价指标	评价标准	序号	2014 年	
社会治理	社区服务机构数	1	顺义区	719
		2	海淀区	654
		3	房山区	601
		4	通州区	596
		5	大兴区	579
		6	昌平区	501
		7	延庆区	426
		8	密云区	400
		9	朝阳区	377
		10	丰台区	362
		11	怀柔区	331
		12	平谷区	308
		13	门头沟区	287
		14	西城区	271
		15	东城区	207
		16	石景山区	163

（二十四）每万人口社会组织（个）

北京市 16 个区每万人口社会组织排名靠前的是怀柔区、平谷区、延庆区、门头沟区。排名第一的怀柔区的每万人口社会组织为 10.87 个，最后一名丰台区为 2 个，相差 8.87 个。

2014 年北京市 16 个区每万人口社会组织见图 7—26。

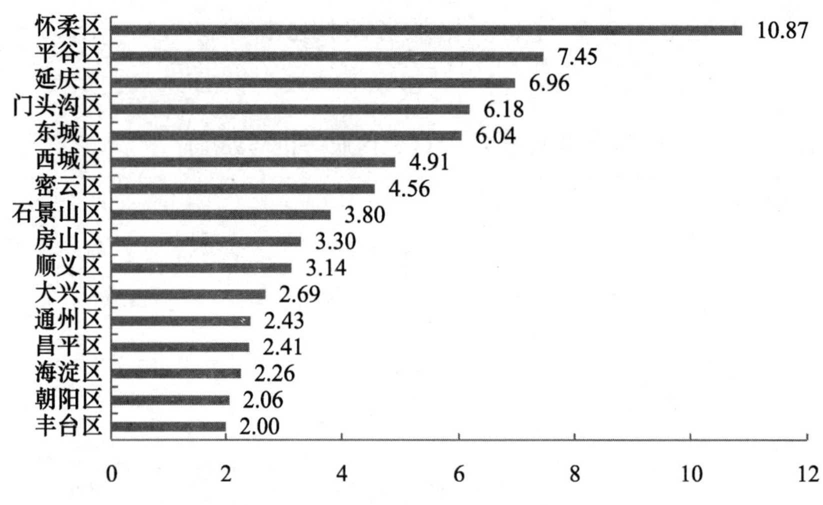

图 7—26 2014 年北京市 16 个区每万人口社会组织

（单位：个）

2014 年北京市 16 个区每万人口社会组织排序见表 7—26。

表 7—26 2014 年北京市各区每万人口社会组织排序 单位：个

评价指标	评价标准	序号	2014 年	
社会治理	每万人口社会组织	1	怀柔区	10. 87
		2	平谷区	7. 45
		3	延庆区	6. 96
		4	门头沟区	6. 18
		5	东城区	6. 04
		6	西城区	4. 91
		7	密云区	4. 56
		8	石景山区	3. 80
		9	房山区	3. 30
		10	顺义区	3. 14
		11	大兴区	2. 69
		12	通州区	2. 43
		13	昌平区	2. 41
		14	海淀区	2. 26
		15	朝阳区	2. 06
		16	丰台区	2. 00

（二十五）地区生产总值第三产业中公共管理、社会保障和社会组织增长速度（%）

北京市16个区的地区生产总值第三产业中公共管理、社会保障和社会组织增长速度排名靠前的是延庆区、门头沟区、通州区、东城区。排名第一的延庆区的地区生产总值第三产业中公共管理、社会保障和社会组织增长速度为6.8%，最后一名西城区为-3.0%，相差9.8个百分点。

2014年北京市16个区的地区生产总值第三产业中公共管理、社会保障和社会组织增长速度见图7—27。

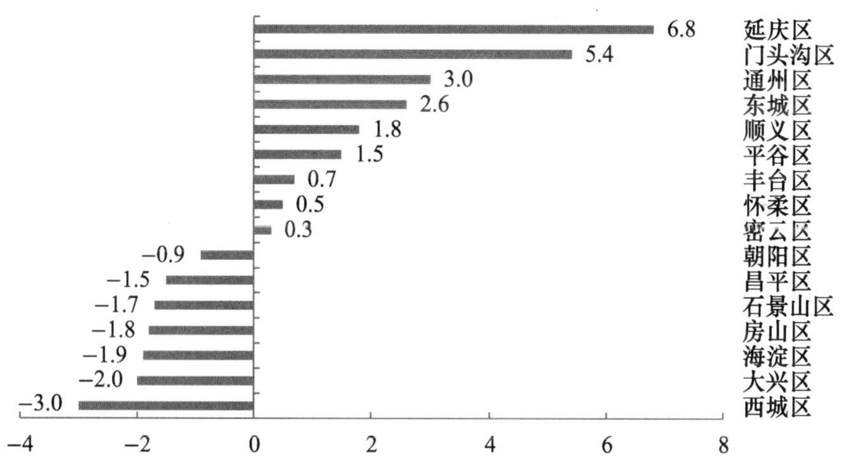

图7—27　2014年北京市16个区的地区生产总值第三产业中公共管理、社会保障和社会组织增长速度（单位:%）

2014年北京市16个区的地区生产总值第三产业中公共管理、社会保障和社会组织增长速度排序见表7—27。

表 7—27 2014 年北京市各区地区生产总值第三产业中公共管理、社会保障和社会组织增长速度排序

单位:%

评价指标	评价标准	序号	2014 年	
社会治理	地区生产总值第三产业中公共管理、社会保障和社会组织增长速度	1	延庆区	6.8
		2	门头沟区	5.4
		3	通州区	3.0
		4	东城区	2.6
		5	顺义区	1.8
		6	平谷区	1.5
		7	丰台区	0.7
		8	怀柔区	0.5
		9	密云区	0.3
		10	朝阳区	-0.9
		11	昌平区	-1.5
		12	石景山区	-1.7
		13	房山区	-1.8
		14	海淀区	-1.9
		15	大兴区	-2.0
		16	西城区	-3.0

（二十六）地区生产总值第三产业中卫生和社会工作增长速度（%）

北京市 16 个区的地区生产总值第三产业中卫生和社会工作增长速度排名靠前的是朝阳区、丰台区、大兴区、通州区。排名第一的朝阳区的地区生产总值第三产业中卫生和社会工作增长速度为 24.4%，最后一名门头沟区为 1.1%，相差 23.3 个百分点。

2014 年北京市 16 个区的地区生产总值第三产业中卫生和社会工作增长速度见图 7—28。

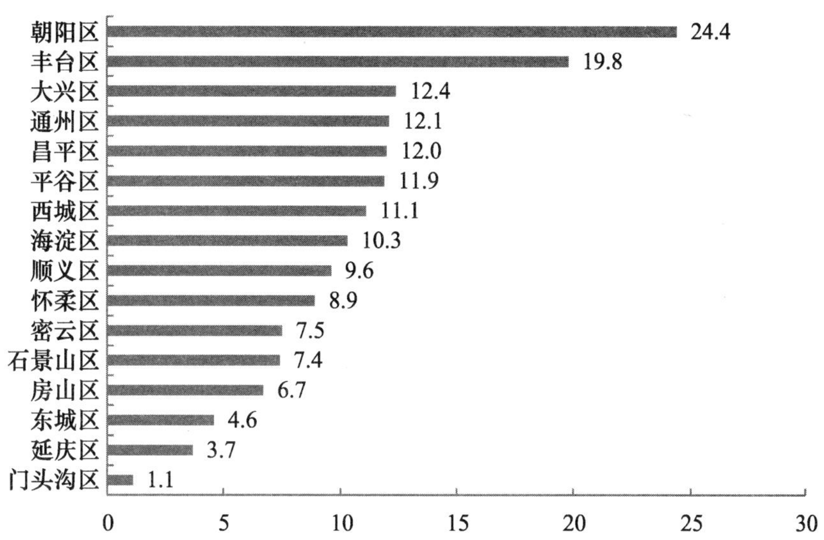

图 7—28　2014 年北京市 16 个区的地区生产总值第三产业中卫生和社会工作增长速度（单位:%）

2014 年北京市 16 个区的地区生产总值第三产业中卫生和社会工作增长速度排序见表 7—28。

表 7—28　2014 年北京市各区的地区生产总值第三产业中卫生和社会工作增长速度排序

单位:%

评价指标	评价标准	序号	2014 年	
社会治理	地区生产总值第三产业中卫生和社会工作增长速度	1	朝阳区	24. 4
		2	丰台区	19. 8
		3	大兴区	12. 4
		4	通州区	12. 1
		5	昌平区	12. 0
		6	平谷区	11. 9
		7	西城区	11. 1
		8	海淀区	10. 3
		9	顺义区	9. 6
		10	怀柔区	8. 9

续表

评价指标	评价标准	序号	2014 年	
社会治理	地区生产总值第三产业中卫生和社会工作增长速度	11	密云区	7.5
		12	石景山区	7.4
		13	房山区	6.7
		14	东城区	4.6
		15	延庆区	3.7
		16	门头沟区	1.1

（二十七）刑事案件破案数（件）

北京市 16 个区刑事案件破案数排名靠前的是朝阳区、海淀区、丰台区。排名第一的朝阳区的刑事案件破案数为 24734 件，最后一名密云区为 1521 件，相差 23213 件。

2014 年北京市 16 个区刑事案件破案数见图 7—29。

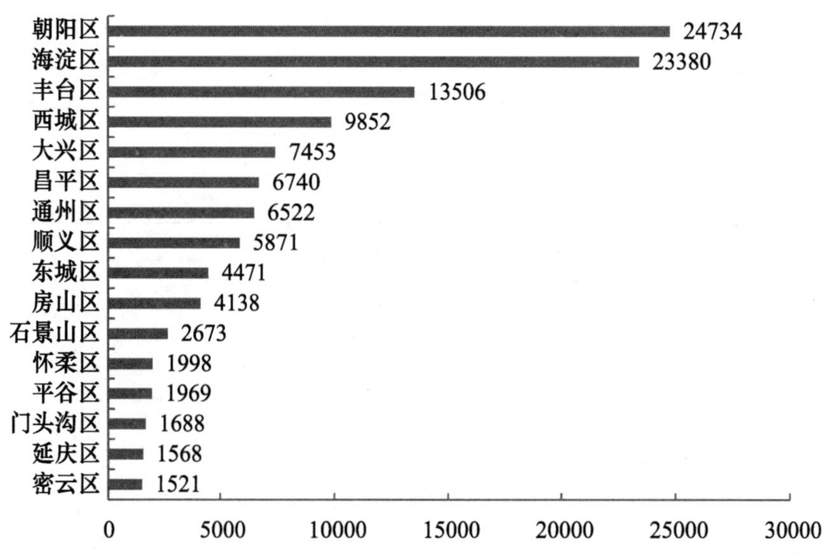

图 7—29 2014 年北京市 16 个区刑事案件破案数（单位：件）

2014 年北京市 16 个区刑事案件破案数排序见表 7—29。

表 7—29　　2014 年北京市各区刑事案件破案数排序　　单位：件

评价指标	评价标准	序号	2014 年	
社会治理	刑事案件破案数	1	朝阳区	24734
		2	海淀区	23380
		3	丰台区	13506
		4	西城区	9852
		5	大兴区	7453
		6	昌平区	6740
		7	通州区	6522
		8	顺义区	5871
		9	东城区	4471
		10	房山区	4138
		11	石景山区	2673
		12	怀柔区	1998
		13	平谷区	1969
		14	门头沟区	1688
		15	延庆区	1568
		16	密云区	1521

（二十八）破案率（%）

北京市 16 个区破案率排名靠前的是延庆区、怀柔区、石景山区、西城区。排名第一的延庆区的破案率为 123.37%，最后一名房山区为 56.71%，相差 66.66 个百分点。

2014 年北京市 16 个区破案率见图 7—30。

2014 年北京市 16 个区破案率排序见表 7—30。

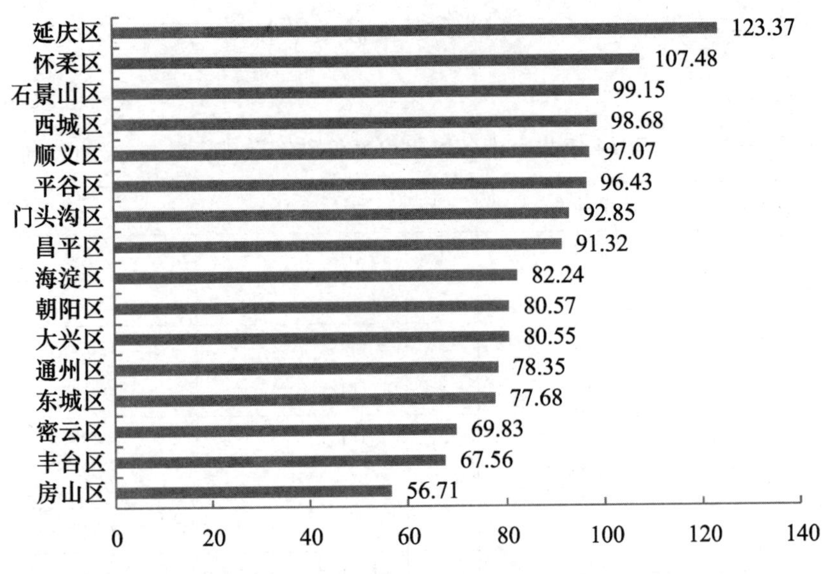

图 7—30 2014 年北京市 16 个区破案率（单位:%）

表 7—30 2014 年北京市各区破案率 单位:%

评价指标	评价标准	序号	2014 年	
社会治理	破案率	1	延庆区	123. 37
		2	怀柔区	107. 48
		3	石景山区	99. 15
		4	西城区	98. 68
		5	顺义区	97. 07
		6	平谷区	96. 43
		7	门头沟区	92. 85
		8	昌平区	91. 32
		9	海淀区	82. 24
		10	朝阳区	80. 57
		11	大兴区	80. 55
		12	通州区	78. 35

续表

评价指标	评价标准	序号	2014 年	
社会治理	破案率	13	东城区	77.68
		14	密云区	69.83
		15	丰台区	67.56
		16	房山区	56.71

(二十九）万元GDP能耗下降率（%）

北京市16个区万元GDP能耗下降率排名靠前的是石景山区、平谷区、朝阳区、房山区。排名第一的石景山区的万元GDP能耗下降率为10.30%，最后一名延庆区为3.18%，相差7.12个百分点。

2014年北京市16个区万元GDP能耗下降率见图7—31。

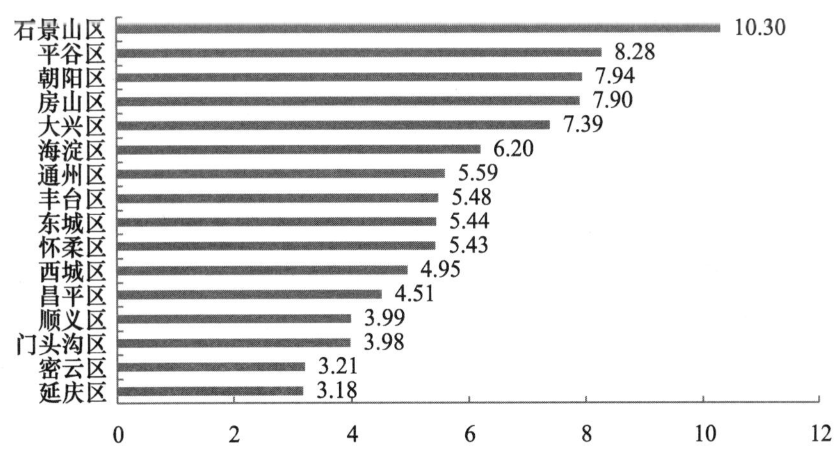

图7—31　2014年北京市16个区万元GDP能耗下降率（单位:%）

2014年北京市16个区万元GDP能耗下降率排序见表7—31。

表 7—31　　2014 年北京市各区万元 GDP 能耗下降率　　单位:%

评价指标	评价标准	序号	2014 年	
社会环境	万元 GDP 能耗下降率	1	石景山区	10.30
		2	平谷区	8.28
		3	朝阳区	7.94
		4	房山区	7.90
		5	大兴区	7.39
		6	海淀区	6.20
		7	通州区	5.59
		8	丰台区	5.48
		9	东城区	5.44
		10	怀柔区	5.43
		11	西城区	4.95
		12	昌平区	4.51
		13	顺义区	3.99
		14	门头沟区	3.98
		15	密云区	3.21
		16	延庆区	3.18

（三十）生活垃圾无害化处理率（%）

北京市 16 个区生活垃圾无害化处理率达到 100% 的有密云区、怀柔区、房山区、海淀区、石景山区、丰台区、朝阳区、西城区、东城区。排名并列第一的 9 个区生活垃圾无害化处理率为 100%，最后一名平谷区为 97.12%，相差 2.88 个百分点。

从排名上看，中心城区已经基本做到垃圾无害化处理率 100%，郊区尚有提升的空间。今后，郊区在加大环保投入的同时，也应增强居民的垃圾处理意识，为环境保护加上管理、服务和全民参与的多重保障。

2014 年北京市 16 个区生活垃圾无害化处理率见图 7—32。

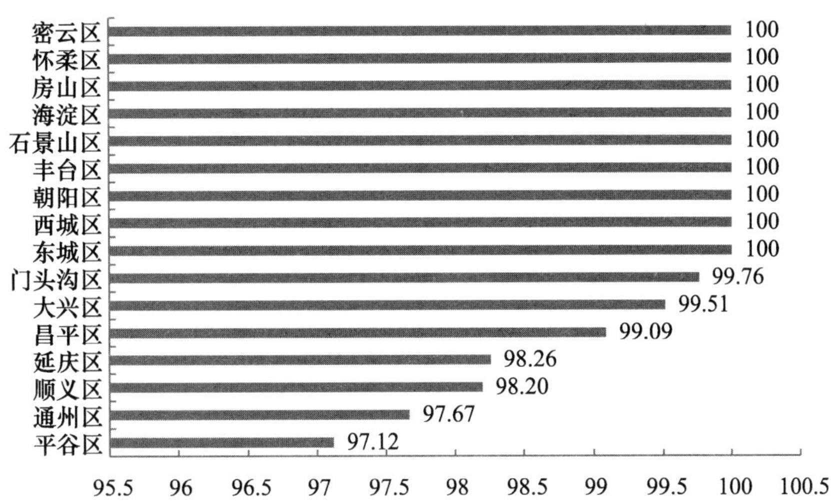

图7—32　2014年北京市16个区生活垃圾无害化处理率（单位:%）

2014年北京市16个区生活垃圾无害化处理率排序见表7—32。

表7—32　2014年北京市各区生活垃圾无害化处理率排序　单位:%

评价指标	评价标准	序号	2014年	
社会环境	生活垃圾无害化处理率	1	东城区	100
		2	西城区	100
		3	朝阳区	100
		4	丰台区	100
		5	石景山区	100
		6	海淀区	100
		7	房山区	100
		8	怀柔区	100
		9	密云区	100
		10	门头沟区	99.76
		11	大兴区	99.51
		12	昌平区	99.09
		13	延庆区	98.26
		14	顺义区	98.20

续表

评价指标	评价标准	序号	2014 年	
社会环境	生活垃圾无害化处理率	15	通州区	97.67
		16	平谷区	97.12

（三十一）二氧化硫（SO_2）年均浓度值（微克/立方米）

北京市 16 个区二氧化硫（SO_2）年均浓度值排名靠前的有顺义区、怀柔区、延庆区、门头沟区、密云区。排名第一的顺义区的二氧化硫（SO_2）年均浓度值为 17.6 微克/立方米，最后一名通州区为 28.8 微克/立方米，相差 11.2 微克/立方米。

2014 年北京市 16 个区二氧化硫（SO_2）年均浓度值见图 7—33。

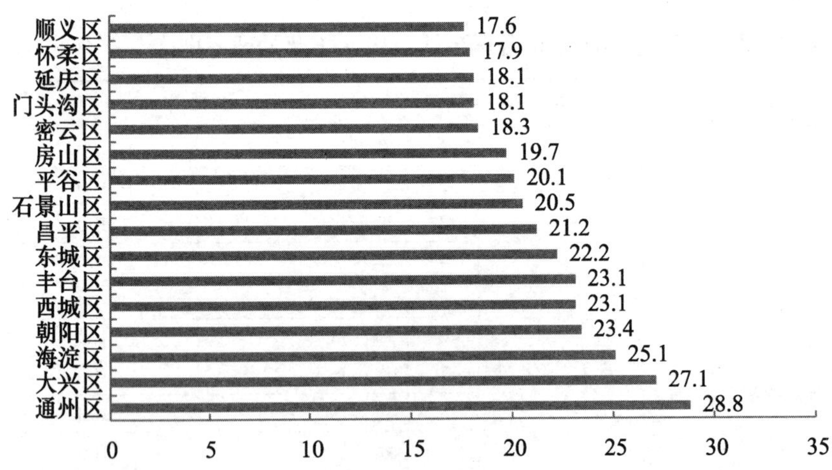

图 7—33　2014 年北京市 16 个区二氧化硫（SO_2）年均浓度值

（单位：微克/立方米）

2014年北京市16个区二氧化硫（SO_2）年均浓度值排序见表7—33。

表7—33　2014年北京市各区二氧化硫（SO_2）年均浓度值排序　单位：微克/立方米

评价指标	评价标准	序号	2014年	
社会环境	二氧化硫（SO_2）年均浓度值	1	顺义区	17.6
		2	怀柔区	17.9
		3	门头沟区	18.1
		4	延庆区	18.1
		5	密云区	18.3
		6	房山区	19.7
		7	平谷区	20.1
		8	石景山区	20.5
		9	昌平区	21.2
		10	东城区	22.2
		11	西城区	23.1
		12	丰台区	23.1
		13	朝阳区	23.4
		14	海淀区	25.1
		15	大兴区	27.1
		16	通州区	28.8

（三十二）细颗粒物（PM 2.5）年均浓度值（微克/立方米）

北京市16个区细颗粒物（PM 2.5）年均浓度值排名靠前的是密云区、延庆区、怀柔区。排名第一的密云区细颗粒物（PM 2.5）年均浓度值为73微克/立方米，最后一名通州区为106微克/立方米，相差33微克/立方米。

2014年北京市16个区细颗粒物（PM 2.5）年均浓度值（微克/立方米）见图7—34。

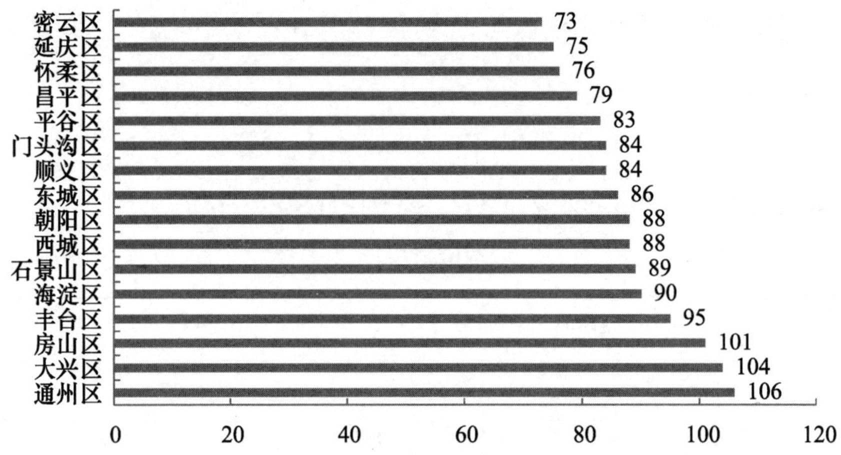

图 7—34 2014 年北京市 16 个区细颗粒物（PM 2.5）年均浓度值

（单位：微克/立方米）

2014 年北京市 16 个区细颗粒物（PM 2.5）年均浓度值排序见表 7—34。

表 7—34 2014 年北京市各区细颗粒物（PM 2.5）年均浓度值排序

单位：微克/立方米

评价指标	评价标准	序号	2014 年	
社会环境	细颗粒物（PM 2.5）年均浓度值	1	密云区	73
		2	延庆区	75
		3	怀柔区	76
		4	昌平区	79
		5	平谷区	83
		6	顺义区	84
		7	门头沟区	84
		8	东城区	86
		9	西城区	88
		10	朝阳区	88
		11	石景山区	89
		12	海淀区	90
		13	丰台区	95

续表

评价指标	评价标准	序号	2014 年	
社会环境	细颗粒物（PM 2.5）年均浓度值	14	房山区	101
		15	大兴区	104
		16	通州区	106

（三十三）每万人口生产安全事故死亡人数（人）

北京市 16 个区每万人口生产安全事故死亡人数低的有平谷区、大兴区、东城区，均为 0.002 人。每万人口生产安全事故死亡人数最高的怀柔区为 0.013 人，相差 0.011 人。

2014 年北京市 16 个区每万人口生产安全事故死亡人数见图 7—35。

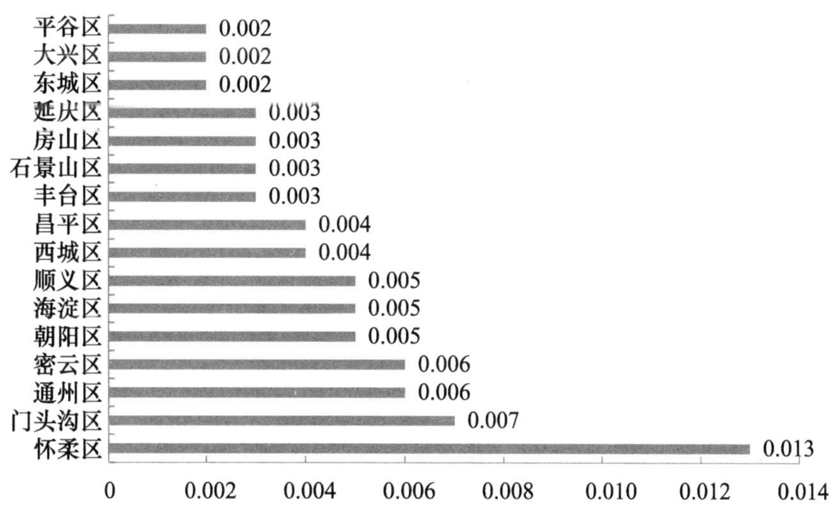

图 7—35　2014 年北京市 16 个区每万人口生产安全事故死亡人数（单位：人）

2014 年北京市 16 个区每万人口生产安全事故死亡人数排序见表 7—35。

表 7—35　　2014 年北京市各区每万人口生产安全事故死亡人数排序

单位：人

评价指标	评价标准	序号	2014 年	
社会环境	每万人口生产安全事故死亡人数	1	东城区	0.002
		2	大兴区	0.002
		3	平谷区	0.002
		4	丰台区	0.003
		5	石景山区	0.003
		6	房山区	0.003
		7	延庆区	0.003
		8	西城区	0.004
		9	昌平区	0.004
		10	朝阳区	0.005
		11	海淀区	0.005
		12	顺义区	0.005
		13	通州区	0.006
		14	密云区	0.006
		15	门头沟区	0.007
		16	怀柔区	0.013

（三十四）地方公共财政预算支出中节能环保增长速度（%）

北京市 16 个区地方公共财政预算支出中节能环保增长速度排名靠前的有石景山区、丰台区、延庆区、昌平区。排名第一的石景山区地方公共财政预算支出中节能环保增长速度为 214.2%，最后一名东城区为 -39.5%，相差 253.7 个百分点。

2014 年北京市 16 个区地方公共财政预算支出中节能环保增长速度见图 7—36。

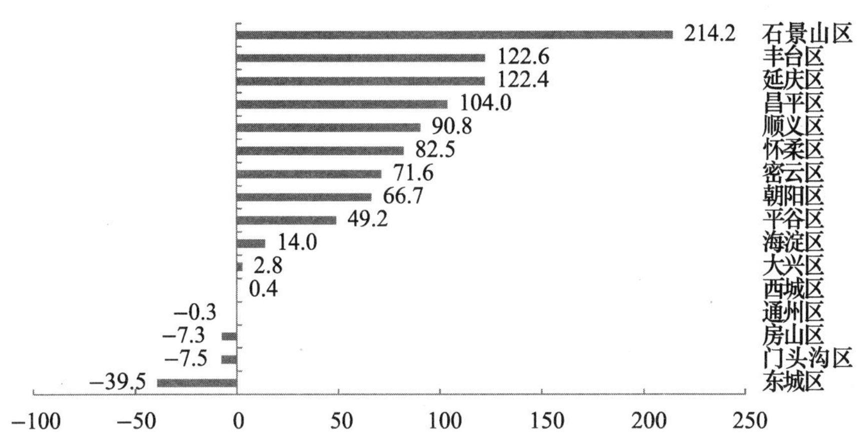

图 7—36　2014 年北京市 16 个区地方公共财政预算支出中节能环保增长速度（单位：%）

2014 年北京市 16 个区地方公共财政预算支出中节能环保增长速度排序见表 7—36。

表 7—36　2014 年北京市各区地方公共财政预算支出中节能环保增长速度排序

单位：%

评价指标	评价标准	序号	2014 年	
社会环境	每万人口生产安全事故死亡人数	1	石景山区	214. 2
		2	丰台区	122. 6
		3	延庆区	122. 4
		4	昌平区	104. 0
		5	顺义区	90. 8
		6	怀柔区	82. 5
		7	密云区	71. 6
		8	朝阳区	66. 7
		9	平谷区	49. 2
		10	海淀区	14. 0
		11	大兴区	2. 8
		12	西城区	0. 4

续表

评价指标	评价标准	序号	2014 年	
社会环境	每万人口生产安全事故死亡人数	13	通州区	-0.3
		14	房山区	-7.3
		15	门头沟区	-7.5
		16	东城区	-39.5

（三十五）林木绿化率（%）

北京市 16 个区林木绿化率排名靠前的有怀柔区、密云区、平谷区、延庆区。排名第一怀柔区的林木绿化率为 78.4%，最后一名西城区为 14.6%，相差 63.8 个百分点。

2014 年北京市 16 个区林木绿化率见图 7—37。

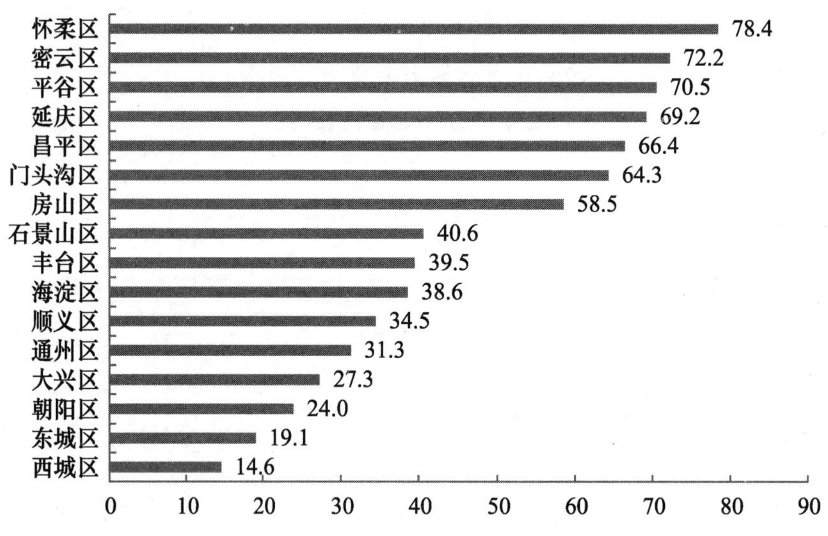

图 7—37　2014 年北京市 16 个区林木绿化率（单位：%）

2014 年北京市 16 个区林木绿化率排序见表 7—37。

表7—37　　2014年北京市各区林木绿化率排序　　单位：%

评价指标	评价标准	序号	2014年	
社会环境	林木绿化率	1	怀柔区	78.4
		2	密云区	72.2
		3	平谷区	70.5
		4	延庆区	69.2
		5	昌平区	66.4
		6	门头沟区	64.3
		7	房山区	58.5
		8	石景山区	40.6
		9	丰台区	39.5
		10	海淀区	38.6
		11	顺义区	34.5
		12	通州区	31.3
		13	大兴区	27.3
		14	朝阳区	24.0
		15	东城区	19.1
		16	西城区	14.6

附录I　中国内地31个省市自治区社会建设指数框架结构

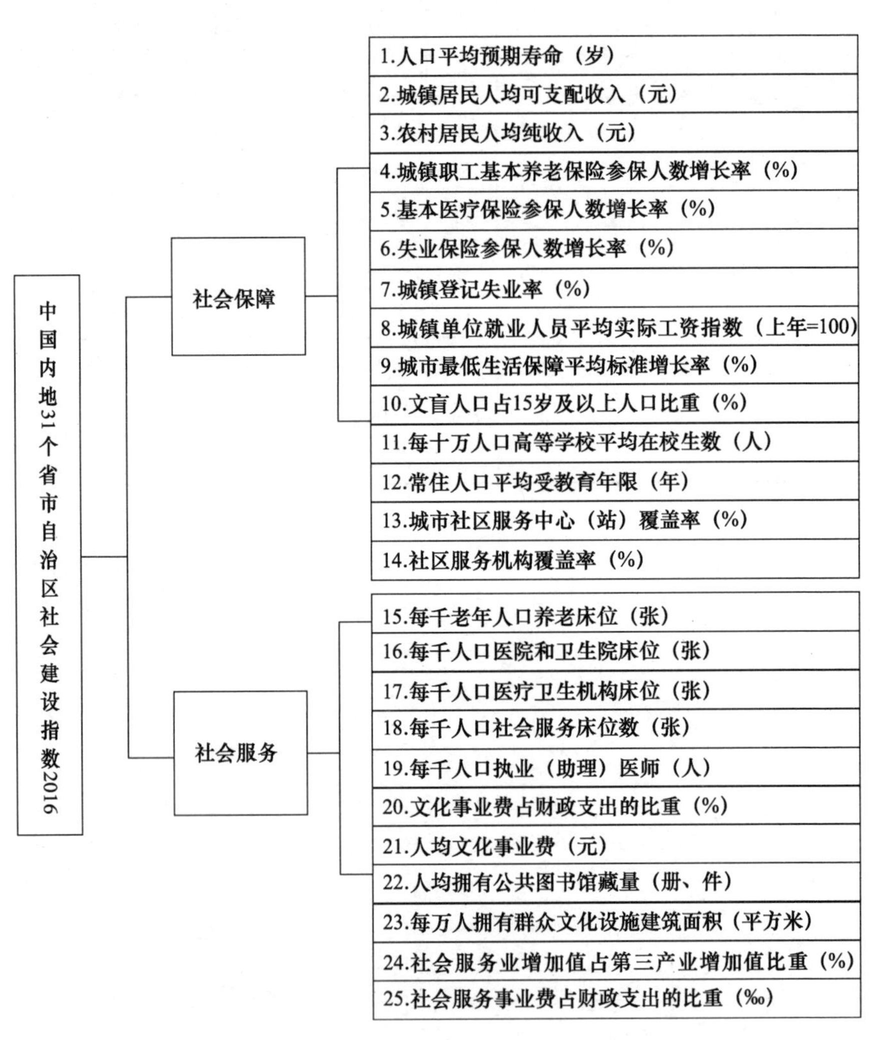

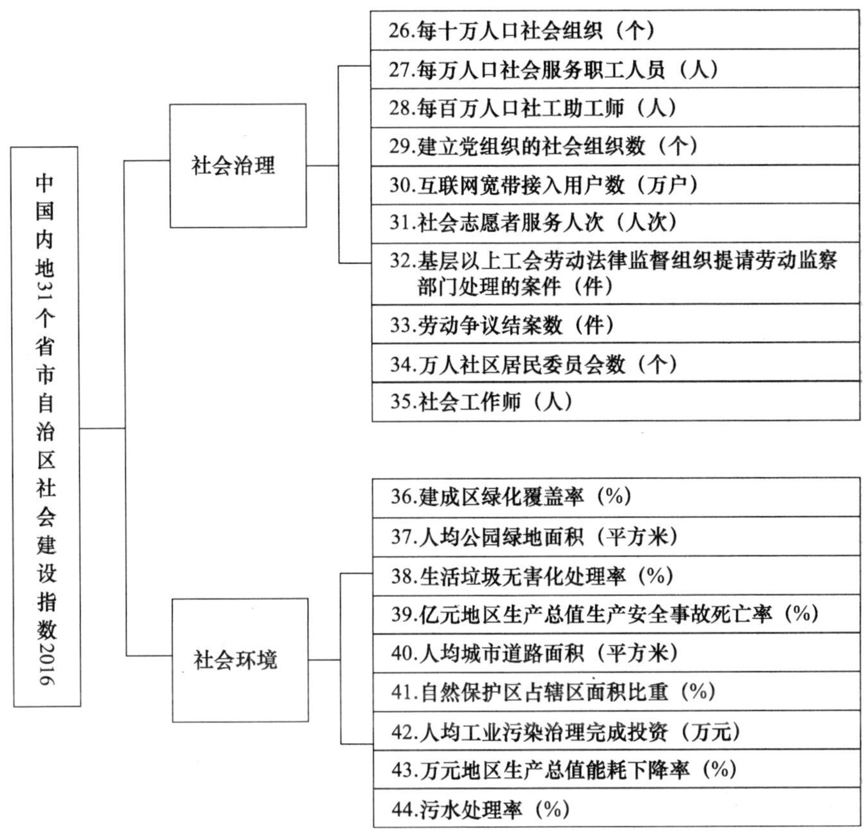
中国内地31个省市自治区社会建设指数2016
社会治理
26.每十万人口社会组织（个）
27.每万人口社会服务职工人员（人）
28.每百万人口社工助工师（人）
29.建立党组织的社会组织数（个）
30.互联网宽带接入用户数（万户）
31.社会志愿者服务人次（人次）
32.基层以上工会劳动法律监督组织提请劳动监察部门处理的案件（件）
33.劳动争议结案数（件）
34.万人社区居民委员会数（个）
35.社会工作师（人）
社会环境
36.建成区绿化覆盖率（%）
37.人均公园绿地面积（平方米）
38.生活垃圾无害化处理率（%）
39.亿元地区生产总值生产安全事故死亡率（%）
40.人均城市道路面积（平方米）
41.自然保护区占辖区面积比重（%）
42.人均工业污染治理完成投资（万元）
43.万元地区生产总值能耗下降率（%）
44.污水处理率（%）

附录Ⅱ 中国内地31个省市自治区社会建设指数原始数据

评价维度	社会保障					
指标 地区	人口平均预期寿命（2010年）（岁）	城镇居民人均可支配收入（元）	农村居民人均纯收入（元）	城镇职工基本养老保险参保人数增长率（%）	城镇基本医疗保险参保人数增长率（%）	失业保险参保人数增长率（%）
北京	80.18	48531.8	18867.3	6.20	5.90	3.12
天津	78.89	31506.0	17014.2	4.74	2.21	3.19
河北	74.97	24141.3	10186.1	5.63	1.37	0.73
山西	74.92	24069.4	8809.4	2.91	1.37	1.75
内蒙古	74.44	28349.6	9976.3	5.72	1.21	1.24
辽宁	76.38	29081.7	11191.5	2.30	2.31	0.17
吉林	76.18	23217.8	10780.1	3.28	0.10	-0.04
黑龙江	75.98	22609.0	10453.2	2.64	0.38	0.21
上海	80.26	48841.4	21191.6	1.92	1.70	1.34
江苏	76.63	34346.3	14958.4	4.25	10.79	3.84
浙江	77.73	40392.7	19373.3	7.27	17.63	5.77
安徽	75.08	24838.5	9916.4	2.21	5.76	3.18

续表

评价维度	社会保障					
指标 地区	人口平均预期寿命（2010年）（岁）	城镇居民人均可支配收入（元）	农村居民人均纯收入（元）	城镇职工基本养老保险参保人数增长率（%）	城镇基本医疗保险参保人数增长率（%）	失业保险参保人数增长率（%）
福建	75.76	30722.4	12650.2	4.37	0.72	5.52
江西	74.33	24309.2	10116.6	3.94	1.19	0.26
山东	76.46	29221.9	11882.3	4.89	9.32	5.94
河南	74.57	23672.1	9966.1	6.04	1.86	4.32
湖北	74.87	24852.3	10849.1	3.84	0.38	1.51
湖南	74.70	26570.2	10060.2	2.49	-0.67	10.35
广东	76.49	32148.1	12245.6	14.98	6.80	5.11
广西	75.11	24669.0	8683.2	3.57	3.52	2.21
海南	76.30	24486.5	9912.6	4.67	-4.85	4.44
重庆	75.70	25147.2	9489.8	6.78	0.68	12.68
四川	74.75	24234.4	9347.7	6.94	3.64	3.63
贵州	71.10	22548.2	6671.2	7.17	2.23	3.62
云南	69.54	24299.0	7456.1	3.54	1.53	1.89
西藏	68.17	22015.8	7359.2	8.57	7.48	13.64
陕西	74.68	24365.8	7932.2	4.60	0.15	1.35
甘肃	72.23	21803.9	6276.6	3.61	1.25	-0.43
青海	69.96	22306.6	7282.7	4.76	4.83	2.08
宁夏	73.38	23284.6	8410.0	5.29	2.32	3.09
新疆	72.35	23214.0	8723.8	3.04	0.91	2.22

续表

评价维度	社会保障					
指标 地区	城镇登记失业率（%）	城镇单位就业人员平均实际工资指数（上年=100）	城市最低生活保障平均标准增长率（%）	常住人口平均受教育年限（年）	文盲人口占15岁及以上人口比重（%）	每十万人口高等学校平均在校生数（人）
北京	1.3	107.7	12.1	11.85	1.48	5429
天津	3.5	105.2	6.7	10.50	2.35	4283
河北	3.6	106.5	14.1	8.87	3.14	2098
山西	3.4	103.4	9.3	9.30	2.89	2519
内蒙古	3.6	103.8	4.6	9.00	4.66	2156
辽宁	3.4	103.7	10.0	9.91	1.78	2933
吉林	3.4	106.3	15.1	9.37	2.88	3168
黑龙江	4.5	105.7	15.2	9.35	2.73	2555
上海	4.1	108.0	10.9	10.82	3.15	3348
江苏	3.0	104.3	10.5	9.35	5.07	2858
浙江	3.0	106.6	11.2	9.06	5.85	2408
安徽	3.2	104.3	10.8	8.73	7.23	2245
福建	3.5	107.8	11.3	8.79	5.54	2513
江西	3.3	106.6	5.7	8.88	3.38	2527
山东	3.3	108.0	8.2	8.98	5.54	2421
河南	3.0	107.9	6.4	9.00	4.54	2203
湖北	3.1	111.2	9.6	9.11	5.80	3121
湖南	4.1	108.0	-0.9	9.02	3.31	2160
广东	2.4	109.3	19.5	9.28	3.07	2356
广西	3.2	107.5	1.6	8.75	3.60	2052
海南	2.3	108.6	7.4	9.10	4.42	2317
重庆	3.5	108.9	6.4	8.96	5.12	3017
四川	4.2	107.3	9.7	8.35	7.18	2244
贵州	3.3	109.1	13.6	8.09	11.11	1690
云南	4.0	106.4	11.0	7.79	8.23	1731
西藏	2.5	103.8	23.5	4.22	39.93	1676
陕西	3.3	104.3	3.7	9.14	5.69	3652
甘肃	2.2	107.4	17.6	8.32	8.65	2219
青海	3.2	108.8	6.1	8.04	13.12	1220
宁夏	4.0	106.4	6.0	8.55	8.05	2255
新疆	3.2	106.7	9.6	9.18	3.25	1749

续表

评价维度	社会服务						
指标 地区	城市社区服务中心（站）覆盖率（%）	社区服务机构覆盖率（%）	每千老年人口养老床位（张）	每千人口医院和卫生院床位（2012年）（张）	每千人口医疗卫生机构床位（张）	每千人口社会服务床位数（张）	每千人口执业（助理）医师（人）
北京	99.7	154.0	45.69	4.48	5.10	6.68	3.72
天津	79.0	33.1	20.88	3.46	4.01	4.16	2.20
河北	51.7	48.0	38.87	3.61	4.37	6.13	2.14
山西	67.7	10.1	16.48	4.26	4.86	2.44	2.46
内蒙古	70.9	15.8	49.00	4.01	5.15	7.55	2.48
辽宁	97.4	34.6	24.31	4.88	5.82	5.04	2.31
吉林	23.7	5.6	17.82	4.31	5.12	3.48	2.30
黑龙江	61.0	18.4	21.80	4.22	5.25	3.69	2.12
上海	63.6	57.4	33.49	3.79	4.84	5.32	2.52
江苏	105.7	110.9	38.61	3.88	4.93	7.18	2.24
浙江	80.3	73.9	52.90	3.57	4.46	8.01	2.65
安徽	78.0	30.1	34.95	3.44	4.14	5.64	1.71
福建	83.9	17.4	25.66	3.45	4.33	3.27	1.98
江西	40.7	15.7	28.43	3.20	4.11	4.10	1.64
山东	82.3	29.5	31.03	4.44	5.11	5.81	2.36
河南	27.9	5.7	25.18	3.89	4.87	3.77	2.01
湖北	100.7	28.5	27.25	3.99	5.46	4.77	2.17
湖南	46.1	18.6	16.76	4.02	5.28	3.01	1.98
广东	127.6	175.1	15.34	3.07	3.78	2.07	2.02
广西	33.6	47.0	21.92	3.35	4.24	3.25	1.82
海南	57.4	51.7	16.60	3.20	3.82	2.00	1.95
重庆	73.0	44.4	25.01	4.12	5.37	5.49	1.94
四川	48.5	10.5	24.51	4.57	5.65	5.67	2.21
贵州	116.0	91.9	22.42	3.73	5.19	3.36	1.65
云南	48.6	8.9	11.18	3.94	4.77	1.73	1.60
西藏	13.1	0.6	27.66	2.59	3.75	3.36	1.76
陕西	102.8	10.0	17.79	4.16	5.28	3.14	2.03
甘肃	137.4	29.8	24.75	3.85	4.72	3.56	1.84
青海	36.3	3.7	26.64	4.31	5.66	3.31	2.22
宁夏	109.0	28.2	15.10	4.10	4.91	1.99	2.27
新疆	70.9	18.7	21.01	5.60	6.22	2.78	2.38

续表

评价维度	社会服务					
指标 地区	文化事业费占财政支出的比重（%）	人均文化事业费（元）	人均拥有公共图书馆藏量（册）	每万人拥有群众文化设施建筑面积（平方米）	社会服务业增加值占第三产业增加值比重（%）	社会服务事业费占财政支出的比重（‰）
北京	0.55	115.91	1.03	330	0.87%	38.3
天津	0.43	80.87	1.05	197.6	0.33%	23.2
河北	0.31	19.47	0.29	158.4	0.68%	37.5
山西	0.46	38.63	0.40	266.0	0.62%	37.8
内蒙古	0.49	75.72	0.58	291.1	0.27%	38.2
辽宁	0.29	33.72	0.81	276.3	0.82%	32.6
吉林	0.47	49.42	0.60	171.6	0.24%	34.3
黑龙江	0.36	32.63	0.45	206.0	0.45%	40.8
上海	0.68	137.13	3.04	561.0	1.23%	18.9
江苏	0.41	43.21	0.79	436.8	1.06%	31.6
浙江	0.73	68.84	1.02	622.0	2.03%	31.8
安徽	0.26	19.72	0.29	161.2	0.73%	39.1
福建	0.45	38.92	0.70	318.8	0.35%	25.3
江西	0.27	22.83	0.47	234.5	0.60%	42.4
山东	0.35	25.90	0.46	250.8	0.99%	40.5
河南	0.29	18.43	0.25	141.3	0.35%	36.8
湖北	0.34	28.89	0.49	206.9	0.61%	42.4
湖南	0.32	24.14	0.36	210.9	0.49%	44.5
广东	0.49	42.17	0.59	341.6	0.64%	26.6
广西	0.42	30.39	0.52	157.7	0.61%	43.4
海南	0.55	67.09	0.46	120.5	0.50%	28.5
重庆	0.4	44.56	0.42	285.9	1.00%	33.6
四川	0.51	42.89	0.39	258.3	0.87%	46.9
贵州	0.3	30.19	0.35	221.4	0.66%	45.1
云南	0.39	37.09	0.40	218.8	0.73%	48.3
西藏	0.43	160.06	0.39	1164.4	0.14%	13.5
陕西	0.49	51.18	0.40	240.6	1.04%	45.8
甘肃	0.44	42.73	0.50	268.4	0.45%	52.6
青海	0.47	109.33	0.67	249.4	0.33%	31.1
宁夏	0.47	70.55	1.04	366.0	0.57%	28.7
新疆	0.45	64.81	0.56	402.4	0.60%	36.7

续表

评价维度	社会治理				
指标 地区	每十万人口社会组织（个）	每万人口社会服务职工人员（人）	每百万人口社工助工师（人）	建立党组织的社会组织数（个）	互联网宽带接入用户数（万户）
北京	42.2	103.0	431.4	1215	553
天津	31.2	64.0	121.0	2795	1014
河北	23.9	76.9	35.0	4781	1135
山西	33.8	87.4	16.9	1032	621
内蒙古	47.1	68.9	26.4	1649	282
辽宁	45.9	98.6	63.1	1401	797
吉林	38.2	46.2	58.9	299	368
黑龙江	32.6	61.3	30.2	789	493
上海	51.0	129.1	120.8	4141	672
江苏	89.9	137.6	125.5	4307	1523
浙江	72.3	142.0	96.2	5367	1799
安徽	37.1	62.2	67.2	2810	753
福建	56.1	99.0	54.8	2205	1061
江西	31.3	68.7	26.6	2015	573
山东	42.1	91.6	25.4	12586	2481
河南	29.2	57.1	13.7	3696	1281
湖北	45.7	97.3	25.0	3718	937
湖南	35.6	72.7	25.6	3077	729
广东	44.5	83.1	106.1	1513	3034
广西	42.7	93.3	32.7	985	610
海南	53.6	80.5	15.6	260	71
重庆	48.1	99.3	69.8	867	540
四川	46.4	105.6	38.3	5603	989
贵州	26.9	104.0	9.9	2963	496
云南	40.7	120.9	18.9	2259	286
西藏	18.9	121.6	1.6	153	
陕西	47.8	106.7	13.4	1393	632
甘肃	55.6	101.8	17.1	4208	237
青海	57.6	68.4	24.9	1089	47
宁夏	65.4	125.4	15.0	1127	81
新疆	41.1	98.0	21.4	1549	103

续表

评价维度	社会治理				
指标 地区	社会志愿者服务人次（人次）	基层以上工会劳动法律监督组织提请劳动监察部门处理的案件（件）	劳动争议结案数（件）	每万人社区居民委员会数（个）	社会工作师（人）
北京	5366192	224	62533	1.36	4168
天津	99222	65	16087	1.04	658
河北	66378	178	17668	0.52	1057
山西	10487	75	5834	0.63	683
内蒙古	29102	43	10574	0.89	262
辽宁	57751	195	30307	0.93	1524
吉林	426	84	5462	0.72	633
黑龙江	55646	50	9283	0.74	690
上海	523443	110	71838	1.70	2347
江苏	662543	960	63411	0.88	4604
浙江	674797	1067	46670	0.78	3867
安徽	180256	548	17371	0.54	941
福建	145931	356	16182	0.61	1288
江西	7151	189	10106	0.73	504
山东	632013	658	42025	0.68	2283
河南	1114	730	21209	0.47	1080
湖北	54405	453	23812	0.72	722
湖南	193557	323	16024	0.76	908
广东	48918	815	95347	0.61	6553
广西	8931	84	11788	0.40	475
海南	8860	48	3620	0.53	49
重庆	667519	2332	30320	0.93	654
四川	162593	728	33519	0.84	1051
贵州	1198346	83	14929	0.57	108
云南	1846	164	6985	0.47	311
西藏	213	1	271	0.66	4
陕西	27814	97	8723	0.57	453
甘肃	12112	88	2807	0.52	167
青海	24195	16	1316	0.77	55
宁夏	1925	210	3906	0.71	121
新疆	35316	213	10204	1.27	281

续表

评价维度	社会环境				
指标 / 地区	建成区绿化覆盖率（%）	人均公园绿地面积（平方米）	生活垃圾无害化处理率（%）	人均城市道路面积（平方米）	亿元地区生产总值生产安全事故死亡率（%）
北京	49.1	15.94	99.6	7.44	0.06
天津	34.9	9.73	96.7	16.71	0.08
河北	41.9	14.45	86.6	18.49	0.11
山西	40.1	11.30	92.1	13.34	0.21
内蒙古	39.8	18.80	96.1	21.10	0.10
辽宁	40.1	11.61	91.6	12.75	0.10
吉林	35.8	12.05	61.9	14.62	0.14
黑龙江	36.0	12.10	58.9	13.32	0.11
上海	38.4	7.33	100.0	4.11	0.06
江苏	42.6	14.41	98.1	23.89	0.10
浙江	40.8	12.90	100.0	18.40	0.16
安徽	41.2	13.20	99.5	20.33	0.18
福建	42.8	12.76	97.9	13.61	0.14
江西	44.6	14.13	93.1	15.77	0.13
山东	42.8	17.10	100.0	25.77	0.08
河南	38.3	9.93	92.8	11.67	0.07
湖北	37.9	11.10	90.2	16.57	0.11
湖南	38.6	9.85	99.7	13.76	0.12
广东	41.4	16.28	86.4	13.20	0.11
广西	39.3	11.19	95.4	15.75	0.21
海南	41.3	13.01	99.8	17.97	0.19
重庆	40.6	16.97	99.2	11.68	0.31
四川	37.5	11.26	95.4	13.32	0.05
贵州	34.0	12.50	93.3	10.33	0.33
云南	38.1	11.00	92.5	17.12	0.03
西藏	43.8	10.80		14.44	
陕西	40.5	12.48	95.8	15.38	0.15
甘肃	30.8	12.79	62.6	15.30	0.30
青海	31.6	10.78	86.3	11.08	0.34
宁夏	38.0	17.91	93.3	23.16	0.21
新疆	36.8	10.74	81.9	16.46	0.31

续表

评价维度	社会环境			
指标 地区	自然保护区占辖区面积比重（%）	人均工业污染治理完成投资（元）	万元地区生产总值能耗下降率（2015 年）（%）	污水处理率（%）
北京	8.17	35.17	-6.17	
天津	7.65	145.63	-7.21	91.0
河北	3.75	120.47	-6.14	95.1
山西	7.04	85.38	-5.31	88.4
内蒙古	10.69	309.56	-4.00	89.2
辽宁	18.53	87.04	-3.52	
吉林	13.08	59.49	-10.69	90.1
黑龙江	15.80	46.33	-4.01	77.2
上海	21.59	73.31	-3.92	89.7
江苏	5.17	60.94	-6.73	
浙江	1.95	122.72	-3.53	90.7
安徽	3.26	28.97	-5.58	96.2
福建	3.49	111.35	-7.70	88.7
江西	7.73	27.18	-3.92	
山东	7.12	144.70	-3.72	95.3
河南	4.44	58.77	-6.57	
湖北	5.47	45.20	-7.66	92.1
湖南	6.19	25.74	-6.98	
广东	10.31	35.31	-5.71	91.6
广西	5.98	37.63	-5.11	
海南	77.29	62.18	-1.27	71.4
重庆	10.17	16.81	-6.31	93.0
四川	17.07	28.56	-7.25	85.4
贵州	5.06	52.67	-7.46	94.8
云南	7.19	51.76	-8.83	
西藏	34.41	32.34		16.1
陕西	5.50	88.60	-3.21	91.6
甘肃	21.53	68.02	-7.46	85.0
青海	29.99	127.80	-4.26	59.2
宁夏	8.03	412.34	1.20	92.4
新疆	11.84	137.75	-3.63	86.2

附录Ⅲ　中国内地31个省市自治区社会建设指数部分指标解释

人口平均预期寿命（2010年）（岁）：可以反映出一个社会生活质量的高低。社会经济条件、卫生医疗水平限制着人们的寿命。所以不同的社会、不同的时期，人类寿命的长短有着很大的差别；同时，由于体质、遗传因素、生活条件等个人差异，也使每个人的寿命长短相差悬殊。因此，虽然难以预测具体某个人的寿命有多长，但可以通过科学的方法计算并告知在一定的死亡水平下，预期每个人出生时平均可存活的年数。这是根据婴儿和各年龄段人口死亡的情况计算后得出的，是指在现阶段每个人若无意外，应该活到这个年龄。（百度百科）

城镇居民人均可支配收入（元）：居民可支配收入指居民可用于最终消费支出和储蓄的总和，即居民可用于自由支配的收入。既包括现金收入，也包括实物收入。按照收入的来源，可支配收入包含四项，分别为：工资性收入、经营性净收入、财产性净收入和转移性净收入。（《中国统计年鉴》，中国统计出版社2015年版，第207页）

农村居民人均纯收入（元）：农村居民家庭纯收入指农村住户当年从各个来源得到的总收入相应地扣除所发生的费用后的收

入总和。“农民人均纯收入”是按人口平均的纯收入水平，反映的是一个地区农村居民的平均收入水平。（《中国统计年鉴》，中国统计出版社 2015 年版，第 208 页）

城镇职工基本养老保险参保人数增长率（%）：基本养老保险（参保）职工人数指报告期末按照国家法律、法规和有关政策规定参加城镇职工基本养老保险并在社保经办机构已建立缴费记录档案的职工人数，包括中断缴费但未终止养老保险关系的职工人数，不包括只登记未建立缴费记录档案的人数。（《中国统计年鉴》，中国统计出版社 2014 年版，第 794 页）

基本医疗保险参保人数增长率（%）：基本医疗保险参保人数指报告期末按国家有关规定刚参加相应基本医疗保险的人数。（《中国统计年鉴》，中国统计出版社 2014 年版，第 795 页）

失业保险参保人数增长率（%）：失业保险参保人数指报告期末按照国家法律、法规和有关政策规定参加了失业保险的城镇企业、事业单位的职工及地方政府规定参加失业保险的其他人员的人数。（《中国统计年鉴》，中国统计出版社 2014 年版，第 795 页）

城镇登记失业率（%）：城镇登记失业人员与城镇单位就业人员（扣除使用的农村劳动力、聘用的离退休人员、港澳台及外方人员）、城镇单位中的不在岗职工、城镇私营业主、个体户主、城镇私营企业和个体就业人员、城镇登记失业人员之和的比。（《中国统计年鉴》，中国统计出版社 2014 年版，第 115 页）

城镇单位就业人员平均实际工资指数（上年 = 100）：就业人员平均实际工资指扣除物价变动因素后的就业人员平均工资。就业人员平均实际工资指数是反映实际工资波动情况的相对数，表

明就业人员实际工资水平提高或降低的程度。(《中国统计年鉴》，中国统计出版社2015年版，第137页)

文盲人口占15岁及以上人口比重（%）："文盲人口"指15岁及15岁以上不识字及识字很少人口。(《中国统计年鉴》，中国统计出版社2014年版，第41页)

每十万人口高等学校平均在校生数（人）：高等教育包括普通高等学校和成人高等学校。(《中国统计年鉴》，中国统计出版社2014年版，第677页)

社区服务机构覆盖率（%）：社区服务机构数指报告期末设立的社区服务指导中心、社区服务中心、社区服务站、其他社区服务机构的总和数。具有面向老人及其家属的商品递送、医疗保健、家庭保洁、日间照料、陪伴服务等为社区居家养老服务的设施和突出综合服务的职能。包括党员活动室、就业保障网络、社区卫生服务站、文化活动室、图书室、"爱心超市"、社区捐助接收站点、警务站（室）、老年活动室、未成年人文化活动场所等具有综合服务功能的机构。(《中国统计年鉴》，中国统计出版社2015年版，第763页)

每千人口医疗卫生机构床位（张）：医疗卫生机构指从卫生行政部门取得《医疗机构执业许可证》《计划生育技术服务许可证》，或从民政、工商行政、机构编制管理部门取得法人单位登记证书，为社会提供医疗保健、疾病控制、卫生监督服务或从事医学科研和医学在职培训等工作的单位。医疗卫生机构包括医院、基层医疗卫生机构、专业公共卫生机构、其他医疗卫生机构。(《中国统计年鉴》，中国统计出版社2015年版，第762页)

每千人口社会服务床位数（张）：指老年及残疾人床位数、

智障和精神疾病床位数、儿童床位数、救助及其他社会服务床位数的总和除以当年期末人口数乘以 1000。其中，老年及残疾人床位数包括城市养老服务机构、农村养老服务机构、社会福利院、光荣院、荣誉军人康复医院、复员军人疗养院中的相关床位数；智障和精神疾病床位数包括复退军人精神病院和社会福利医院中的相关床位数；儿童床位数包括儿童福利院和流浪儿童救助保护中心中的相关床位数；救助及其他社会服务床位包括社区养老服务中心、社区养老服务站、生活无着人员救助管理站、其他收养机构、军休所、军供站的相关床位数。（《中国统计年鉴》，中国统计出版社 2014 年版，第 721 页）

每千人口执业（助理）医师（人）：执业（助理）医师指《医师执业证》“级别”为“执业助理医师”且实际从事医疗、预防保健工作的人员，不包括实际从事管理工作的执业助理医师。执业助理医师类别分为临床、中医、口腔和公共卫生四类。（《中国统计年鉴》，中国统计出版社 2015 年版，第 762 页）

社会工作师（人）：指通过全国社会工作师职业水平考试并取得社会工作师职业水平证书的人员。（《中国统计年鉴》，中国统计出版社 2014 年版，第 721 页）

人均公园绿地面积（平方米）：公园绿地指城市中向公众开放的，以游憩为主要功能，有一定的游憩设施和服务设施，同时兼有健全生态、美化景观、防灾减灾等综合作用的绿化用地。包括综合公园、社区公园、专类公园、带状公园和街旁绿地。其中综合公园、专类公园和带状公园面积之和为公园面积。（《中国统计年鉴》，中国统计出版社 2015 年版，第 867 页）

生活垃圾无害化处理率（%）：指报告期内垃圾无害化处理

量与垃圾生产量的比率。在统计时，如果生活垃圾产生量不易取得，可用清运量代替。(《北京区域统计年鉴》，同心出版社2014年版，第252页)

自然保护区占辖区面积比重（%）：自然保护区指为了保护自然环境和自然资源，促进国民经济的持续发展，将一定面积的陆地和水体划分出来，并经各级人民政府批准而进行特殊保护和管理的区域个数。根据保护对象，自然保护区分为自然生态系统类、野生生物类、自然遗迹类。风景名胜区、文物保护区不计在内。(《中国统计年鉴》，中国统计出版社2015年版，第281页)

万元地区生产总值能耗下降率（2015年）（%）：万元地区生产总值能耗指一个地区生产每万元地区生产总值所消耗的能源。(国家统计局网站，http：//www. stats. gov. cn/tjsj/zxfb/201604/t20160420_1346123. html)

附录Ⅳ　中国内地31个省市自治区社会建设指数数据来源和计算说明

1. 社会保障

人口平均预期寿命（2010年）（岁）：《中国人口和就业统计年鉴》，中国统计出版社2015年版，第17页。

城镇居民人均可支配收入（元）：《中国统计年鉴》，中国统计出版社2015年版，第198页。数据来源于国家统计局开展的城乡一体化住户收支与生活状况调查。

农村居民人均纯收入（元）：《中国统计年鉴》，中国统计出版社2015年版，第202页。数据来源于国家统计局开展的城乡一体化住户收支与生活状况调查。

城镇职工基本养老保险参保人数增长率（%）：通过计算得出。计算公式：城镇职工基本养老保险参保人数增长率=（报告期城镇职工基本养老保险参保人数-基期城镇职工基本养老保险参保人数）/基期城镇职工基本养老保险参保人数×100%。2013年末参加城镇职工基本养老保险人数（万人）数据来源：《中国统计年鉴》，中国统计出版社2014年版，第787页；2014年末参加城镇职工基本养老保险人数（万人）数据来源：《中国统计年鉴》，中国统计出版社2015年版，第828页。

基本医疗保险参保人数增长率（%）：通过计算得出。计算公式：基本医疗保险参保人数增长率=（报告期基本医疗保险参保人数-基期基本医疗保险参保人数）/基期基本医疗保险参保人数×100%。2013年末城镇基本医疗保险参保人数（万人）数据来源：《中国统计年鉴》，中国统计出版社2014年版，第790页；2014年末城镇基本医疗保险参保人数（万人）数据来源：《中国统计年鉴》，中国统计出版社2015年版，第831页。

失业保险参保人数增长率（%）：通过计算得出。计算公式：失业保险参保人数增长率=（报告期失业保险参保人数-基期失业保险参保人数）/基期失业保险参保人数×100%。2013年末参加失业保险人数（万人）数据来源：《中国统计年鉴》，中国统计出版社2014年版，第789页；2014年末参加失业保险人数（万人）数据来源：《中国统计年鉴》，中国统计出版社2015年版，第830页。

城镇登记失业率（%）：《中国统计年鉴》，中国统计出版社2015年版，第136页。

城镇单位就业人员平均实际工资指数（上年=100）：《中国统计年鉴》，中国统计出版社2015年版，第123页。

城市最低生活保障平均标准增长率（%）：《中国社会统计年鉴》，中国统计出版社2015年版，第227页。

常住人口平均受教育年限（年）：通过计算得出。计算公式为：常住人口平均受教育年限=（小学文化程度人口数×6+初中文化程度人口数×9+高中文化程度人口数×12+大专及以上文化程度人口数×16）/6岁以上抽样总人口。分地区按受教育程度分的人口数据来源：《中国统计年鉴》，中国统计出版社 2015 年版，第 47—48 页；6 岁及以上人口数据来源：《中国统计年鉴》，中国统计出版社 2015 年版，第 47 页。该数据是 2014 年全国人口变动情况抽查样本数据，抽样比为 0.822‰。

文盲人口占 15 岁及以上人口比重（%）：《中国统计年鉴》，中国统计出版社 2015 年版，第 49 页。

每十万人口高等学校平均在校生数（人）：《中国统计年鉴》，中国统计出版社 2015 年版，第 719 页。

2. 社会服务

城市社区服务中心（站）覆盖率（%）《中国民政统计年鉴》，中国统计出版社 2015 年版，第 203 页。

社区服务机构覆盖率（%）：《中国统计年鉴》，中国统计出版社 2015 年版，第 756 页。

每千老年人口养老床位（张）：《中国统计年鉴》，中国统计出版社 2015 年版，第 748 页。

每千人口医院和卫生院床位（2012 年）（张）：《中国统计年鉴》，中国统计出版社 2013 年版，第 756 页。

每千人口医疗卫生机构床位（张）：《中国统计年鉴》，中国统计出版社 2015 年版，第 732 页。

每千人口社会服务床位数（张）：《中国统计年鉴》，中国统计出版社 2015 年版，第 758 页。

每千人口执业（助理）医师（人）：《中国统计年鉴》，中国统计出版社 2015 年版，第 728 页。

文化事业费占财政支出的比重（%）：《中国文化文物统计年鉴》，国家图书馆出版社 2015 年版，第 17 页。

人均文化事业费（元）：《中国文化文物统计年鉴》，国家图书馆出版社2015年版，第18页。

人均拥有公共图书馆藏量（册、件）：《中国文化文物统计年鉴》，国家图书馆出版社2015年版，第55页。

每万人拥有群众文化设施建筑面积（平方米）：《中国文化文物年鉴》，国家图书馆出版社2015年版，第125页。

社会服务业增加值占第三产业增加值比重（%）：根据计算得出。计算公式：社会服务业增加值占第三产业增加值比重＝社会服务业增加值/第三产业增加值×100%。第三产业增加值（亿元）数据来源：《中国统计年鉴》，中国统计出版社2015年版，第73页；社会服务业增加值（万元）数据来源：《中国民政统计年鉴》，中国统计出版社2015年版，第198页。

社会服务事业费占财政支出的比重（‰）：《中国民政统计年鉴》，中国统计出版社2015年版，第201页。

3 社会治理

每十万人口社会组织（个）：《中国民政统计年鉴》，中国统计出版社2015年版，第203页。

每万人口社会服务职工人员（人）：《中国民政统计年鉴》，中国统计出版社2015年版，第200页。

每百万人口社工助工师（人）：《中国民政统计年鉴》，中国统计出版社2015年版，第200页。

建立党组织的社会组织数（个）：《中国民政统计年鉴》，中国统计出版社2015年版，第561页。

互联网宽带接入用户数（万户）：《中国城市统计年鉴》，中国统计出版社2015年版，第189页。

社会志愿者服务人次（人次）：《中国民政统计年鉴》，中国统计出版社 2015 年版，第 197 页。

基层以上工会劳动法律监督组织提请劳动监察部门处理的案件（件）：《中国社会统计年鉴》，中国统计出版社 2015 年版，第 360 页。

劳动争议结案数（件）：《中国劳动统计年鉴》，中国统计出版社 2015 年版，第 347 页。

每万人社区居民委员会数（个）：根据计算得出。计算公式：万人社区居民委员会数 = 社区居民委员会数/年末常住人口数 × 10000。社区居民委员会数（个）数据来源：《中国统计年鉴》，中国统计出版社 2015 年版，第 760 页；年末常住人口数（万人）数据来源：《中国统计年鉴》，中国统计出版社 2015 年版，第 36 页。

社会工作师（人）：《中国统计年鉴》，中国统计出版社 2015 年版，第 747 页。

4. 社会环境

建成区绿化覆盖率（%）：《中国统计年鉴》，中国统计出版社 2015 年版，第 854 页。

人均公园绿地面积（平方米）：《中国统计年鉴》，中国统计出版社 2015 年版，第 856 页。

生活垃圾无害化处理率（%）：《中国统计年鉴》，中国统计出版社 2015 年版，第 257 页。

亿元地区生产总值生产安全事故死亡率（%）：《中国社会建设报告》，中国社会科学出版社 2015 年版，第 329 页。

人均城市道路面积（平方米）：《中国统计年鉴》，中国统计出版社2015年版，第856页。

自然保护区占辖区面积比重（%）：通过计算得出。计算公式：自然保护区占辖区面积比重=自然保护区面积/辖区面积×100%。自然保护区面积（万公顷）数据来源：《中国统计年鉴》，中国统计出版社2015年版，第266页；辖区面积（万平方公里）数据来源：中央政府门户网站—中国概况，http：//www.gov.cn/test/2005-08/11/content_27116.htm。

人均工业污染治理完成投资（元）：根据计算得出。计算公式：人均工业污染治理完成投资=工业污染治理完成投资/常住人口数。工业污染治理完成投资（万元）数据来源：《中国统计年鉴》，中国统计出版社2015年版，第276页；常住人口数（万人）数据来源：《中国统计年鉴》，中国统计出版社2015年版，第36页。

万元地区生产总值能耗下降率（2015年）（%）：2015年分省（区、市）万元地区生产总值能耗降低率等指标公报（http：//www.stats.gov.cn/tjsj/zxfb/201604/t20160420_1346123.html）

污水处理率（%）：《中国环境统计年鉴》，中国统计出版社2015年版，第147页。

附录V　中国内地31个省市自治区社会建设指数的主成分分析

附表V—1　　中国内地31个省市自治区社会建设指数各评价指标的主成分

主成分	特征值	贡献率	累计贡献率	特征值平方根
第1主成分	13.51339773	30.712268%	30.712268%	3.676057362
第2主成分	6.227111367	14.152526%	44.864793%	2.495418075
第3主成分	3.738393084	8.4963479%	53.361141%	1.933492458
第4主成分	3.440713030	7.8198023%	61.180944%	1.854915909
第5主成分	2.718828227	6.1791551%	67.360099%	1.648886966
第6主成分	2.438380716	5.5417744%	72.901873%	1.561531529
第7主成分	2.009876929	4.5679021%	77.469775%	1.417701283
第8主成分	1.469157112	3.3389934%	80.808769%	1.212087914
第9主成分	1.325625151	3.0127844%	83.821553%	1.151357959
第10主成分	1.110343812	2.5235087%	86.345062%	1.053728529
第11主成分	0.960074852	2.1819883%	88.527050%	0.979834094
第12主成分	0.852036702	1.9364470%	90.463497%	0.923058341
第13主成分	0.761386450	1.7304237%	92.193921%	0.872574610
第14主成分	0.699172588	1.5890286%	93.782949%	0.836165407
第15主成分	0.548849052	1.2473842%	95.030334%	0.740843473
第16主成分	0.455818074	1.0359502%	96.066284%	0.675143002
第17主成分	0.332292769	0.7552108%	96.821495%	0.576448409

续表

主成分	特征值	贡献率	累计贡献率	特征值平方根
第18主成分	0.282260460	0.6415010%	97.462996%	0.531281902
第19主成分	0.219747967	0.4994272%	97.962423%	0.468772831
第20主成分	0.207951107	0.4726162%	98.435039%	0.456016564
第21主成分	0.170320203	0.3870914%	98.822130%	0.412698683
第22主成分	0.132678325	0.3015416%	99.123672%	0.364250360
第23主成分	0.103743902	0.2357816%	99.359454%	0.322093002
第24主成分	0.084660089	0.1924093%	99.551863%	0.290964068
第25主成分	0.060456679	0.1374015%	99.689264%	0.245879400
第26主成分	0.054608464	0.1241101%	99.813375%	0.233684540
第27主成分	0.041570301	0.0944780%	99.907853%	0.203887961
第28主成分	0.020504193	0.0466004%	99.954453%	0.143192853
第29主成分	0.015092706	0.0343016%	99.988755%	0.122852376
第30主成分	0.004947959	0.0112454%	100.00000%	0.070341731
第31主成分	1.12460e-15	2.556e-15%	100.00000%	3.353503e-8
第32主成分	7.39542e-16	1.681e-15%	100.00000%	2.719452e-8
第33主成分	5.84109e-16	1.328e-15%	100.00000%	2.416835e-8
第34主成分	5.00954e-16	1.139e-15%	100.00000%	2.238200e-8
第35主成分	2.75049e-16	6.251e-16%	100.00000%	1.658462e-8
第36主成分	1.53909e-16	3.498e-16%	100.00000%	1.240600e-8
第37主成分	2.49667e-17	5.674e-17%	100.00000%	4.996665e-9
第38主成分	0.000000000	0.0000000%	100.00000%	0.000000000
第39主成分	0.000000000	0.0000000%	100.00000%	0.000000000
第40主成分	0.000000000	0.0000000%	100.00000%	0.000000000
第41主成分	0.000000000	0.0000000%	100.00000%	0.000000000
第42主成分	0.000000000	0.0000000%	100.00000%	0.000000000
第43主成分	0.000000000	0.0000000%	100.00000%	0.000000000
第44主成分	0.000000000	0.0000000%	100.00000%	0.000000000

附表V—2　中国内地31个省市自治区社会建设指数各评价指标的主成分载荷

变量（评价指标）	第1主成分	第2主成分	第3主成分	第4主成分
A1	0.232411487	-0.106170482	0.048488706	0.041116931
A2	0.250335819	0.080708391	-0.064416440	0.037229238
A3	0.245076630	0.067445054	0.024479797	0.049683134
A4	0.047264464	-0.048041929	-0.221517675	-0.096334187
A5	0.047440630	0.092030287	-0.251691901	-0.137078718
A6	0.053644352	-0.027836931	-0.282058930	0.176752715
A7	-0.081771460	-0.127443034	0.097536186	-0.213005361
A8	0.022621023	0.149386019	0.003569089	-0.131693511
A9	0.006375418	-0.154216390	-0.017796741	0.197756350
A10	0.210301075	-0.152084868	0.196564717	-0.029869351
A11	-0.131363329	0.290891493	-0.129443146	0.089253576
A12	0.202542258	-0.016946991	0.173399777	0.091201779
B1	0.105212174	-0.064957502	-0.089483154	-0.113950399
B2	0.183679160	0.008963544	-0.140275296	0.184221528
B3	0.177439255	-0.022201086	-0.003609118	-0.076079112
B4	0.028446445	-0.081658820	0.296961234	-0.295020805
B5	0.015297227	-0.045156706	0.297267072	-0.317987255
B6	0.171086040	0.006332567	0.016040951	-0.072453894
B7	0.218296169	0.120060700	0.179710814	0.041569292
B8	0.159350282	0.152323360	-0.102827686	-0.140838673
B9	0.102341284	0.329146159	0.076360906	-0.004732508
B10	0.163713718	0.167157334	0.125071460	-0.091231207
B11	0.033314491	0.322510992	-0.144962011	-0.001399833

续表

变量（评价指标）	第1主成分	第2主成分	第3主成分	第4主成分
B12	0.178923800	-0.008297091	-0.113023827	-0.239513401
B13	-0.065595411	-0.178824881	0.175072014	-0.131555588
C1	0.105998770	0.053603212	-0.133143418	-0.354404459
C2	0.120611660	0.217356146	-0.106219509	-0.183222391
C3	0.230698693	0.083591222	0.096054398	0.149843379
C4	0.045948029	0.170918122	0.096234330	-0.256124302
C5	0.218925430	-0.039381395	-0.162974693	0.045118760
C6	0.165256628	0.064251769	0.129110506	0.155767253
C7	0.165834861	0.076974864	-0.193466953	-0.215479375
C8	0.232958223	0.133262028	0.122354721	0.091133987
C9	0.148709603	-0.150040431	-0.065308811	0.007070256
C10	0.242888062	0.099228823	0.087804830	0.103121382
D1	0.170906692	-0.238884927	-0.065286666	-0.044027772
D2	0.041160872	-0.161682426	-0.262129475	-0.053892883
D3	0.098633279	-0.036638504	-0.232108512	0.028941513
D4	-0.032640556	-0.152070645	-0.255454154	-0.144164322
D5	-0.178573018	0.255231880	-0.062361896	-0.024503669
D6	-0.135472418	0.255930094	0.112414470	0.011153818
D7	-0.027901744	-0.057414495	-0.092505503	-0.241425670
D8	-0.118368613	0.100464857	-0.005651361	-0.198426907
D9	0.160720141	-0.269246229	0.002632041	-0.040656601

附表Ⅴ—3　中国内地31个省市自治区社会建设指数中各评价指标的系数

	评价指标	在31个省市自治区中的平均值	在社会建设指数中的系数
社会保障	人口平均预期寿命（岁）	74.90612903	0.085986654
	城镇居民人均可支配收入（元）	25531.78387	4.004712e-5
	农村居民人均纯收入（元）	9539.425806	6.807539e-5
	城镇职工基本养老保险参保人数增加率（%）	4.908234290	0.022986833
	基本医疗保险参保人数增加率（%）	3.033185355	0.004963928
	失业保险参保人数增加率（%）	3.481282839	0.007927786
	城镇登记失业率（%）	3.277419355	-0.12452715
	城镇单位就业人员平均实际工资指数（上年=100）	106.7580645	0.007758966
	城市最低生活保障平均标准增长率（%）	12.88064516	0.001594291
	常住人口平均受教育年限（年）	8.956475806	0.179319834
	文盲人口占15岁及以上人口比重（%）	6.217419355	-0.01891077
	每十万人口高等学校平均在校生数（人）	2552.354839	2.404371e-4
社会服务	城市社区服务中心（站）覆盖率（%）	72.08064516	0.003411775
	社区服务机构覆盖率（%）	39.60645161	0.004430898
	每千老年人口养老床位（张）	26.42064516	0.019486276
	每千人口医院和卫生院床位（张）	3.919032258	0.049570607
	每千人口医疗卫生机构床位（张）	4.857096774	0.026403408
	每千人口社会服务床位数（张）	4.250322581	0.126797838
	每千人口执业（助理）医师（人）	2.150967742	0.252640322
	文化事业费占财政支出的比重（%）	0.428064516	1.333082784
	人均文化事业费（元）	53.78774194	0.003671266
	人均拥有公共图书馆藏量（册、件）	0.637741935	0.337712474
	每万人拥有群众文化设施建筑面积（平方米）	301.1806452	2.044160e-4
	社会服务业增加值占第三产业增加值比重（%）	67.29032258	0.000055107
	社会服务事业费占财政支出的比重（‰）	36.02580645	0.000071372

续表

	评价指标	在31个省市自治区中的平均值	在社会建设指数中的系数
社会治理	每十万人口社会组织（个）	44.33870968	0.008846651
	每万人口社会服务职工人员（人）	92.65161290	0.005632171
	每百万人口社工助工师（人）	56.40000000	0.001736152
	建立党组织的社会组织数（个）	0.702158098	0.000936995
	互联网宽带接入用户数（户）	1723.238885	3.490379e－4
	社会志愿者服务人次（人次）	125.0970836	3.222711e－6
	基层以上工会劳动法律监督组织提请劳动监察部门处理的案件数（件）	0.058672802	0.029436016
	劳动争议结案数（件）	5.799914399	0.034018508
	社区居民委员会数（个）	0.759677419	0.167103502
	社会工作师（人）	0.284754427	0.782249369
社会环境	建成区绿化覆盖率（%）	39.33548387	0.033126464
	人均公园绿地面积（平方米）	12.78709677	0.015980766
	生活垃圾无害化处理率（%）	88.28064516	0.007340049
	人均城市道路面积（平方米）	15.38193548	0.000076527
	亿元地区生产总值生产安全事故死亡率（%）	0.164516129	0.019166024
	自然保护区占辖区面积比重（%）	12.75766606	0.000189263
	人均工业污染治理完成投资（万元）	88.37806452	4.940350e－6
	万元地区生产总值能耗下降率（%）	－5.247096774	－0.03302788
	污水处理率（%）	83.07967742	0.008342201

附表Ⅴ—4　中国内地31个省市自治区社会保障指数各评价指标的主成分

主成分	特征值	贡献率	累计贡献率	特征值平方根
第1主成分	4.425580586	36.879838%	36.879838%	2.103706393
第2主成分	1.928050179	16.067085%	52.946923%	1.388542466

续表

主成分	特征值	贡献率	累计贡献率	特征值平方根
第 3 主成分	1. 351024072	11. 258534%	64. 205457%	1. 162335611
第 4 主成分	1. 127612823	9. 3967735%	73. 602231%	1. 061891154
第 5 主成分	1. 019571406	8. 4964284%	82. 098659%	1. 009738286
第 6 主成分	0. 719281197	5. 9940100%	88. 092669%	0. 848104473
第 7 主成分	0. 582014023	4. 8501169%	92. 942786%	0. 762898436
第 8 主成分	0. 487085335	4. 0590445%	97. 001830%	0. 697914991
第 9 主成分	0. 198272876	1. 6522740%	98. 654104%	0. 445278425
第 10 主成分	0. 102223173	0. 8518598%	99. 505964%	0. 319723588
第 11 主成分	0. 043721062	0. 3643422%	99. 870306%	0. 209095820
第 12 主成分	0. 015563269	0. 1296939%	100. 00000%	0. 124752830

附表Ⅴ—5　中国内地 31 个省市自治区社会保障指数各评价指标的主成分载荷

变量（评价指标）	第 1 主成分	第 2 主成分	第 3 主成分	第 4 主成分
A1	0. 453197182	-0. 059910612	0. 014648363	-0. 024280136
A2	0. 398010909	0. 242366961	0. 087435840	-0. 205643617
A3	0. 420376478	0. 152357061	-0. 018047392	-0. 205595556
A4	0. 034227909	0. 371849609	-0. 013809263	0. 319574821
A5	0. 013587416	0. 476701357	0. 219800631	-0. 228465500
A6	0. 065095354	0. 201270015	0. 668757817	0. 103614351
A7	-0. 096244559	-0. 411072724	-0. 055771716	-0. 469369918
A8	-0. 003255742	0. 247956880	-0. 196893552	-0. 673940991
A9	0. 078107160	-0. 331294458	0. 575925056	-0. 175850284
A10	0. 430957575	-0. 187675519	-0. 086949260	0. 095039731
A11	-0. 315265885	0. 362225709	-0. 104404086	-0. 068240312
A12	0. 391660978	0. 042206449	-0. 322563247	0. 175139852

附表Ⅴ—6 中国内地 31 个省市自治区社会保障指数中各评价指标的系数

	评价指标	在 31 个省市自治区中的平均值	在社会保障指数中的系数
社会保障	人口平均预期寿命（岁）	74.90612903	0.167672044
	城镇居民人均可支配收入（元）	25531.78387	6.367123e－5
	农村居民人均纯收入（元）	9539.425806	1.167687e－4
	城镇职工基本养老保险参保人数增加率（%）	4.908234290	0.016646571
	基本医疗保险参保人数增加率（%）	3.033185355	0.001421713
	失业保险参保人数年均增加率（%）	3.481282839	0.009620063
	城镇登记失业率（%）	3.277419355	－0.14656777
	城镇单位就业人员平均实际工资指数（上年＝100）	106.7580645	0.001116710
	城市最低生活保障平均标准增长率（%）	12.88064516	0.019532139
	常住人口平均受教育年限（年）	8.956475806	0.367469549
	文盲人口占 15 岁及以上人口比重（%）	6.217419355	－0.04538496
	每十万人口高等学校平均在校生数（人）	2552.354839	4.649391e－4

附表Ⅴ—7 中国内地 31 个省市自治区社会服务指数各评价指标的主成分

主成分	特征值	贡献率	累计贡献率	特征值平方根
第 1 主成分	4.281946670	32.938051%	32.938051%	2.069286512
第 2 主成分	2.675468143	20.580524%	53.518575%	1.635685833
第 3 主成分	1.786967022	13.745900%	67.264476%	1.336774858
第 4 主成分	1.484462730	11.418944%	78.683420%	1.218385296
第 5 主成分	0.754401402	5.8030877%	84.486507%	0.868562837
第 6 主成分	0.648121660	4.9855512%	89.472059%	0.805060035
第 7 主成分	0.523325671	4.0255821%	93.497641%	0.723412518
第 8 主成分	0.360984773	2.7768059%	96.274447%	0.600820084

续表

主成分	特征值	贡献率	累计贡献率	特征值平方根
第 9 主成分	0. 270302450	2. 0792496%	98. 353696%	0. 519906193
第 10 主成分	0. 135180097	1. 0398469%	99. 393543%	0. 367668461
第 11 主成分	0. 059964298	0. 4612638%	99. 854807%	0. 244876087
第 12 主成分	0. 017563579	0. 1351045%	99. 989912%	0. 132527655
第 13 主成分	0. 001311503	0. 0100885%	100. 00000%	0. 036214675

附表Ⅴ—8　中国内地 31 个省市自治区社会服务指数各评价指标的主成分载荷

变量（评价指标）	第 1 主成分	第 2 主成分	第 3 主成分	第 4 主成分
B1	0. 116143175	－0. 174000398	0. 106806790	－0. 643667586
B2	0. 268818839	0. 024872186	0. 262894125	－0. 500388275
B3	0. 297700108	－0. 255649921	0. 398686360	0. 288069366
B4	0. 018388919	－0. 495353348	－0. 402390046	0. 031884031
B5	0. 023578794	－0. 483431277	－0. 408047342	0. 081615222
B6	0. 304152435	－0. 251416377	0. 360376608	0. 319122267
B7	0. 390255108	－0. 070364463	－0. 188197035	－0. 086418814
B8	0. 335906575	0. 075409149	－0. 168738270	－0. 238789847
B9	0. 346607403	0. 221854739	－0. 361530755	0. 055044897
B10	0. 365929246	0. 067170682	－0. 209878662	0. 029352730
B11	0. 261691025	0. 265400907	－0. 087792949	0. 221550058
B12	0. 304872109	－0. 245541757	0. 232295447	0. 052201602
B13	－0. 227192976	－0. 407872408	0. 043857154	－0. 150376977

附表V—9　中国内地31个省市自治区社会服务指数中各评价指标的系数

	评价指标	在31个省市自治区中的平均值	在社会服务指数中的系数
社会服务	城市社区服务中心（站）覆盖率（%）	72.08064516	0.003766241
	社区服务机构覆盖率（%）	39.60645161	0.006484725
	每千老年人口养老床位（张）	26.42064516	0.032693253
	每千人口医院和卫生院床位（张）	3.919032258	0.032044423
	每千人口医疗卫生机构床位（张）	4.857096774	0.040697606
	每千人口社会服务床位数（张）	4.250322581	0.225417989
	每千人口执业（助理）医师（人）	2.150967742	0.451653258
	文化事业费占财政支出的比重（%）	0.428064516	2.810106561
	人均文化事业费（元）	53.78774194	0.012433768
	人均拥有公共图书馆藏量（册、件）	0.637741935	0.754847379
	每万人拥有群众文化设施建筑面积（平方米）	301.1806452	0.001605723
	社会服务业增加值占第三产业增加值比重（%）	67.29032258	0.000093898
	社会服务事业费占财政支出的比重（‰）	36.02580645	0.000247201

附表V—10　中国内地31个省市自治区社会治理指数各评价指标的主成分

主成分	特征值	贡献率	累计贡献率	特征值平方根
第1主成分	4.840371948	48.403719%	48.403719%	2.200084532
第2主成分	1.835469123	18.354691%	66.758411%	1.354794864
第3主成分	1.241945372	12.419454%	79.177864%	1.114426028
第4主成分	0.642543919	6.4254392%	85.603304%	0.801588372
第5主成分	0.542814939	5.4281494%	91.031453%	0.736759756
第6主成分	0.394367012	3.9436701%	94.975123%	0.627986474
第7主成分	0.271979513	2.7197951%	97.694918%	0.521516551

续表

主成分	特征值	贡献率	累计贡献率	特征值平方根
第 8 主成分	0.171445927	1.7144593%	99.409378%	0.414060294
第 9 主成分	0.053319031	0.5331903%	99.942568%	0.230909141
第 10 主成分	0.005743216	0.0574322%	100.00000%	0.075784008

附表V—11　中国内地 31 个省市自治区社会治理指数各评价指标的主成分载荷

变量（评价指标）	第 1 主成分	第 2 主成分	第 3 主成分	第 4 主成分
C1	-0.198693767	-0.542224816	-0.060263447	-0.243269822
C2	-0.263397005	-0.338034506	0.087445152	-0.328825310
C3	-0.416050075	0.257031385	0.081539617	-0.020342013
C4	-0.105845170	-0.396297683	0.520636669	0.686739457
C5	-0.344097913	-0.042855237	-0.399059037	0.027285681
C6	-0.326117815	0.390976223	0.248935186	-0.196459062
C7	-0.297001963	-0.402880668	-0.107345821	-0.179443985
C8	-0.407209236	0.133738790	0.198444496	0.164400692
C9	-0.200692334	0.027781725	-0.656393654	0.511527227
C10	-0.433334508	0.181488942	0.089652647	0.020983875

附表V—12　中国内地 31 个省市自治区社会治理指数中各评价指标的系数

	评价指标	在 31 个省市自治区中的平均值	在社会治理指数中的系数
社会治理	每十万人口社会组织（个）	44.33870968	0.01658297
	每万人口社会服务职工人员（人）	92.65161290	0.01229978
	每百万人口社工助工师（人）	56.40000000	0.00313104
	建立党组织的社会组织数（个）	0.702158098	0.00215845
	互联网宽带接入用户数（户/万人）	1723.238885	5.48603e-4

续表

	评价指标	在31个省市自治区中的平均值	在社会治理指数中的系数
社会治理	社会志愿者服务人次（人次）	125.0970836	6.35971e－6
	基层以上工会劳动法律监督组织提请劳动监察部门处理的案件数（件）	0.058672802	0.05271844
	劳动争议结案数（件）	5.799914399	0.05946410
	社区居民委员会数（个）	0.759677419	0.22551598
	社会工作师（人）	0.284754427	1.39560439

附表Ⅴ—13　中国内地31个省市自治区社会环境指数各评价指标的主成分

主成分	特征值	贡献率	累计贡献率	特征值平方根
第1主成分	3.956434566	43.960384%	43.960384%	1.989078824
第2主成分	1.951585771	21.684286%	65.644670%	1.396991686
第3主成分	0.834024655	9.2669406%	74.911611%	0.913249503
第4主成分	0.653766602	7.2640734%	82.175684%	0.808558348
第5主成分	0.581398485	6.4599832%	88.635668%	0.762494908
第6主成分	0.520975400	5.7886156%	94.424283%	0.721786256
第7主成分	0.239243842	2.6582649%	97.082548%	0.489125589
第8主成分	0.151862791	1.6873643%	98.769912%	0.389695767
第9主成分	0.110707888	1.2300876%	100.00000%	0.332727949

附表Ⅴ—14　中国内地31个省市自治区社会环境指数各评价指标的主成分载荷

变量（评价指标）	第1主成分	第2主成分	第3主成分	第4主成分
D1	0.436660301	－0.014160336	0.115196334	0.383692831
D2	0.234571054	0.453399431	－0.326667961	－0.103644638

续表

变量（评价指标）	第 1 主成分	第 2 主成分	第 3 主成分	第 4 主成分
D3	0. 273258242	0. 072763348	0. 798301523	-0. 430785672
D4	0. 148731150	0. 534028269	-0. 066911775	-0. 357183752
D5	-0. 433173031	0. 178109211	0. 238104002	-0. 127349046
D6	-0. 442535018	0. 059789032	-0. 038275222	-0. 136240009
D7	0. 072708061	0. 557991327	-0. 119749125	0. 104379562
D8	-0. 239745639	0. 384476222	0. 406491504	0. 679459724
D9	0. 459644025	-0. 096300767	0. 022839359	0. 146769695

附表Ⅴ—15　中国内地 31 个省市自治区社会环境指数中各评价指标的系数

	评价指标	在 31 个省市自治区中的平均值	在社会环境指数中的系数
社会环境	建成区绿化覆盖率（%）	39. 33548387	0. 084636894
	人均公园绿地面积（平方米）	12. 78709677	0. 091072539
	生活垃圾无害化处理率（%）	88. 28064516	0. 020335213
	人均城市道路面积（平方米）	15. 38193548	0. 034870752
	亿元地区生产总值生产安全事故死亡率（%）	0. 164516129	0. 046491932
	自然保护区占辖区面积比重（%）	12. 75766606	0. 000618247
	人均工业污染治理完成投资（万元）	88. 37806452	0. 001287386
	万元地区生产总值能耗下降率（%）	-5. 247096774	-0. 06689518
	污水处理率（%）	83. 07967742	0. 023857887

附录Ⅵ　中国特大型城市社会建设指数框架结构

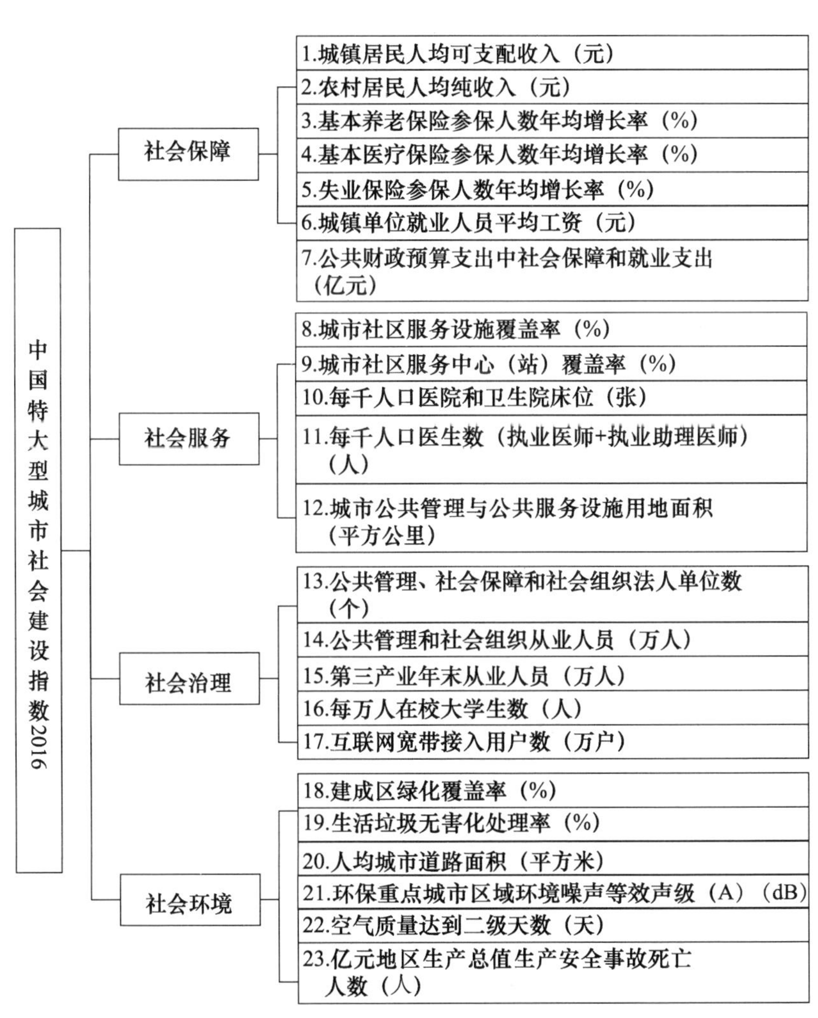

附录Ⅶ 中国特大型城市社会建设指数原始数据

评价维度	社会保障						
指标 城市	城镇居民人均可支配收入（元）	农村居民人均纯收入（元）	基本养老保险参保人数年均增长率（%）	基本医疗保险参保人数年均增长率（%）	失业保险参保人数年均增长率（%）	城镇单位就业人员平均工资（2013年）（元）	公共财政预算支出中社会保障和就业支出（亿元）
北京	52859	20569	6.20	18.42	3.12	93006	509.01
上海	52962	23205	2.26	20.40	1.33	90908	498.13
广州	46734.60	19323.10	53.51	95.93	6.90	68594	155.50
天津	34101	18482	26.24	107.60	3.19	67773	259.56
重庆	27239	10505	7.08	503.64	12.68	50006	502.94
深圳	44633.30	*	6.98	15.84	1.26	62626	84.00
成都	33476	17690	6.43	41.21	6.17	48358	83.95
苏州	50400	25700	2.77	48.44	26.50	61995	49.14
哈尔滨	30978.0	22961.7	3.38	67.97	2.38	44891	117.58
石家庄	28168	11442	6.94	110.61	1.95	42488	48.50

续表

评价维度	社会保障						
指标 / 城市	城镇居民人均可支配收入（元）	农村居民人均纯收入（元）	基本养老保险参保人数年均增长率（%）	基本医疗保险参保人数年均增长率（%）	失业保险参保人数年均增长率（%）	城镇单位就业人员平均工资（2013年）（元）	公共财政预算支出中社会保障和就业支出（亿元）
临沂	28627	10828	-0.24	100.87	6.59	44085	61.57
保定			19.62	105.00	0.54	38108	29.47
南阳	25140	10777	-4.17	115.01	1.60	36071	57.68

评价维度	社会服务				
指标 / 城市	城市社区服务设施覆盖率（2012年）（%）	城市社区服务中心（站）覆盖率（2012年）（%）	每千人口医院和卫生院床位（张）	每千人口医生数（执业医师+执业助理医师）（人）	城市公共管理与公共服务设施用地面积（市辖区）（平方公里）
北京	152.0	101.1	7.71	6.72	164.35
上海	62.7	70.4	8.02	3.40	161.73
广州	52.55	52.55	8.38	4.83	
天津	25.8	60.7	5.85	3.28	57.95
重庆	34.8	77.3	4.41	1.72	91.51
深圳	32.83	32.83	9.34	8.08	59.36
成都	32.00	32.00	8.37	3.98	78.77
苏州	62.12	62.12	8.00	3.83	28.20
哈尔滨	31.52	31.52	6.62	2.07	50.43
石家庄	1.60	1.60	4.47	2.49	26.72
临沂	6.21	6.21	4.08	1.47	10.83
保定	0.41	0.41	3.09	1.78	11.94
南阳	0.82	0.82	3.26	1.32	18.12

续表

评价维度	社会治理				
城市＼指标	公共管理、社会保障和社会组织法人单位数（2013 年）（个）	公共管理和社会组织从业人员（万人）	第三产业年末从业人员（万人）	每万人在校大学生数（人）	互联网宽带接入用户数（万户）
北京	17142	466534	5926831	445.93	553
上海	12677	312600	4676300	352.12	672
广州	8390	160695	2052149	1210.00	645
天津	10170	154400	1336300	497.49	1014
重庆	27518	282800	4978300	219.39	540
深圳	3762	142076	1671219	264.00	442
成都	8366	173135	1515284	602.38	288
苏州	6573	96700	764200	316.90	296
哈尔滨	7681	118138	831863	512.91	163
石家庄	9402	110493	641987	384.04	214
临沂	10644	91299	454658	58.57	129
保定	10150	115879	496903	134.72	174
南阳	9485	92870	486895	59.59	72

评价维度	社会环境					
城市＼指标	建成区绿化覆盖率（%）	生活垃圾无害化处理率（%）	人均城市道路面积（平方米）	环保重点城市区域环境噪声等效声级（A）（2013 年）（dB）	空气质量达到二级天数（2013 年）（天）	亿元地区生产总值生产安全事故死亡人数（人）
北京	60.41	99.59	7.93	53.8	167	0.045
上海		95.00	7.70	55.5	246	0.046

续表

评价维度	社会环境					
指标 / 城市	建成区绿化覆盖率（%）	生活垃圾无害化处理率（%）	人均城市道路面积（平方米）	环保重点城市区域环境噪声等效声级（A）（2013年）（dB）	空气质量达到二级天数（2013年）（天）	亿元地区生产总值生产安全事故死亡人数（人）
广州	41.50	86.80	14.99	54.9	259	0.0501
天津	41.82	96.23	15.78	54.0	145	
重庆	41.02	99.25	7.47	53.4	207	0.080
深圳	45.08	100.00	35.02	56.6	325	0.0322
成都	32.50	100.00	12.73	54.4	139	
苏州	42.21	100.00	24.47	54.3		
哈尔滨	35.46	86.00	10.28	55.9	239	
石家庄	48.98	71.98	12.83	52.2	49	
临沂	41.22	100.00	15.62			
保定	40.49	82.37	22.76	55.4		
南阳	25.30	76.21	10.80			

注：＊由于深圳无农村，故无相关统计数据。

附录Ⅷ　中国特大型城市社会建设指数部分指标解释

城镇居民人均可支配收入（元）：指调查户可用于最终消费支出和其他非义务性支出以及储蓄的总和，即居民家庭可以用来自由支配的收入。它是家庭总收入扣除交纳的个人所得税、个人交纳的社会保障支出以及调查户的记账补贴后的收入。（《北京区域统计年鉴》，同心出版社 2014 年版，第 255 页）

农村居民人均纯收入（元）：指农村住户当年从各个来源得到的总收入相应地扣除所发生的费用后的收入总和。纯收入主要用于再生产投入和当年生活消费支出，也可用于储蓄和各种非义务性支出。“农民人均纯收入”是按人口平均的纯收入水平，反映的是一个地区或一户农村居民的平均收入水平。（《北京区域统计年鉴》，同心出版社 2014 年版，第 255 页）

每千人口医院和卫生院床位（张）：医院、卫生院床位数：指报告期末医院、卫生院的固定实有床位数。包括正规床、简易床、监护床、正在消毒和修理的床位、因扩建或大修而停用的床位，不包括产科的新生儿床、病人家属的陪侍床、病人的观察床、接待室和待产床。（《北京区域统计年鉴》，同心出版社 2014 年版，第 468 页）

建成区绿化覆盖率（%）：建成区绿化覆盖面积指城市建成区内一切用于绿化的乔灌木和多年生草本植物的垂直投影面积。（《北京社会建设报告》，中国社会科学出版社 2013 年版，第 278 页）

生活垃圾无害化处理率（%）：指报告期内垃圾无害化处理量与垃圾生产量的比率。在统计时，如果生活垃圾产生量不易取得，可用清运量代替。（《北京区域统计年鉴》，同心出版社 2014 年版，第 252 页）

空气质量达到二级天数（天）：空气污染指数（API）≤100 的天数。（《北京社会建设报告》，中国社会科学出版社 2013 年版，第 279 页）

亿元地区生产总值生产安全事故死亡人数（人）：是指某时期内，某地区平均每生产亿元国内生产总值时，生产安全、道路交通、消防火灾、铁路交通等事故造成的死亡人数。（《北京社会建设报告》，同心出版社 2013 年版，第 280 页）

附录Ⅸ　中国特大型城市社会建设指数数据来源和计算说明

1. 社会保障

城镇居民人均可支配收入（元）：各市 2015 年国民经济和社会发展统计公报。各城市 2015 年国民经济和社会发展统计公报来源于各市统计局网站，其中保定市尚未发布该公报，故无相关数据，下同。

农村居民人均纯收入（元）：各市 2015 年国民经济和社会发展统计公报。

基本养老保险参保人数年均增长率（%）：计算公式为：（本年度基本养老保险参保人数 - 上年度基本养老保险参保人数）/上年度基本养老保险参保人数 ×100%，数据来源：《中国城市统计年鉴》，中国统计出版社 2015 年版，第 297 页；《中国城市统计年鉴》，中国统计出版社 2014 年版，第 293 页。

基本医疗保险参保人数年均增长率（%）：计算公式为：（本年度基本医疗保险参保人数 - 上年度基本医疗保险参保人数）/上年度基本医疗保险参保人数 ×100%，数据来源：《中国城市统计年鉴》，中国统计出版社 2015 年版，第 297 页；《中国城市统计年鉴》，中国统计出版社 2014 年版，第 293 页。

失业保险参保人数年均增长率（%）：计算公式为：（本年度失业保险参保人数－上年度失业保险参保人数）/上年度失业保险参保人数×100%，数据来源：《中国城市统计年鉴》，中国统计出版社2015年版，第297页；《中国城市统计年鉴》，中国统计出版社2014年版，第293页。

城镇单位就业人员平均工资（元）：《中国区域经济统计年鉴》，中国统计出版社2014年版，第36、219页。

公共财政预算支出中社会保障和就业支出（亿元）：《中国省市经济发展年鉴》下册，中国财政经济出版社2015年版，第209页。

2. 社会服务

城市社区服务设施覆盖率（%）：沿用2014年中国特大型城市社会建设指数中的数据。

城市社区服务中心（站）覆盖率（%）：沿用2014年中国特大型城市社会建设指数中的数据。

每千人口医院和卫生院床位（张）：计算方式：每千人口医院和卫生院床位＝2013年医院和卫生院床位数/2013年各城市年末常住人口，人口单位由万人转化成千人，医院和卫生院床位数数据来源：《中国城市统计年鉴》，中国统计出版社2015年版，第282页；常住人口数据来源：《中国城市统计年鉴》，中国统计出版社2015年版，第14页。

每千人口医生数（执业医师＋执业助理医师）（人）：计算方式：每千人口医生数（执业医师＋执业助理医师）＝2012年医生数（执业医师＋执业助理医师）/2012年各城市年末常住人口，人口单位由万人转化成千人，医生数（执业医师＋执业助理医师）数数据来源：《中国城市统计年鉴》，中国统计出版社 2015 年版，第 282 页；常住人口数据来源：《中国城市统计年鉴》，中国统计出版社 2015 年版，第 14 页。

城市公共管理与公共服务设施用地面积（平方公里）：《中国省市经济发展年鉴》下册，中国财政经济出版社 2015 年版，第 359 页。

3. 社会治理

公共管理、社会保障和社会组织法人单位数（个）：数据来源于中华人民共和国国家统计局网站第三次经济普查数据（http：//data. stats. gov. cn/ifnormal. htm？ u =/census3/visual/main/base. html？ macro&h =900）。

公共管理和社会组织从业人员（万人）：《中国城市统计年鉴》，中国统计出版社 2015 年版，第 76 页。

第三产业年末从业人员（万人）：《中国城市统计年鉴》，中国统计出版社 2015 年版，第 27 页。

每万人在校大学生数（人）：《中国城市统计年鉴》，中国统计出版社 2015 年版，第 267 页。

互联网宽带接入用户数（万户）：《中国城市统计年鉴》，中国统计出版社 2015 年版，第 189 页。

4. 社会环境

建成区绿化覆盖率（%）：《中国城市统计年鉴》，中国统计出版社 2015 年版，第 335 页。

生活垃圾无害化处理率（%）：《中国城市统计年鉴》，中国统计出版社 2015 年版，第 356 页。

人均城市道路面积（平方米）：《中国城市统计年鉴》，中国统计出版社 2015 年版，第 327 页。

环保重点城市区域环境噪声等效声级（A）（dB）：《中国区域经济统计年鉴》中国统计出版社 2014 年版，第 68 页。

空气质量达到二级天数（天）：《中国区域经济统计年鉴》，中国统计出版社 2014 年版，第 67 页。

亿元地区生产总值生产安全事故死亡人数（人）：各市 2015 年国民经济和社会发展统计公报，个别城市无相关数据。

附录X　中国特大型城市社会建设指数的主成分分析

附表X—1　　中国特大型城市社会建设指数各评价指标的主成分

主成分	特征值	贡献率	累计贡献率	特征值平方根
第 1 主成分	8. 527678190	37. 076862%	37. 076862%	2. 920218860
第 2 主成分	4. 571482084	19. 876009%	56. 952871%	2. 138102449
第 3 主成分	2. 864143805	12. 452799%	69. 405670%	1. 692378151
第 4 主成分	1. 680531199	7. 3066574%	76. 712327%	1. 296353038
第 5 主成分	1. 324161991	5. 7572260%	82. 469553%	1. 150722378
第 6 主成分	1. 212825869	5. 2731560%	87. 742709%	1. 101283737
第 7 主成分	0. 965852543	4. 1993589%	91. 942068%	0. 982777972
第 8 主成分	0. 798137407	3. 4701626%	95. 412231%	0. 893385363
第 9 主成分	0. 445556817	1. 9372036%	97. 349434%	0. 667500425
第 10 主成分	0. 382807645	1. 6643811%	99. 013815%	0. 618714510
第 11 主成分	0. 143680654	0. 6246985%	99. 638514%	0. 379052311
第 12 主成分	0. 083141796	0. 3614861%	100. 00000%	0. 288343192
第 13 主成分	5. 18512e – 16	2. 254e – 15%	100. 00000%	2. 277085e – 8
第 14 主成分	3. 49049e – 16	1. 518e – 15%	100. 00000%	1. 868285e – 8
第 15 主成分	2. 03189e – 16	8. 834e – 16%	100. 00000%	1. 425445e – 8
第 16 主成分	5. 83398e – 17	2. 537e – 16%	100. 00000%	7. 638047e – 9
第 17 主成分	0. 000000000	0. 0000000%	100. 00000%	0. 000000000

续表

主成分	特征值	贡献率	累计贡献率	特征值平方根
第 18 主成分	0. 000000000	0. 0000000%	100. 00000%	0. 000000000
第 19 主成分	0. 000000000	0. 0000000%	100. 00000%	0. 000000000
第 20 主成分	0. 000000000	0. 0000000%	100. 00000%	0. 000000000
第 21 主成分	0. 000000000	0. 0000000%	100. 00000%	0. 000000000
第 22 主成分	0. 000000000	0. 0000000%	100. 00000%	0. 000000000
第 23 主成分	0. 000000000	0. 0000000%	100. 00000%	0. 000000000

附表X—2　中国特大型城市社会建设指数各评价指标的主成分载荷

变量（评价指标）	第 1 主成分	第 2 主成分	第 3 主成分	第 4 主成分
A1	0. 231616397	0. 287097056	－0. 030667412	－0. 157929307
A2	0. 227690652	0. 161793432	0. 097682648	－0. 372332194
A3	－0. 108910652	－0. 025657204	－0. 090911705	0. 136625700
A4	0. 085221500	0. 391922149	－0. 179941817	－0. 021532222
A5	0. 015606599	0. 355463818	－0. 289077042	0. 263997204
A6	0. 303302649	0. 116845187	0. 068004946	－0. 096445513
A7	0. 283911231	－0. 101827872	0. 122848629	0. 280010409
B1	0. 304301357	0. 022412823	0. 002202677	－0. 143065468
B2	0. 317617264	－0. 030117838	0. 034288746	0. 066120821
B3	0. 140105038	－0. 216453210	0. 072299684	－0. 330998783
B4	0. 259601407	0. 006493437	－0. 126448152	－0. 393359630
B5	0. 238884327	0. 077489860	0. 243325838	0. 103394623
C1	0. 220529742	－0. 246074406	－0. 073553536	0. 368988027
C2	0. 290481436	－0. 104616208	－0. 067147713	0. 122135176
C3	0. 302659793	－0. 106289106	－0. 027985825	0. 192958978
C4	0. 104231802	－0. 037604452	－0. 416102960	0. 055201093

续表

变量（评价指标）	第 1 主成分	第 2 主成分	第 3 主成分	第 4 主成分
C5	0. 276529862	0. 112897199	0. 061461665	0. 088588113
D1	0. 190888574	0. 045225542	-0. 372957681	0. 066849247
D2	-0. 009246000	-0. 165062302	-0. 487088985	0. 002832487
D3	-0. 112656257	0. 317692679	-0. 328343450	-0. 066139370
D4	-0. 031168843	0. 365055326	0. 186437196	0. 141978968
D5	-0. 001082149	0. 350480607	0. 238336300	0. 320339223
D6	0. 053291643	-0. 221757527	-0. 025304162	0. 171022740

附表X—3　中国特大型城市社会建设指数中各评价指标的系数

	评价指标	在中国特大型城市中的平均值	在社会建设指数中的系数
社会保障	城镇居民人均可支配收入（元）	36550. 60769	2. 640237e-5
	农村居民人均纯收入（元）	16667. 98462	5. 050870e-5
	基本养老保险参保人数年均增加率（%）	10. 53724965	8. 540275e-6
	基本医疗保险参保人数年均增加率（%）	103. 9181429	0. 002287007
	失业保险参保人数年均增加率（%）	5. 708462725	3. 423866e-4
	城镇单位就业人员平均工资（元）	57608. 38462	1. 689230e-5
	公共财政预算支出中社会保障和就业支出（亿元）	189. 0023077	0. 001890737
社会服务	城市社区服务设施覆盖率（%）	38. 10461538	0. 007798430
	城市社区服务中心（站）覆盖率（%）	40. 73538462	0. 010035066
	每千人口医院和卫生院床位（张）	6. 276718671	0. 125888824
	每千人口医生数（执业医师+执业助理医师）（人）	3. 460382683	0. 415339682
	城市公共管理与公共服务设施用地面积（平方公里）	66. 71769231	0. 005950875

续表

	评价指标	在中国特大型城市中的平均值	在社会建设指数中的系数
社会治理	公共管理、社会保障和社会组织法人单位数（个）	10920.00000	3.295439e-5
	公共管理和社会组织从业人员（万人）	17.82783846	0.029855163
	第三产业年末从业人员（万人）	198.7145308	0.001753154
	每万人在校大学生数（人）	389.0800000	1.417978e-3
	互联网宽带接入用户数（万户）	400.1538462	0.001384580
社会环境	建成区绿化覆盖率（%）	41.09846154	0.036758846
	生活垃圾无害化处理率（%）	91.80230769	0.000011952
	人均城市道路面积（平方米）	15.26000000	0.000138697
	环保重点城市区域环境噪声等效声级（A）（dB）	54.58461538	-0.028492497
	空气质量达到二级天数（天）	192.8461538	1.6148060e-7
	亿元地区生产总值生产安全事故死亡人数（人）	0.054561538	-0.022404833

附表X—4　　中国特大型城市社会保障指数各评价指标的主成分

主成分	特征值	贡献率	累计贡献率	特征值平方根
第1主成分	3.416050399	48.800720%	48.800720%	1.848256043
第2主成分	1.797000233	25.671432%	74.472152%	1.340522373
第3主成分	0.963438387	13.763406%	88.235557%	0.981548973
第4主成分	0.640650639	9.1521520%	97.387709%	0.800406546
第5主成分	0.158702782	2.2671826%	99.654892%	0.398375178
第6主成分	0.016610203	0.2372886%	99.892181%	0.128880577
第7主成分	0.007547356	0.1078194%	100.00000%	0.086875520

附表X—5　　中国特大型城市社会保障指数各评价指标的主成分载荷

变量（评价指标）	第 1 主成分	第 2 主成分	第 3 主成分	第 4 主成分
A1	0. 508317503	-0. 074463996	-0. 252972678	0. 182419088
A2	0. 459134056	0. 200564236	-0. 185610303	0. 512221601
A3	-0. 173141700	-0. 093811514	-0. 926246420	-0. 292505294
A4	0. 338571295	-0. 543067902	0. 056165574	-0. 079969253
A5	0. 207905122	-0. 639441115	0. 129097261	-0. 288258826
A6	0. 501579455	0. 228942171	-0. 068268155	-0. 152489817
A7	0. 302314696	0. 434978502	0. 138347365	-0. 711373028

附表X—6　　中国特大型城市社会保障指数中各评价指标的系数

	评价指标	在中国特大型城市中的平均值	在社会保障指数中的系数
社会保障	城镇居民人均可支配收入（元）	36550. 60769	5. 794402e-5
	农村居民人均纯收入（元）	16667. 98462	1. 018499e-4
	基本养老保险参保人数年均增加率（%）	10. 53724965	0. 000013577
	基本医疗保险参保人数年均增加率（%）	103. 9181429	0. 009085910
	失业保险参保人数年均增加率（%）	5. 708462725	0. 004561143
	城镇单位就业人员平均工资（元）	57608. 38462	2. 793523e-5
	公共财政预算支出中社会保障和就业支出（亿元）	189. 0023077	0. 002013297

附表X—7　　中国特大型城市社会服务指数各评价指标的主成分

主成分	特征值	贡献率	累计贡献率	特征值平方根
第 1 主成分	3. 095836528	61. 916731%	61. 916731%	1. 759498942
第 2 主成分	0. 832064189	16. 641284%	78. 558014%	0. 912175525
第 3 主成分	0. 690990272	13. 819805%	92. 377820%	0. 831258246

续表

主成分	特征值	贡献率	累计贡献率	特征值平方根
第 4 主成分	0. 297595563	5. 9519113%	98. 329731%	0. 545523201
第 5 主成分	0. 083513448	1. 6702690%	100. 00000%	0. 288986935

附表X—8　中国特大型城市社会服务指数各评价指标的主成分载荷

变量（评价指标）	第 1 主成分	第 2 主成分	第 3 主成分	第 4 主成分
B1	-0. 506375832	-0. 190052065	-0. 433710457	-0. 113759492
B2	-0. 491893991	-0. 427929017	-0. 097733654	-0. 457180657
B3	-0. 352765079	0. 790478450	0. 227608617	-0. 445118113
B4	-0. 484179226	0. 277085082	-0. 258248839	0. 724346439
B5	-0. 377824158	-0. 281291037	0. 826949350	0. 235024948

附表X—9　中国特大型城市社会服务指数中各评价指标的系数

	评价指标	在中国特大型城市中的平均值	在社会服务指数中的系数
社会服务	城市社区服务设施覆盖率（%）	38. 10461538	0. 012977058
	城市社区服务中心（站）覆盖率（%）	40. 73538462	0. 015541311
	每千人口医院和卫生院床位（张）	6. 276718671	0. 316970622
	每千人口医生数（执业医师 + 执业助理医师）（人）	3. 460382683	0. 774644666
	城市公共管理与公共服务设施用地面积（平方公里）	66. 71769231	0. 009412022

附表X—10　　中国特大型城市社会治理指数各评价指标的主成分

主成分	特征值	贡献率	累计贡献率	特征值平方根
第 1 主成分	3. 239550514	64. 791010%	64. 791010%	1. 799875139
第 2 主成分	0. 890191207	17. 803824%	82. 594834%	0. 943499447
第 3 主成分	0. 487533137	9. 7506627%	92. 345497%	0. 698235732
第 4 主成分	0. 328797180	6. 5759436%	98. 921441%	0. 573408389
第 5 主成分	0. 053927962	1. 0785592%	100. 00000%	0. 232223948

附表X—11　　中国特大型城市社会治理指数各评价指标的主成分载荷

变量（评价指标）	第 1 主成分	第 2 主成分	第 3 主成分	第 4 主成分
C1	-0. 469931987	0. 124821000	0. 394363560	0. 767958723
C2	-0. 503075809	-0. 156968060	0. 300705768	-0. 539572244
C3	-0. 535783248	-0. 079148100	0. 145013352	-0. 250430499
C4	-0. 278546603	0. 868622872	-0. 382503801	-0. 127943724
C5	-0. 401779489	-0. 446106075	-0. 765973494	0. 200040401

附表X—12　　中国特大型城市社会治理指数中各评价指标的系数

	评价指标	在中国特大型城市中的平均值	在社会治理指数中的系数
社会治理	公共管理、社会保障和社会组织法人单位数（个）	10920. 00000	7. 022327e-5
	公共管理和社会组织从业人员（万人）	17. 82783846	0. 051705233
	第三产业年末从业人员（万人）	198. 7145308	0. 003103520
	每万人在校大学生数（人）	389. 0800000	3. 789372e-3
	互联网宽带接入用户数（万户）	400. 1538462	0. 002011703

附表X—13　　中国特大型城市社会环境指数各评价指标的主成分

主成分	特征值	贡献率	累计贡献率	特征值平方根
第 1 主成分	2. 532281088	42. 204685%	42. 204685%	1. 591314264
第 2 主成分	1. 601058354	26. 684306%	68. 888991%	1. 265329346
第 3 主成分	0. 939156215	15. 652604%	84. 541594%	0. 969100725
第 4 主成分	0. 577087830	9. 6181305%	94. 159725%	0. 759662972
第 5 主成分	0. 214520214	3. 5753369%	97. 735062%	0. 463163270
第 6 主成分	0. 135896298	2. 2649383%	100. 00000%	0. 368641151

附表X—14　　中国特大型城市社会环境指数各评价指标的主成分载荷

变量（评价指标）	第 1 主成分	第 2 主成分	第 3 主成分	第 4 主成分
D1	0. 258314451	－0. 533703788	－0. 181195487	0. 766139917
D2	0. 490949983	－0. 368771723	0. 165584511	－0. 234472171
D3	－0. 107578879	－0. 665675762	0. 326910606	－0. 430767861
D4	－0. 514854925	－0. 309539443	－0. 298722644	－0. 131113123
D5	－0. 566393707	－0. 190067415	－0. 187235471	0. 148818488
D6	0. 307881663	－0. 064056022	－0. 841776147	－0. 364902569

附表X—15　　中国特大型城市社会环境指数中各评价指标的系数

	评价指标	在中国特大型城市中的平均值	在社会环境指数中的系数
社会环境	建成区绿化覆盖率（%）	41. 09846154	0. 052373292
	生活垃圾无害化处理率（%）	91. 80230769	5. 783020e－5
	人均城市道路面积（平方米）	15. 26000000	0. 073510810
	环保重点城市区域环境噪声等效声级 dB（A）	54. 58461538	－0. 005087562
	空气质量达到二级天数（天）	192. 8461538	0. 007340094
	亿元地区生产总值生产安全事故死亡人数（人）	0. 054561538	－5. 611932098

附录XI 北京16个区社会建设指数框架结构

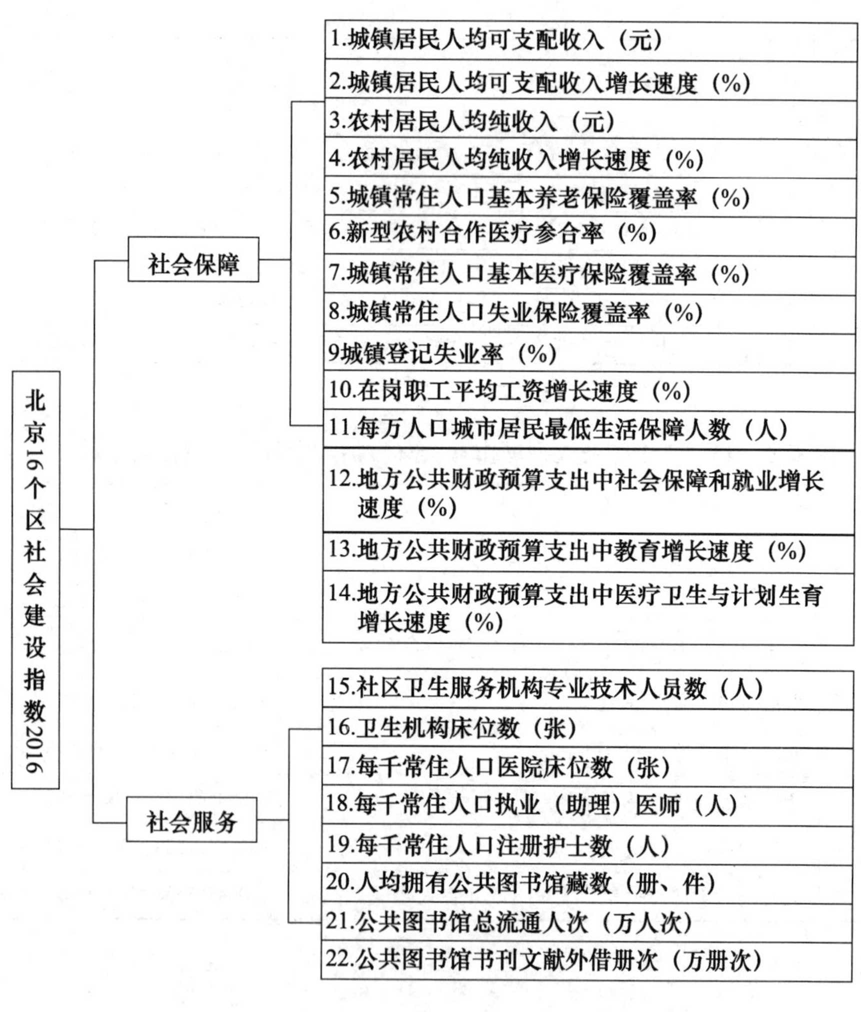

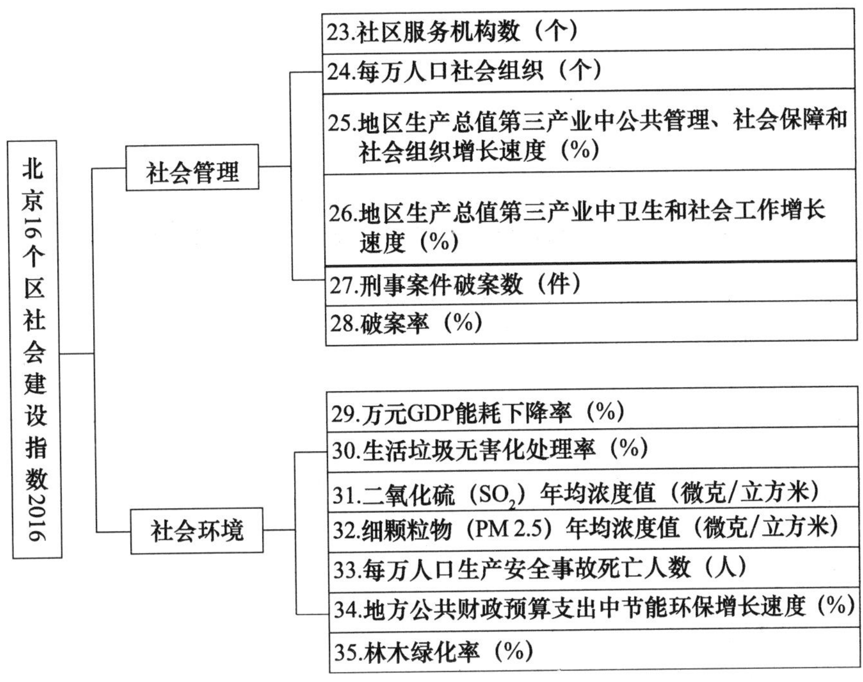
北京16个区社会建设指数2016
社会管理
23.社区服务机构数（个）
24.每万人口社会组织（个）
25.地区生产总值第三产业中公共管理、社会保障和社会组织增长速度（%）
26.地区生产总值第三产业中卫生和社会工作增长速度（%）
27.刑事案件破案数（件）
28.破案率（%）
社会环境
29.万元GDP能耗下降率（%）
30.生活垃圾无害化处理率（%）
31.二氧化硫（SO_2）年均浓度值（微克/立方米）
32.细颗粒物（PM 2.5）年均浓度值（微克/立方米）
33.每万人口生产安全事故死亡人数（人）
34.地方公共财政预算支出中节能环保增长速度（%）
35.林木绿化率（%）

附录Ⅻ　北京16个区社会建设指数原始数据

评价维度	社会保障						
指标 城区	城镇居民人均可支配收入（2014年）（元）	城镇居民人均可支配收入增长速度（%）	农村居民人均纯收入（2014年）（元）	农村居民人均纯收入增长速度（%）	城镇常住人口基本养老保险覆盖率（%）	新型农村合作医疗参合率（%）	城镇常住人口基本医疗保险覆盖率（%）
东城区	45052	8.10			148.20		172.60
西城区	47392	9.00			145.50		164.32
朝阳区	44646	8.80	26808	9.75	75.16	99.78	78.36
丰台区	41334	9.10	22553	10.33	37.08	99.68	40.19
石景山区	41943	8.50			62.61		64.97
海淀区	50088	9.00	27098	9.83	65.74	97.18	71.35
房山区	35912	9.20	18809	11.19	33.15	99.90	35.13
通州区	37095	10.20	20076	12.00	32.74	99.83	33.45
顺义区	36428	9.30	19629	10.88	55.64	100.04	54.78
昌平区	35517	9.30	18689	11.54	22.39	98.35	23.28
大兴区	37131	8.80	18824	10.44	31.46	99.68	31.41
门头沟区	38023	8.20	18861	8.35	67.56	99.87	68.77
怀柔区	35771	10.00	18196	11.25	51.59	99.21	53.75
平谷区	36226	10.00	18785	11.38	43.58	99.71	46.31
密云区	35499	9.10	17855	10.20	37.77	100.08	40.90
延庆区	33778	8.50	17017	9.76	27.47	98.90	32.91

续表

评价维度	社会保障						
指标 城区	城镇常住人口失业保险覆盖率（%）	城镇登记失业率（%）	在岗职工平均工资增长速度（%）	每万人口城市居民最低生活保障人数（人）	地方公共财政预算支出中社会保障和就业增长速度（%）	地方公共财政预算支出中教育增长速度（%）	地方公共财政预算支出中医疗卫生与计划生育增长速度（%）
东城区	116.16	0.68	8.4	157.32	4.2	0.9	-6.1
西城区	110.14	0.63	11.2	149.29	14.3	1.5	13.7
朝阳区	57.75	0.60	9.7	32.81	26.9	15.0	22.2
丰台区	25.90	1.67	9.6	42.05	18.9	13.8	13.8
石景山区	39.16	2.22	12.2	125.22	13.9	21.0	18.1
海淀区	56.22	0.57	8.8	14.84	11.9	7.0	33.2
房山区	24.56	4.25	13.4	19.47	-17.6	16.1	7.1
通州区	23.73	2.23	10.2	13.59	-3.2	23.3	17.6
顺义区	43.30	0.81	9.8	5.04	1.7	3.3	18.3
昌平区	17.10	1.82	13.0	4.16	5.5	21.9	24.6
大兴区	23.21	2.02	11.5	4.91	10.3	7.3	27.1
门头沟区	46.59	6.24	11.5	228.50	8.6	-9.4	-2.1
怀柔区	42.84	2.38	18.8	22.55	9.5	17.1	17.7
平谷区	32.57	1.92	7.5	51.25	15.8	40.2	11.8
密云区	29.21	1.83	14.1	23.33	16.4	10.0	-7.6
延庆区	20.42	2.98	7.9	14.40	8.8	1.8	22.3

续表

评价维度	社会服务			
指标 城区	社区卫生服务机构专业技术人员数（人）	卫生机构床位数（张）	每千常住人口医院床位数（张）	每千常住人口执业（助理）医师（人）
东城区	1094	10930	11.83	10.38
西城区	1775	15354	11.75	8.68
朝阳区	4297	19053	4.69	4.23
丰台区	2213	9347	4.00	2.72
石景山区	863	4140	6.24	4.13
海淀区	3451	11374	2.87	2.88
房山区	1287	6173	5.24	3.20
通州区	1738	3216	1.77	2.24
顺义区	1434	3283	2.51	2.86
昌平区	1433	11110	5.61	2.25
大兴区	2205	6675	3.85	2.38
门头沟区	545	2859	7.90	3.66
怀柔区	697	1596	3.59	3.69
平谷区	924	2001	3.97	3.45
密云区	902	1696	2.83	3.29
延庆区	703	982	2.39	2.82

续表

评价维度	社会服务				
指标 / 城区	每千常住人口注册护士数（人）	图书馆总藏数（万册、万件）	人均拥有公共图书馆藏数（册、件）	公共图书馆总流通人次（万人次）	公共图书馆书刊文献外借册次（万册次）
东城区	10. 95	133	1. 46	57	70
西城区	10. 60	172	1. 32	134	135
朝阳区	4. 64	937	2. 39	527	359
丰台区	3. 19	88	0. 38	47	40
石景山区	4. 73	97	1. 49	63	54
海淀区	3. 36	3450	9. 38	418	136
房山区	3. 45	106	1. 02	26	33
通州区	2. 28	55	0. 41	66	37
顺义区	2. 39	85	0. 85	35	31
昌平区	2. 78	61	0. 32	45	38
大兴区	2. 63	86	0. 56	33	31
门头沟区	4. 54	75	2. 45	1	9
怀柔区	2. 90	62	1. 63	47	34
平谷区	3. 32	84	1. 99	16	18
密云区	2. 31	66	1. 38	13	18
延庆区	2. 31	44	1. 39	16	18

续表

评价维度	社会管理					
指标 城区	社区服务机构数（个）	每万人口社会组织（个）	地区生产总值第三产业中公共管理、社会保障和社会组织增长速度（%）	地区生产总值第三产业中卫生和社会工作增长速度（%）	刑事案件破案数（件）	破案率（%）
东城区	207	6.04	2.6	4.6	4471	77.68
西城区	271	4.91	-3.0	11.1	9852	98.68
朝阳区	377	2.06	-0.9	24.4	24734	80.57
丰台区	362	2.00	0.7	19.8	13506	67.56
石景山区	163	3.80	-1.7	7.4	2673	99.15
海淀区	654	2.26	-1.9	10.3	23380	82.24
房山区	601	3.30	-1.8	6.7	4138	56.71
通州区	596	2.43	3.0	12.1	6522	78.35
顺义区	719	3.14	1.8	9.6	5871	97.07
昌平区	501	2.41	-1.5	12.0	6740	91.32
大兴区	579	2.69	-2.0	12.4	7453	80.55
门头沟区	287	6.18	5.4	1.1	1688	92.85
怀柔区	331	10.87	0.5	8.9	1998	107.48
平谷区	308	7.45	1.5	11.9	1969	96.43
密云区	400	4.56	0.3	7.5	1521	69.83
延庆区	426	6.96	6.8	3.7	1568	123.37

续表

评价维度	社会环境						
指标 / 城区	万元 GDP 能耗下降率（%）	生活垃圾无害化处理率（%）	二氧化硫（SO_2）年均浓度值（微克/立方米）	细颗粒物（PM 2.5）年均浓度值（微克/立方米）	每万人口生产安全事故死亡人数（人）	地方公共财政预算支出中节能环保增长速度（%）	林木绿化率（%）
东城区	5.44	100.00	22.2	86.0	0.002	-39.5	19.1
西城区	4.95	100.00	23.1	88.0	0.004	0.4	14.6
朝阳区	7.94	100.00	23.4	88.0	0.005	66.7	24.0
丰台区	5.48	100.00	23.1	95.0	0.003	122.6	39.5
石景山区	10.30	100.00	20.5	89.0	0.003	214.2	40.6
海淀区	6.20	100.00	25.1	90.0	0.005	14.0	38.6
房山区	7.90	100.00	19.7	101.0	0.003	-7.3	58.5
通州区	5.59	97.67	28.8	106.0	0.006	-0.3	31.3
顺义区	3.99	98.20	17.6	84.0	0.005	90.8	34.5
昌平区	4.51	99.09	21.2	79.0	0.004	104.0	66.4
大兴区	7.39	99.51	27.1	104.0	0.002	2.8	27.3
门头沟区	3.98	99.76	18.1	84.0	0.007	-7.5	64.3
怀柔区	5.43	100.00	17.9	76.0	0.013	82.5	78.4
平谷区	8.28	97.12	20.1	83.0	0.002	49.2	70.5
密云区	3.21	100.00	18.3	73.0	0.006	71.6	72.2
延庆区	3.18	98.26	18.1	75.0	0.003	122.4	69.2

附录XⅢ　北京16个区社会建设指数部分指标解释

城镇居民人均可支配收入（元）：是指反映居民家庭全部现金收入能用于安排家庭日常生活的那部分收入。它是家庭总收入扣除交纳的所得税、个人交纳的社会保障费以及调查户的记账补贴后的收入。（《北京社会建设报告》，中国社会科学出版社2013年版，第308页）

农村居民人均纯收入（元）：是指农村居民当年从各个来源得到的总收入，相应地扣除获得收入所发生的费用后的收入总和。反映的是一个国家或地区农村居民收入的平均水平。（《北京社会建设报告》，中国社会科学出版社2013年版，第308页）

城镇常住人口基本养老保险覆盖率（%）：指企业职工基本养老保险、机关事业单位社会养老保险、新型农村社会养老保险、被征地农民社会保障、城镇居民养老保险和其他有养老保障人数之和占18周岁以上（不含在校学生）总人口的比重。（《北京社会建设报告》，中国社会科学出版社2013年版，第308页）

城镇常住人口基本医疗保险覆盖率（%）：指城镇职工基本医疗保险和城乡居民基本医疗保险实际参保人数之和占本统筹区内户籍人口总数的比重。（《北京社会建设报告》，中国社会科学

出版社2013年版，第308页）

城镇登记失业率（%）：指在报告期末城镇登记失业人数占期末城镇从业人员总数与期末实有城镇登记失业人数之和的比重。（《北京社会建设报告》，中国社会科学出版社2013年版，第308页）

社区服务机构数（个）：指报告期末社区服务站、社区服务中心、其他社区服务设施的总和。（《北京区域统计年鉴》，同心出版社2014年版，第257页）

生活垃圾无害化处理率（%）：指报告期垃圾无害化处理量与垃圾产生量的比率。在统计时，如果生活垃圾产生量不易取得，可用清运量代替。（《北京区域统计年鉴》，同心出版社2014年版，第252页）

附录XIV　北京16个区社会建设指数数据来源和计算说明

1. 社会保障

城镇居民人均可支配收入（元）：《北京区域统计年鉴》，北京日报出版社2015年版，第32页。

城镇居民人均可支配收入增长速度（%）：通过计算得出。计算公式：城镇居民人均可支配收入增长速度=（报告期城镇居民人均可支配收入－基期城镇居民人均可支配收入）/基期城镇居民人均可支配收入。2014年城镇居民人均可支配收入数据来源：《北京区域统计年鉴》，北京日报出版社2015年版，第32页；2013年城镇居民人均可支配收入数据来源：《北京区域统计年鉴》，同心出版社2014年版，第138页。

农村居民人均纯收入（元）：《北京区域统计年鉴》，北京日报出版社2015年版，第34页。

农村居民人均纯收入增长速度（%）：通过计算得出。计算公式：农村居民人均纯收入增长速度=（报告期农村居民人均纯收入－基期农村居民人均纯收入）/基期农村居民人均纯收入。2014年农村居民人均纯收入数据来源：《北京区域统计年鉴》，北京日报出版社2015年版，第34页；2013年农村居民人均纯收入数据来源：《北京区域统计年鉴》，同心出版社2014年版，第34页。

城镇常住人口基本养老保险覆盖率（%）：通过计算得出。计算公式：城镇常住人口基本养老保险覆盖率＝参加基本养老保险人数/常住人口数×100%，参加基本养老保险人数数据来源：《北京区域统计年鉴》，北京日报出版社2015年版，第149页；常住人口数数据来源：《北京区域统计年鉴》，北京日报出版社2015年版，第20页。

新型农村合作医疗参合率（%）：《北京区域统计年鉴》，北京日报出版社2015年版，第150页。

城镇常住人口基本医疗保险覆盖率（%）：通过计算得出。计算公式：城镇常住人口基本医疗保险覆盖率＝参加基本医疗保险人数/常住人口数×100%，参加基本医疗保险人数数据来源：《北京区域统计年鉴》，北京日报出版社2015年版，第150页；常住人口数数据来源：《北京区域统计年鉴》，北京日报出版社2015年版，第20页。

城镇常住人口失业保险覆盖率（%）：通过计算得出。计算公式：城镇常住人口失业保险覆盖率＝参加失业保险人数/常住人口数×100%，参加失业保险人数数据来源：《北京区域统计年鉴》，北京日报出版社2015年版，第149页；常住人口数数据来源：《2015年北京区域统计年鉴》，北京日报出版社2015年版，第20页。

城镇登记失业率（%）：通过计算得出。计算公式：城镇登记失业率＝报告期末城镇登记失业人数/（期末城镇从业人员总数＋城镇登记失业人数）×100%，城镇年末登记失业人数数据

来源：《北京区域统计年鉴》，北京日报出版社 2015 年版，第 57 页；城镇年末从业人员数数据来源：《北京区域统计年鉴》，北京日报出版社 2015 年版，第 55 页。

在岗职工平均工资增长速度（%）：《北京区域统计年鉴》，北京日报出版社 2015 年版，第 56 页。

每万人口城市居民最低生活保障人数（人）：通过计算得出。计算公式：每万人口城市居民最低生活保障人数 = 城市居民最低生活保障人数/常住人口数 × 10000，城市居民最低生活保障人数数据来源：《北京区域统计年鉴》，北京日报出版社 2015 年版，第 154 页；常住人口数数据来源：《北京区域统计年鉴》，北京日报出版社 2015 年版，第 20 页。

地方公共财政预算支出中社会保障和就业增长速度（%）：《北京区域统计年鉴》，北京日报出版社 2015 年版，第 70 页。

地方公共财政预算支出中教育增长速度（%）：《北京区域统计年鉴》，北京日报出版社 2015 年版，第 71 页。

地方公共财政预算支出中医疗卫生与计划生育增长速度（%）：《北京区域统计年鉴》，北京日报出版社 2015 年版，第 82 页。

2. 社会服务

社区卫生服务机构专业技术人员数（人）：《北京区域统计年鉴》，北京日报出版社 2015 年版，第 148 页。

卫生机构床位数（张）：《北京区域统计年鉴》，北京日报出版社 2015 年版，第 145 页。

每千常住人口医院床位数（张）：《北京区域统计年鉴》，北京日报出版社 2015 年版，第 145 页。

每千常住人口执业（助理）医师（人）：《北京区域统计年鉴》，北京日报出版社2015年版，第145页。

每千常住人口注册护士数（人）：《北京区域统计年鉴》，北京日报出版社2015年版，第145页。

图书馆总藏书量（万册、万件）：《北京区域统计年鉴》，北京日报出版社2015年版，第136页。

人均拥有公共图书馆藏数（册、件）：通过计算得出。计算公式：人均拥有公共图书馆藏数=图书馆总藏书量/常住人口数，图书馆总藏书量数据来源：《北京区域统计年鉴》，北京日报出版社2015年版，第136页；常住人口数数据来源：《北京区域统计年鉴》，北京日报出版社2015年版，第20页。

公共图书馆总流通人次（万人次）：《北京区域统计年鉴》，北京日报出版社2015年版，第136页。

公共图书馆书刊文献外借册次（万册次）：《北京区域统计年鉴》，北京日报出版社2015年版，第136页。

3. 社会管理

社区服务机构数（个）：《北京区域统计年鉴》，北京日报出版社2015年版，第136页。

每万人口社会组织（个）：通过计算得出。计算公式：每万人口社会组织=社会组织数量/常住人口数×10000，社会组织数数据来源：《北京区域统计年鉴》，北京日报出版社2015年版，第152页；常住人口数数据来源：《北京区域统计年鉴》，北京日报出版社2015年版，第20页。

地区生产总值第三产业中公共管理、社会保障和社会组织增长速度（%）：《北京区域统计年鉴》，北京日报出版社2015年版，第 65 页。

地区生产总值第三产业中卫生和社会工作增长速度（%）：《北京区域统计年鉴》，北京日报出版社 2015 年版，第 64 页。

刑事案件破案数（件）：《北京区域统计年鉴》，北京日报出版社 2015 年版，第 159 页。

破案率（%）：通过计算得出。计算公式：破案率 = 破案数/立案数 ×100%，破案数和立案数数据来源：《北京区域统计年鉴》，北京日报出版社 2015 年版，第 159 页。

4. 社会环境

万元 GDP 能耗下降率（%）：北京市统计局网站：2014 年度数据分批发布——分区县能源、环境（http：//www. bjstats. gov. cn/tjsj/qxsj/qysjfpfb/2014n/）。

生活垃圾无害化处理率（%）：《北京区域统计年鉴》，北京日报出版社 2015 年版，第 165 页。

二氧化硫（SO_2）年均浓度值（微克/立方米）：《北京区域统计年鉴》，北京日报出版社 2015 年版，第 164 页。

细颗粒物（PM 2. 5）年均浓度值（微克/立方米）：《北京区域统计年鉴》，北京日报出版社 2015 年版，第 164 页。

每万人口生产安全事故死亡人数（人）：通过计算得出。计算公式：每万人口生产安全事故死亡人数 = 生产安全死亡人数/常住人口数 ×10000，生产安全死亡人数数据来源：《北京区域统计年鉴》，北京日报出版社 2015 年版，第 162 页；常住人口数数据来源：《北京区域统计年鉴》，北京日报出版社 2015 年版，第 20 页。

地方公共财政预算支出中节能环保增长速度（%）：《北京区

域统计年鉴》，北京日报出版社2015年版，第72页。

林木绿化率（%）：《北京区域统计年鉴》，北京日报出版社2015年版，第164页。

附录XV　北京市16个区社会建设指数的主成分分析

附表XV—1　北京市16个区社会建设指数各评价指标的主成分

主成分	特征值	贡献率	累计贡献率	特征值平方根
第1主成分	10.42217943	29.777656%	29.777656%	3.228340042
第2主成分	7.035066076	20.100189%	49.877844%	2.652369898
第3主成分	4.000883256	11.431095%	61.308939%	2.000220802
第4主成分	3.000180359	8.5719439%	69.880883%	1.732102872
第5主成分	2.377070735	6.7916307%	76.672514%	1.541775190
第6主成分	1.917647510	5.4789929%	82.151507%	1.384791504
第7主成分	1.499540908	4.2844026%	86.435909%	1.224557433
第8主成分	1.325547818	3.7872795%	90.223189%	1.151324376
第9主成分	1.108350665	3.1667162%	93.389905%	1.052782345
第10主成分	0.693317381	1.9809068%	95.370812%	0.832656821
第11主成分	0.527660343	1.5076010%	96.878413%	0.726402329
第12主成分	0.462451278	1.3212894%	98.199702%	0.680037703
第13主成分	0.307837402	0.8795354%	99.079238%	0.554830967
第14主成分	0.182074279	0.5202122%	99.599450%	0.426701628
第15主成分	0.140192563	0.4005502%	100.00000%	0.374422973
第16主成分	1.41123e-15	4.032e-15%	100.00000%	3.756631e-8

附表XV—2 北京市16个区社会建设指数各评价指标的主成分载荷

变量（评价指标）	第1主成分	第2主成分	第3主成分	第4主成分
A1	0.267719164	0.136294837	0.092786799	-0.108352344
A2	-0.157558660	0.122788470	0.081208380	0.316432585
A3	0.146412096	0.254872368	0.133696270	-0.187997172
A4	-0.097881132	0.130111103	-0.063721798	0.439903496
A5	0.292845951	-0.089849784	0.016558709	0.075362678
A6	-0.042759811	-0.110205242	-0.234772400	0.194365304
A7	0.291476324	-0.093170429	0.010085068	0.077678028
A8	0.290063329	-0.080591736	0.034145268	0.071803859
A9	-0.124509030	-0.198487380	-0.161565168	-0.132760294
A10	-0.074744455	-0.072354724	0.087545307	0.264676985
A11	0.192627878	-0.211287351	-0.089109574	-0.055082407
A12	0.079459039	0.049639622	0.272343811	-0.085063268
A13	-0.127715129	0.162513649	0.043299230	0.345824972
A14	-0.050857098	0.250947091	0.216187414	-0.087054424
B1	-0.116552435	-0.255194733	0.120510694	0.027880769
B2	0.241014662	-0.170877115	-0.134832622	0.088724299
B3	0.254493832	-0.139307105	-0.121355015	0.104860496
B4	0.268087377	-0.130545395	-0.035213813	0.155910820
B5	0.285439070	-0.096443081	-0.062460375	0.119083478
B6	0.081094845	0.093524483	0.225694214	-0.292450754
B7	0.148717936	0.095222459	0.364224750	0.130815573
B8	0.187556976	-0.082316520	0.263086181	0.233291232
C1	-0.182844162	-0.268709546	0.084025021	-0.087999699
C2	-0.024381874	-0.279797279	0.210687668	0.182212146
C3	-0.089867473	-0.226131936	-0.012822230	-0.211155539

续表

变量（评价指标）	第 1 主成分	第 2 主成分	第 3 主成分	第 4 主成分
C4	0. 024167543	0. 288950965	0. 072349718	0. 085652883
C5	0. 186434506	0. 059185508	0. 158013444	－0. 134254068
C6	－0. 028167126	－0. 158979365	0. 320164144	－0. 012385706
D1	0. 042912961	0. 176716581	－0. 022989732	0. 194130387
D2	0. 160232996	－5. 653735e－4	0. 023168562	－0. 053731545
D3	0. 079032888	0. 270670327	－0. 133310729	－0. 013370914
D4	0. 030995622	0. 221150212	－0. 299019200	0. 009391166
D5	－0. 062512257	－0. 080315227	0. 281513628	0. 104065160
D6	－0. 109932044	0. 032072100	0. 220382331	0. 035363475
D7	－0. 223126242	－0. 168823946	0. 126243194	0. 018356223

附表XV—3　北京市 16 个区社会建设指数中各评价指标的系数

	评价指标	在北京市各区中的平均值	在社会建设指数中的系数
社会保障	城镇居民人均可支配收入（元）	39489. 68750	5. 596398e－5
	城镇居民人均可支配收入增长速度（%）	9. 068572937	0. 002656793
	农村居民人均纯收入（元）	20245. 93750	5. 203935e－5
	农村居民人均纯收入增长速度（%）	10. 52186194	0. 001149539
	城镇常住人口基本养老保险覆盖率（%）	58. 60140999	0. 007985992
	新型农村合作医疗参合率（%）	99. 40062500	5. 957678e－4
	城镇常住人口基本医疗保险覆盖率（%）	63. 27945778	0. 006823901
	城镇常住人口失业保险覆盖率（%）	44. 30338375	0. 010126337
	城镇登记失业率（%）	2. 053480063	－0. 08618472
	在岗职工平均工资增长速度（%）	11. 10000000	2. 715513e－4

续表

	评价指标	在北京市各区中的平均值	在社会建设指数中的系数
社会保障	每万人口城市居民最低生活保障人数（人）	56.79593323	0.002893746
	地方公共财政预算支出中社会保障和就业增长速度（%）	9.118750000	0.008134086
	地方公共财政预算支出中教育增长速度（%）	11.92500000	1.120365e-4
	地方公共财政预算支出中医疗卫生增长速度（%）	14.48125000	4.515790e-5
社会服务	社区卫生服务机构专业技术人员数（人）	1.432811769	0.002761478
	卫生机构床位数（张）	5.552228434	0.083318974
	每千常住人口医院床位数（张）	5.065000000	0.085826557
	每千常住人口执业（助理）医师数（人）	3.928750000	0.120937676
	每千常住人口注册护士数（人）	4.148750000	0.108659298
	人均拥有公共图书馆藏书册数（册、件）	1.775878502	0.039259396
	公共图书馆总流通人次（万人次）	0.579199968	0.363352517
	公共图书馆书刊文献外借册次（万册次）	0.497077850	0.660915516
社会管理	社区服务机构数（个）	5.131441870	5.244757e-4
	每万人口社会组织数（个）	4.440013246	1.008480e-4
	地区生产总值第三产业中公共管理、社会保障和社会组织增长速度（%）	0.612500000	3.319366e-4
	地区生产总值第三产业中卫生和社会工作增长速度（%）	10.21875000	0.004344806
	刑事案件破案数（件）	51.05599833	0.017011282
	破案率（%）	87.48833437	1.754706e-5
社会环境	万元GDP能耗下降率（%）	5.860625000	0.021981389
	生活垃圾无害化处理率（%）	99.35062500	0.169078423
	二氧化硫（SO2）年均浓度值（微克/立方米）	21.51875000	-2.392162e-4
	细颗粒物（PM 2.5）年均浓度值（微克/立方米）	87.56250000	-3.222839e-5

续表

	评价指标	在北京市各区中的平均值	在社会建设指数中的系数
社会环境	每万人口生产安全事故死亡人数（人）	0.046292158	-2.38115336
	地方公共财政预算支出中节能环保增长速度（%）	55.41250000	1.705163e-5
	林木绿化率（%）	46.81250000	1.083182e-4

附录XVI G20（20国集团）社会建设指数框架结构

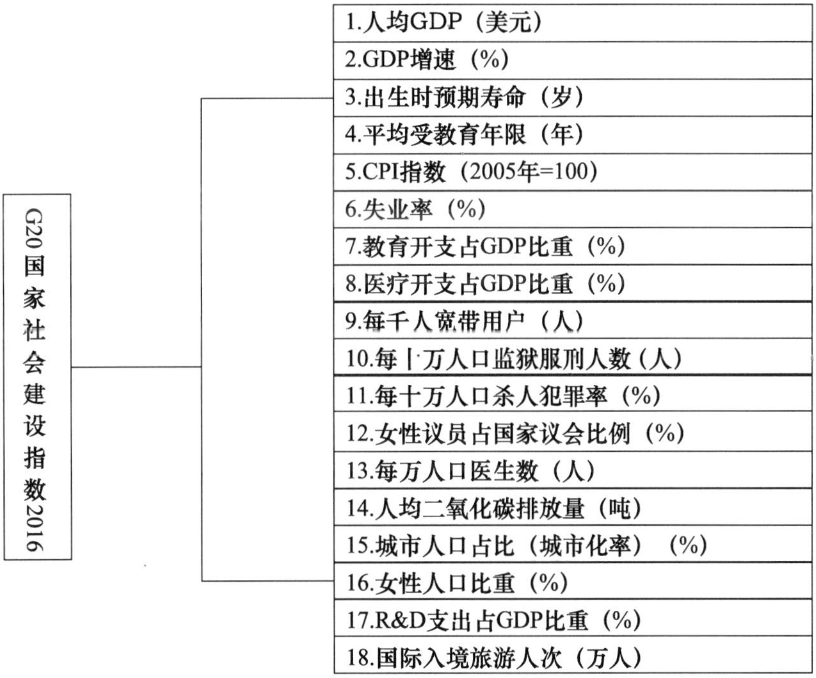

G20国家社会建设指数2016

1.人均GDP（美元）
2.GDP增速（%）
3.出生时预期寿命（岁）
4.平均受教育年限（年）
5.CPI指数（2005年=100）
6.失业率（%）
7.教育开支占GDP比重（%）
8.医疗开支占GDP比重（%）
9.每千人宽带用户（人）
10.每十万人口监狱服刑人数（人）
11.每十万人口杀人犯罪率（%）
12.女性议员占国家议会比例（%）
13.每万人口医生数（人）
14.人均二氧化碳排放量（吨）
15.城市人口占比（城市化率）（%）
16.女性人口比重（%）
17.R&D支出占GDP比重（%）
18.国际入境旅游人次（万人）

附录XⅦ　G20（20国集团）社会建设指数部分指标解释

人均 GDP（US $）：国内生产总值，指生产活动总成果，等于所有常住单位创造的增加值的总和（包括产出价值中未包括的产品税，不包括各项产品补贴，不包括未计入产值的产品）。等于按购买者价格计算的货物和服务最终使用价值（不包括中间消费）减去进口的货物和服务价值，或等于常住生产单位初次收入分配的总和。计算国内生产总值不扣除折旧折的资产或自然资源的枯竭和退化。人均国内生产总值，指国内生产总值除以年中人口。数据用现价美元表示。（《国际统计年鉴》，中国统计出版社 2014 年版，第 85 页）

出生时预期寿命（岁）：指一名新生儿如果其出生时各年龄组的死亡率在其终生保持不变的话，他可能存活的年数。（《国际统计年鉴》，中国统计出版社 2014 年版，第 102 页）

CPI 指数：（2005 年 =100）即消费者价格指数，是反映报告期经济体为消费目的而获取、使用和支付的货物和服务的价格总体水平随时间变化的指标。每个总指数是通过将大量要素加总指数加权平均而得到，每个要素加总指数是基于某一地区或其居民从某一指定出处或其他消费源获取指定货物和服务的价格的抽样

调查数而进行的估算。(《国际统计年鉴》,中国统计出版社2015年版,第224页)

失业率(%):反映了失业的严重程度。失业率是参考期内(一般是特定的一天或一周)特定分组的失业人数和同一时间该组就业、失业人数之和相比得出的。(《国际统计年鉴》,中国统计出版社2014年版,第135页)

人均二氧化碳排放量(吨):二氧化碳排放量:是指矿物燃料燃烧以及水泥制造等过程中排放的二氧化碳,包括使用固体、液体、气体燃料以及燃烧天然气时产生的二氧化碳。(《国际统计年鉴》,中国统计出版社2014年版,第20页)

城市人口占比(%):城市人口:指向联合国报告的各国定义为城市的区域内的年中人口。(《国际统计年鉴》,中国统计出版社2014年版,第102页)

R&D支出占GDP比重(%):研究与开发经费支出:是经常性和资本性支出(包括超前支出),目的在于增加知识存量的创造性、系统性活动。具体包括基础研究、应用研究和目的在于寻求新型设备、产品和工艺的科学实验活动。(《国际统计年鉴》,中国统计出版社2014年版,第347页)

附录ⅩⅧ　G20（20国集团）社会建设数据来源和计算说明

人均 GDP（US $）：《国际统计年鉴》，中国统计出版社 2015 年版，第 25 页。

GDP 增速（%）：《国际统计年鉴》，中国统计出版社 2015 年版，第 34 页。

出生时预期寿命（岁）：《国际统计年鉴》，中国统计出版社 2015 年版，第 99 页。

平均受教育年限（年）：《人类发展报告》，中国统计出版社 2015 年版，第 208 页。

CPI 指数（2005 年 =100）：《国际统计年鉴》，中国统计出版社 2015 年版，第 220 页。

失业率（%）：《国际统计年鉴》，中国统计出版社 2015 年版，第 127 页。

教育开支占 GDP 比重（%）：《国际统计年鉴》，中国统计出版社 2015 年版，第 342 页（注：《国际统计年鉴》2015 年版中无 2013 年中国教育开支占 GDP 比重的数据，因为中国和 G20 国的数据需作对比不可缺少，故“2013 年中国教育开支占 GDP 比重”的数据来源为：教育部、国家统计局、财政部发布的 2014 年全国教育经费执行情况统计公告中重新核准和修订的“2013 国家财政性教育经费支出占 GDP 比例”)。

医疗开支占 GDP 比重（%）:《国际统计年鉴》，中国统计出版社 2015 年版，第 347 页。

每千人宽带用户（个）：通过计算得出。计算公式：每千人宽带用户 = 宽带用户数/年末人口总数 ×1000 计算，宽带用户数数据来源：《国际统计年鉴》，中国统计出版社 2015 年版，第 294 页；年末人口总数数据来源：《国际统计年鉴》，中国统计出版社 2015 年版，第 33 页。

每十万人口监狱服刑人数（人）：联合国监狱研究：《世界监狱人口列表》（2011—2013）（www. prisonstudies. org）（注：英国的数据计算方法为：英格兰 & 威尔士地区每十万人口监狱服刑人数（148 人）+北爱尔兰地区每十万人口监狱服刑人数（101 人）+苏格兰地区每十万人口监狱服刑人数（147 人），则英国每十万人口监狱服刑人数为 396 人）。

每十万人口杀人犯罪率（%）：*Global Study on Homicide*, 2013, p. 122。

女性议员占国家议会比例（%）：各国议会联盟（IPU），*Women in National Parliaments Situation as of 1st January 2016*，由于阿根廷、印度、俄罗斯、墨西哥、南非、德国、巴西、加拿大、澳大利亚、法国、美国、英国、意大利、日本这 14 个国家有上议院和下议院，因此这 14 个国家的女性议员占国家议会比例的计算方式为：女性议员的总数/（上议院 + 下议院议员总数）× 100%，其他国家数据不用进行计算（注：该报告 2016 年 1 月 1 日发布）。

每万人口医生数（人）：《国际统计年鉴》，中国统计出版社 2015 年版，第 348 页。

人均二氧化碳排放量（吨）：《国际统计年鉴》，中国统计出版社 2015 年版，第 12 页。

城市人口占比（%）：《国际统计年鉴》，中国统计出版社 2015 年版，第 101 页。

女性人口比重（%）：《国际统计年鉴》，中国统计出版社 2015 年版，第 95 页。

R&D 支出占 GDP 比重（%）：《国际统计年鉴》，中国统计出版社 2015 年版，第 342 页。

国际入境旅游人次（万人）：《国际统计年鉴》，中国统计出版社 2015 年版，第 320 页。

附录XIX　中等发达国家社会建设指数框架结构

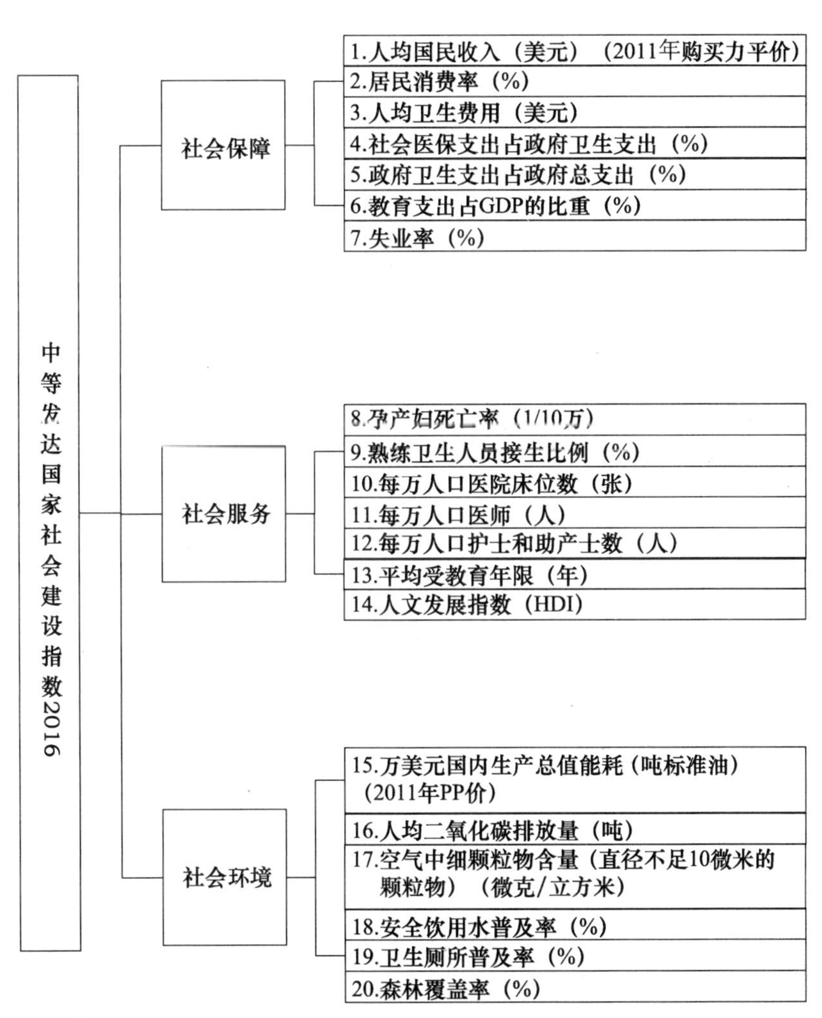

附录XX　中等发达国家社会建设指数部分指标解释

人均国民收入（美元）（2011 年购买力平价）：指根据购买力平价计算的人均国民总收入。购买力平价国民总收入是用购买力平价比率转换成国际元计量的国民总收入。国民总收入中 1 国际元的购买力等于美国 1 美元购买力。（《国际统计年鉴》，中国统计出版社 2015 年版，第 102 页）

居民消费率（%）：居民最终消费支出占国内生产总值的比重。居民最终消费支出是居民购买的所有商品和服务的市场价值。包括耐用商品（如汽车、洗衣机和家用计算机）；不包括购买住房支出，但包括自有住房的估算租金；还包括支付给政府的获得许可权的费用。居民消费支出包括服务于居民的非营利机构的支出。（《国际统计年鉴》，中国统计出版社 2015 年版，第 102 页）

人均卫生费用（美元）：某年卫生总费用与同期平均人口数之比。卫生总费用指一个国家或地区在一定时期内，为开展卫生服务活动从全社会筹集的卫生资源的货币总额，按来源法核算。它反映一定经济条件下，政府、社会和居民个人对卫生保健的重视程度和费用负担水平，以及卫生筹资模式的主要特征和卫生筹资的公平性合理性。（《中国卫生和计划生育统计年鉴》，中国协

和医科大学出版社 2015 年版，第 89 页）

政府卫生支出占政府总支出（%）：政府卫生支出指各级政府用于医疗卫生服务、医疗保障补助、卫生和医疗保障行政管理、人口与计划生育事务性支出等各项事业的经费。（《中国卫生和计划生育统计年鉴》，中国协和医科大学出版社 2015 年版，第 89 页）

失业率（%）：反映了失业的严重程度。失业率是参考期内（一般是特定的一天或一周）特定分组的失业人数和同一时间该组就业、失业人数之和相比得出的。（《国际统计年鉴》，中国统计出版社 2015 年版，第 135 页）

孕产妇死亡率（1/10 万）：指年内每 10 万名孕产妇的死亡人数。孕产妇死亡指从妊娠期至产后 42 天内，由于任何妊娠或妊娠处理有关的原因导致的死亡，但不包括意外原因死亡者。按国际通用计算方法，“孕产妇总数”以“活产数”代替计算。（《中国卫生和计划生育统计年鉴》，中国协和医科大学出版社 2015 年版，第 213 页）

平均受教育年限（年）：是指 25 岁及以上人口已经获得的文化程度转换成理论教育年限的平均值。（《国际统计年鉴》，中国统计出版社 2015 年版，第 406 页）

人文发展指数（HDI）：是人类发展的一项综合指标，它测量了人类发展的三个方面的平均成就：寿命、教育程度以及体面的生活。人文发展指数是对这三个方面的指标标准化后的几何平均值。（《国际统计年鉴》，中国统计出版社 2015 年版，第 406 页）

人均二氧化碳排放量（吨）：二氧化碳排放量：是指矿物燃

料燃烧以及水泥制造等过程中排放的二氧化碳，包括使用固体、液体、气体燃料以及燃烧天然气时产生的二氧化碳。（《国际统计年鉴》，中国统计出版社 2015 年版，第 17 页）

附录XXI　中等发达国家社会建设指数数据来源

1. 社会保障

人均国民总收入（美元）（2011 年购买力平价）：《人类发展报告》，联合国开发计划署 2015 年版，第 208 页。

居民消费率（%）：《国际统计年鉴》，中国统计出版社 2015 年版，第 43 页。

人均卫生费用（美元）：《中国卫生和计划生育统计年鉴》，中国协和医科大学出版社 2015 年版，第 392 页。

社会医保支出占政府卫生支出（%）：《中国卫生和计划生育统计年鉴》，中国协和医科大学出版社 2015 年版，第 392 页。

政府卫生支出占政府总支出（%）：《中国卫生和计划生育统计年鉴》，中国协和医科大学出版社 2015 年版，第 392 页。

教育支出占 GDP 的比重（%）：《人类发展报告》，联合国开发计划署 2015 年版，第 242 页。

失业率（%）：《国际统计年鉴》，中国统计出版社 2015 年版，第 127 页。

2. 社会服务

孕产妇死亡率（1/10 万）：《中国卫生和计划生育统计年鉴》，中国协和医科大学出版社 2015 年版，第 360 页。

熟练卫生人员接生比例（%）：《中国卫生和计划生育统计年鉴》，中国协和医科大学出版社 2015 年版，第 376 页。

每万人口医院床位数（张）：《中国卫生和计划生育统计年鉴》，中国协和医科大学出版社 2015 年版，第 388 页。

每万人口医师（人/万人）：《中国卫生和计划生育统计年鉴》，中国协和医科大学出版社 2015 年版，第 388 页。

每万人口护士和助产士数（人）：《中国卫生和计划生育统计年鉴》，中国协和医科大学出版社 2015 年版，第 388 页。

平均受教育年限（年）：《人类发展报告》，联合国开发计划署 2015 年版，第 208 页。

人文发展指数（HDI）：《人类发展报告》，联合国开发计划署 2015 年版，第 208 页。

3. 社会环境

万美元国内生产总值能耗（吨标准油）（2011 年 PP 价）：《国际统计年鉴》，中国统计出版社 2015 年版，第 162 页。

人均二氧化碳排放量（吨）：《人类发展报告》，联合国开发计划署 2015 年版，第 250 页。

空气中细颗粒物含量（直径不足 10 微米的颗粒物）（微克/立方米）：《国际统计年鉴》，中国统计出版社 2015 年版，第 13 页。

安全饮用水普及率（%）：《中国卫生和计划生育统计年鉴》，中国协和医科大学出版社 2015 年版，第 380 页。

卫生厕所普及率（%）：《中国卫生和计划生育统计年鉴》，中国协和医科大学出版社 2015 年版，第 380 页。

森林覆盖率（%）：《人类发展报告》，联合国开发计划署 2015 年版，第 208 页。

参考文献

一 专著类

中共北京市委社会工作委员会北京市社会建设工作办公室：《社会建设与社会治理创新研究》，中国人民大学出版社 2012 年版。

何艳玲：《回归社会：中国社会建设之路》，人民出版社 2013 年版。

常健：《社会治理创新与诚信社会建设》，中国社会科学出版社 2015 年版。

王名、陈健秋主编：《社会建设研究（第 2 辑）》，社会科学文献出版社 2015 年版。

张云飞：《为了人民的幸福和尊严——中国特色社会主义社会建设的理论与实践》，人民出版社 2015 年版。

任培秦、杜晓燕：《当代中国社会建设研究》，中国社会科学出版社 2014 年版。

李煜主编：《创新与发展——上海社会建设的理论与实践》，上海社会科学院出版社 2013 年版。

郑造桓主编：《民生保障与社会建设》，浙江大学出版社 2013 年版。

杨敏、方舒：《和谐公正·社会建设与风险应对》，中国人民大学出版社 2014 年版。

胡映兰：《改革开放以来中国共产党社会建设的理论与实践》，人民出版社 2014 年版。

万军：《公平社会建设》，国家行政学院出版社 2013 年版。

陆学艺：《中国社会结构与社会建设》，中国社会科学出版社 2013 年版。

苑芳江：《中国共产党社会建设理论与实践》，中国社会科学出版社 2013 年版。

北京市社会建设工作办公室、中共北京市委社会工作委员会：《社会建设与社会治理创新研究》，中国人民大学出版社 2012 年版。

陆学艺：《当代中国社会建设/中国社会结构研究报告》，社会科学文献出版社 2013 年版。

李长健：《中国农村社会治理法治化研究——基于社区发展的视角》，湖北人民出版社 2015 年版。

佟岩、刘娴静：《社区建设与社会治理创新》，知识产权出版社 2015 年版。

郑杭生、殷昭举主编：《多元利益诉求时代的包容共享与社会公正——社会建设和社会治理创新的“中山经验”》，中国人民大学出版社 2014 年版。

王利敏、孟莉主编：《社会治理视野下的社会工作发展》，河北人民出版社 2015 年版。

桂家友：《国家与社会变革中的城市社会治理研究》，上海人民出版社 2015 年版。

杨团：《当代社会政策研究10——社会治理现代化与社会政策创新》，社会科学文献出版社2015年版。

史云贵：《中国政府与政治研究系列——中国基层社会治理机制创新研究》，天津人民出版社2015年版。

顾海良、张雷声主编：《社会建设》，湖南教育出版社2014年版。

曹剑：《社会建设理论与实践研究》，华夏出版社2014年版。

汪宇燕、肖凡平、樊向前主编：《社会建设和社会管理概论》，广东高等教育出版社2014年版。

深圳市统计局、北京大学社会学系课题组：《社会建设理论、实践与评价》，社会科学文献出版社2014年版。

任远：《社会建设与全面建成小康社会》，重庆出版社2014年版。

张娜：《核心价值观视野下的社会建设》，重庆出版社2014年版。

黄家海、王开玉、蔡宪：《安徽社会建设分析报告（2012—2013）》，社会科学文献出版社2013年版。

陆学艺、唐军、张荆：《2012年北京社会建设分析报告（2012版）》，社会科学文献出版社2012年版。

周林生：《社会治理创新概论》，广东人民出版社2015年版。

林卡、张佳华：《国外社会建设理论比较研究丛书——社会政策与社会建设北欧经验》，中国人民大学出版社2015年版。

王永平：《党的领导与社会建设》，花城出版社2014年版。

周红云：《社会治理》，中央编译出版社2015年版。

张翼主编：《社会治理与城乡一体化》，社会科学文献出版社

2015 年版。

吴锦良：《基层社会治理》，中国人民大学出版社 2014 年版。

包心鉴：《社会治理创新与当代中国社会发展》，人民出版社 2014 年版。

王名：《社会组织与社会治理》，社会科学文献出版社 2014 年版。

张翼主编：《社会治理新思维与新实践》，社会科学文献出版社 2014 年版。

李秀艳：《新时期社会建设与改革》，沈阳出版社 2015 年版。

李友梅：《城市社会治理》，社会科学文献出版社 2014 年版。

李培林：《社会改革与社会治理》，社会科学文献出版社 2014 年版。

龚维斌：《中国社会治理研究》，社会科学文献出版社 2014 年版。

周雷：《人类之城：中国的生态认知反思》，北京理工大学出版社 2012 年版。

张立博：《中新天津生态城园林施式技术与管理》，上海科学技术出版社 2013 年版。

唐小平、黄桂林、张玉钧：《生态文明建设规划：理论·方法与案例》，科学出版社 2012 年版。

李景源、孙伟平、刘举科：《生态城市绿皮书：中国生态城市建设发展报告（2012 版）》，社会科学文献出版社 2012 年版。

谷建全、王建国主编：《河南城市发展报告——新型城镇化引领“三化”协调科学发展》，社会科学文献出版社 2013 年版。

陶文芳：《推进城镇两型化发展：城镇化进程中土地资源、

景观格局的时空变化》，中国经济出版社 2013 年版。

丁生喜：《环青海湖少数民族地区特色城镇化研究》，中国经济出版社 2012 年版。

万广华、蔡昉等：《中国的城市化道路与发展战略：理论探讨和实证分析》，经济科学出版社 2012 年版。

仇保兴：《城镇化与城乡统筹发展》，中国城市出版社 2012 年版。

任钢建主编：《贵州省城镇化：机遇与挑战》，中国劳动社会保障出版社 2012 年版。

刘谟炎：《农业现代化：与工业化、城镇化同步发展研究》，江西科学技术出版社 2012 年版。

厉以宁主编：《中国道路与新城镇化》，商务印书馆 2012 年版。

张兆福：《城镇化进程中土地利用变化理论及实证研究》，中国科学技术大学出版社 2012 年版。

张复明：《城市职能、定位理论与区域城镇化战略研究》，经济科学出版社 2012 年版。

朱宇等：《中国的就地城镇化：理论与实证》，科学出版社 2012 年版。

李苗：《县域城镇化问题研究》，经济科学出版社 2012 年版。

汤正仁等：《区域产业发展、城镇化与就业：基于贵州的实践》，西南交通大学出版社 2012 年版。

潘启云：《西部欠发达地区城镇化路径与模式》，经济科学出版社 2012 年版。

牛凤瑞：《中小城市新型城镇化之路》，载白津夫、杨中川主编，中国城市经济学会中小城市经济发展委员会、《中国中小城市发展报告》编纂委员会编《中国中小城市发展报告》，社会科学文献出版社 2012 年版。

王振中主编：《政治经济学研究报告·13》，载中国社会科学院经济研究所编《中国的城镇化道路》，社会科学文献出版社 2012 年版。

纪晓岚、罗建平主编：《城市化进程中若干社会治理问题研究》，华东理工大学出版社 2012 年版。

郭强、汪斌峰：《中镇：中国节约型城镇化模式》，黑龙江人民出版社 2012 年版。

陈忠主编：《转型升级与城市发展：中国特色城镇化研究报告 2011》，黑龙江人民出版社 2012 年版。

顾朝林、赵民、张京祥主编：《省域城镇化战略规划研究》，东南大学出版社 2012 年版。

马怀礼：《安徽省城镇化发展战略研究》，安徽人民出版社 2012 年版。

黄夏先：《新农村建设与农村城镇化》，湖南人民出版社 2012 年版。

黄学贤等：《中国农村城镇化进程中的依法规划问题研究》，中国政法大学出版社 2012 年版。

黄永香：《两型城镇化研究》，湖南人民出版社 2012 年版。

毛生武：《区域成长理论与实践：民族地方城镇化及区域发展探索》，中国经济出版社 2012 年版。

新疆维吾尔自治区人民政府城乡规划工作顾问组编：《推进新疆新型城镇化发展：城乡规划专题/新疆维吾尔自治区住房和

城乡建设厅》，中国建筑工业出版社 2012 年版。

国家行政学院进修部编：《中国城镇化建设读本》，国家行政学院出版社 2012 年版。

罗炳锦：《创新社会治理：实施城镇化发展战略》，厦门大学出版社 2012 年版。

王志宪：《我国小城镇可持续发展研究》，科学出版社 2012 年版。

蔡昉：《中国经济新常态与供给侧结构性改革》，外文出版社 2016 年版。

谢长青：《小城镇公共基础设施地区差异与聚集规模研究》，中国农业出版社 2012 年版。

中国城市科学研究会、住房和城乡建设部村镇建设司、中国·城镇规划设计研究院编：《中国小城镇和村庄建设发展报告 2010》，中国城市出版社 2012 年版。

于洪：《国际社会保障动态》，上海人民出版社 2016 年版。

丁建定：《社会保障制度论：西方的实践与中国的探索》，社会科学文献出版社 2016 年版。

宋晓梧等编：《“十三五”时期我国社会保障制度重大问题研究》，中国劳动社会保障出版社 2016 年版。

肖建华：《农村基本公共服务财政保障机制与政策研究》，经济科学出版社 2013 年版。

郑功成编：《社会保障研究（2016 年第 2 卷）》，中国劳动社会保障出版社 2016 年版。

郭小东：《社会保障：理论与实践》，广东经济出版社 2014 年版。

薛小建：《社会保障救济模式的国际经验与中国道路》，中国政法大学出版社 2014 年版。

汤剑波：《现代社会保障的道德基础研究》，中国社会科学出版社 2014 年版。

郑造桓：《社会保障：统筹、协调、持续发展》，浙江大学出版社 2012 年版。

邓大松等：《社会保障风险管理》，人民出版社 2016 年版。

曹立前等：《农村社会保障制度建设与发展研究》，山东人民出版社 2014 年版。

李军：《走向生态文明新时代的科学指南：学习习近平同志生态文明建设重要论述》，中国人民大学出版社 2015 年版。

中国工程院“生态文明建设若干战略问题研究”项目研究组：《中国生态文明建设若干战略问题研究（综合卷）》，科学出版社 2016 年版。

环境保护部环境与经济政策研究中心：《生态文明制度建设概论》，中国环境出版集团有限公司 2016 年版。

国务院发展研究中心：《生态文明建设科学评价与政府考核体系研究（2014）》，中国发展出版社 2014 年版。

张剑：《社会主义与生态文明》，社会科学文献出版社 2016 年版。

尹科：《生态效率理念、方法及其在区域尺度的应用》，经济科学出版社 2015 年版。

杨志：《中国特色社会主义生态文明制度研究》，经济科学出版社 2014 年版。

叶峻等：《社会生态学与生态文明论》，上海三联书店 2016

年版。

曾建平等：《消费方式生态化：从异化到回归》，湖南师范大学出版社 2015 年版。

花明等：《新农村建设：环境保护的挑战与对策》，中国环境出版社 2014 年版。

薛建明等：《生态文明与中国现代化转型研究》，光明日报出版社 2014 年版。

严耕编：《中国生态文明建设发展报告（2015）》，北京大学出版社 2016 年版。

诸大建等：《可持续发展与治理研究——可持续性科学的理论与方法》，同济大学出版社 2015 年版。

王浦劬等：《政府向社会力量购买公共服务发展研究：基于中英经验的分析》，北京大学出版社 2016 年版。

王树文：《我国公共服务市场化改革与政府管制创新》，人民出版社 2013 年版。

竺乾威：《社会组织视角下的政府购买公共服务》，中国社会科学出版社 2016 年版。

绕品华等：《可持续发展导论》，哈尔滨工业大学出版社 2015 年版。

张学良：《2015 中国区域经济发展报告：中国城市群可持续发展》，人民出版社 2016 年版。

《世界可持续发展年度报告》研究组：《2015 世界可持续发展年度报告》，科学出版社 2015 年版。

潘家华等：《2030 年可持续发展的转型议程：全球视野与中国经验》，社会科学文献出版社 2016 年版。

栗战书：《文明激励与制度规范：生态可持续发展理论与实践研究》，社会科学文献出版社 2012 年版。

吴理财等：《文化治理视域中的公共文化服务体系建设》，高等教育出版社 2016 年版。

卢洪友等：《中国基本公共服务均等化进程报告》，人民出版社 2012 年版。

刘志昌：《中国基本公共服务均等化的变迁和逻辑》，中国社会科学出版社 2014 年版。

徐焕：《服务政府：公共管理创新与基层服务型政府建设》，中央编译出版社 2014 年版。

王东伟：《我国政府购买公共服务问题研究》，经济科学出版社 2015 年版。

竺乾威等：《综合配套改革中的公共服务创新》，中国社会科学出版社 2016 年版。

樊立华编：《基本公共卫生服务均等化理论与实践》，人民卫生出版社 2014 年版。

齐海丽：《我国城市公共服务供给中的政社合作研究》，上海交通大学出版社 2015 年版。

刘厚金：《我国政府转型中的公共服务》，中央编译出版社 2015 年版。

郑功成：《中国社会保障发展报告（2016）》，人民出版社 2016 年版。

王延中编：《中国社会保障发展报告（2015）No. 7：“十三五”时期的社会保障》，社会科学文献出版社 2015 年版。

樊立华：《基本公共卫生服务均等化理论与实践》，人民卫生出版社 2014 年版。

蔡江南:《医疗卫生体制改革的国际经验：世界二十国（地区）医疗卫生体制改革概览》，上海世纪出版股份有限公司 2016 年版。

方鹏骞:《中国医疗卫生事业发展报告：中国公立医院改革与发展专题（2015)》，人民出版社 2016 年版。

文学国等：《中国医药卫生体制改革报告（2015—2016)》，社会科学文献出版社 2016 年版。

林相森:《我国医疗服务领域的效率与公平研究》，经济科学出版社 2016 年版。

张杰:《特大城市中心城区国际交往功能提升研究》，吉林出版集团股份有限公司 2016 年版。

蒋三庚:《特大城市建设与治理》，首都经济贸易大学出版社 2015 年版。

叶昌东:《转型期中国特大城市空间增长》，中国建筑工业出版社 2016 年版。

王培安:《中国特大城市人口规模调控研究报告》，中国发展出版社 2014 年版。

冯经明:《转型时期特大型城市土地利用规划理论与实践》，同济大学出版社 2013 年版。

容志：《从分散到整合：特大城市公共安全风险防控机制研究》，上海人民出版社 2014 年版。

潘家华等编:《中国城市发展报告（No. 7）：聚焦特大城市治理》，社会科学文献出版社 2014 年版。

王稼琼：《特大城市治理研究》，首都经济贸易大学出版社

2015 年版。

周晓津：《特大城市人口规模调控与比较研究》，经济科学出版社 2016 年版。

丁成日：《世界巨（特）大城市发展：规律、挑战、增大控制及其评价》，中国建筑工业出版社 2015 年版。

中国人民大学重阳金融研究院：《G20 与中国》，中信出版社 2016 年版。

中国人民大学重阳金融研究院：《G20 与全球治理：G20 智库蓝皮书（2015—2016）》，中信出版社 2016 年版。

金中夏等：《中国与 G20：全球经济治理的高端博弈》，中国经济出版社 2014 年版。

王燕：《G20 成员教育政策改革趋势》，教育科学出版社 2015 年版。

李建平等：《G20 国家创新竞争力黄皮书：二十国集团（G20）国家创新竞争力发展报告（2015—2016）》，社会科学文献出版社 2016 年版。

彭龙：《二十国集团（G20）发展报告（2014）》，中国经济出版社 2015 年版。

徐凡：《二十国集团（G20）机制化建设研究》，对外经济贸易大学出版社 2015 年版。

李红梅：《国际经济关系新格局与中国的谋略》，中国经济出版社 2016 年版。

二　译著及英文著作

［美］戴维·A. 哈德凯瑟、帕翠霞·R. 鲍沃斯等：《社区工

作理论与实务》，中国人民大学出版社 2008 年版。

［美］戴安娜·M. 迪尼托：《社会性福利：政治与公共政策》，中国人民大学出版社 2007 年版。

［德］德鲁克基金会：《未来的社区》，中国人民大学出版社 2006 年版。

［美］查尔斯·赖特·米尔斯：《权力精英》，南京大学出版社 2004 年版。

［德］齐奥尔格·西美尔：《社会学：关于社会化形式的研究》，华夏出版社 2002 年版。

［美］兰德尔·柯林斯等：《发现社会之旅——西方社会学思想述评》，中华书局 2006 年版。

［法］弗朗西斯·凯斯勒：《法国社会保障制度》，中国劳动社会保障出版社 2016 年版。

［美］肯尼斯·B. 霍尔·J. R.、杰拉尔德·A. 波特菲尔德：《社区设计关于郊区和小型社区的新城市主义》，中国建筑工业出版社 2009 年版。

［英］达霖·格里姆赛等：《PPP 革命：公共服务中的政府和社会资本合作》，济邦咨询公司译，中国人民大学出版社 2016 年版。

［美］詹姆士·H. 道尔顿等：《社区心理学：联结个体和社区》，中国人民大学出版社 2010 年版。

［英］简·米勒：《解析社会保障》，郑飞北等译，格致出版社 2012 年版。

［美］詹姆斯·郝圣格编：《当代美国公共卫生：原理、实践与政策》，赵莉等译，社会科学文献出版社 2015 年版。

［美］德里克·W. 布林克霍夫：《冲突后社会的治理——重建脆弱国家》，民主与建设出版社 2015 年版。

［美］华莱士等：《当代社会学理论：对古典理论的扩展》，中国人民大学出版社 2008 年版。

［美］珍妮特·V. 登哈特等：《新公共服务：服务，而不是掌舵》，丁煌译，中国人民大学出版社 2014 年版。

［加］约翰·J. 柯顿：《二十国集团与球治理》，郭树勇等译，上海世纪出版股份有限公司 2015 年版。

［澳］伯奇等：《生态文明决策者必读丛书：生命的解放》，邹诗鹏等译，中国科学技术出版社 2015 年版。

［美］菲利普·科特勒等：《公共服务：提升绩效之路》，王永贵译，电子工业出版社 2015 年版。

［德］乌尔里希·贝克：《风险社会》，译林出版社 2004 年版。

［德］哈贝马斯：《公共领域的结构转型》，上海学林出版社 1999 年版。

［德］斐迪南·滕尼斯：《共同体与社会》，商务印书馆 1999 年版。

［澳］欧文·休斯：《公共管理学导论》，中国人民大学出版社 2001 年版。

［美］拉塞尔·M. 林登：《无缝隙政府》，中国人民大学出版社 2002 年版。

［英］J. C. 亚历山大、邓正来：《国家与市民社会——一种社会理论的研究路径》，中央编译出版社 1999 年版。

［英］拉尔夫·达仁道夫：《现代社会冲突》，中国社会科学

出版社 2000 年版。

［德］马克斯·韦伯：《经济与社会》，商务印书馆 1998 年版。

［美］莱斯特·M. 萨拉蒙：《全球公民社会非盈利部门视界》，北京大学出版社 2007 年版。

［德］哈贝马斯：《交往行动理论：行为合理性与社会合理化》，曹卫东译，上海人民出版社 2004 年版。

［英］安东尼·吉登斯：《社会的构成》，生活·读书·新知三联书店 1998 年版。

［美］曼纽尔·卡斯特：《千年终结》，社会科学文献出版社 2006 年版。

［荷］根特城市研究小组：《当代大都市的空间、社区和本质》，知识产权出版社 2005 年版。

［美］斯皮罗·科斯托夫：《城市的组合——历史进程中城市形态的元素》，邓东译，中国建筑工业出版社 2007 年版。

［美］约瑟夫·里克沃特：《城之理念——有关罗马、意大利及古代世界的城市形态人类学》，中国建筑工业出版社 2006 年版。

［英］杰拉尔德·G. 马尔腾：《人类生态学：可持续发展的基本概念》，顾朝林等译，商务印书馆 2012 年版。

［美］戴维·格伦斯基：《社会分层》，华夏出版社 2005 年版。

［英］哈耶克：《科学的反革命：理性滥用之研究》，译林出版社 2003 年版。

［英］哈耶克：《个人主义与经济秩序》生活·读书·新知三联书店 1989 年版。

［美］迈克尔·谢若登：《资产与穷人——一项新的美国福利政策》，商务印书馆 2005 年版。

［美］莱斯特·M. 萨拉蒙：《全球公民社会非盈利部门视界》，社会科学文献出版社 2002 年版。

［美］詹姆斯·P. 盖拉特：《21 世纪非营利组织管理》，中国人民大学出版社 2003 年版。

［美］约翰·罗尔斯：《正义论》，中国社会科学出版社 1988 年版。

［美］保罗·A. 萨缪尔森、威廉·D. 诺德豪斯：《经济学》，北京经济学院出版社 1996 年版。

［美］L. 科塞：《社会冲突的功能》，华夏出版社 1989 年版。

［美］密尔顿·弗里德曼：《资本主义与自由》，商务印书馆 1982 年版。

［法］皮埃尔·布迪厄等：《实践与反思》，中央编译出版社 1998 年版。

［英］安东尼·吉登斯：《第二条道路》，北京大学出版社 2000 年版。

［美］詹姆斯·M. 布坎南：《自由市场和国家》，北京经济学院出版社 1988 年版。

邓正来等编译：《布莱克维尔政治学百科全书》，中国政法大学出版社 1992 年版。

Putnam, Bowling Alone, *The Collapse and Revival of American Commuvity*, New York: Simon & Sehuster. 2000.

Jurate Morkuniene, Social Philosophy, *Paradigm of Contemporary Thinking*, Washington: The Council for Research in Values and

Philosophy, 2004.

P. Fellin, *The Community and Social Workers*, IL: F. E. Peacock, 2001.

Oeial CaPital, *A Theory of Social Strueture and Action*, Cambridge: Cambridge University Press, 2001.

Moishe Postone, *Time, labor, and social domination: A reinterpretation of Marx's, critical theory*, Cambridge University Press, 1993.

Marsh, Margaret, (Ms) "Reading the Suburbs", *American Quarterly*, vol. 46, No. 1, 1994.

Pierre Bourdier , translated by Richard Nice, *Distinction: a social critique of the judgment of taste*, Harward University Press, Cambridge, Massaehusetts, 1984.

Rossi, Aldo, *The Architecture of the City*, Cambridge, MA: MIT Press, 1982.

Rybczynski, Witold, *City life: Urban Expectation in a New Word*, NewYork: Scribner. 1995.

J. Midgley, "Growth, Redistribution and Welfare: toward social investment", *Social Service Review*, Match 1999.

J. Midgley, *Social Development: The Developmental PersPective in Social Welfare*, Sage Publications, London, 1995.

Abulafia, D. "The impact of Italian banking in the late Middle Ages and the Renassance 1300 - 1500", in A. Teichova et al. (eds), *Banking, Trade and Industry*, Cambridge: Cambridge University Press, 1997.

Abu-Lughod, J. , *Before European Hegemony: The World System Ad 1250 – 1350*, New York: Oxford University Press, 1989.

Akdogan, M. , *The Global Age*, Cambridge: Polity Press, 1996.

Allebeck, A. "The EC-from the EC to the EU", in Wulf 1993d.

Altman, I. "Spanish migration to the Americas", in Cohen, 1995.

Amin, S. "The challenge of globalization", *Review of International Political Economy*, vol. 2, 1996.

Amin, S. *Capitalism in the Age of Globalization*, London: Zed Press, 1997.

Appleyard, R. T. (ed.) *International Migration Today*, vol. 1: Trends and Cosequences, Paris: UNESCO, 1988.

Appleyad, R. T. (ed.) *The Impact of Migration in Developing Countries*, Paris: OECD, 1989.

Baines, D. *Emigration from Europen*, 1815 – 1930, London: Macmillan, 1991.

Baldwin, T. "The territorial state", in H. Gross and T. R. Harrison (eds), *Jurisprudence*, *Cambridge Essays*, Oxford: Clarendon Press, 1992.

Beck, U. *Ecological Politics in an Age of Risk*, Cambridge: Polity Press, 1995.

Beck, U. *The Reinvention of Politics*, Cambridge: Polity Press, 1997.

Bentley, J. H. "Cross-cultural interaction and periodization in wordld history", *American Historical Review*, vol. 101, 1996.

Benton, L. "From the world systems perspecctive to institutional world history: culture and economy in global theory", *Journal of World History*, vol. 7, 1996.

Blackburn, R. *The Making of New World Slavery: Fome the Baroque to the Modern*, 1492 – 1800, London: Verso, 1997.

Bleaney, M. "Politics and the exchange rate", *Economic Notes*, vol. 22, 1993.

Ahmed, A. S. *Postmodernism and lslam: Predicament and Promise*, London: Routledge, 1992.

Albrow, M. "Globalization, knowledge and society: an introduction", in Albrow, M. and King, E. (eds) *Globalization, Knowledge and Society*, Longon: Sage, 1990.

Albrow, M. *The Global Age*, Cambridge: Polity, 1996.

Alcock, P. *Understanding Poverty*, 2nd edn, Basingstoke: Macmillan, 1997.

Amin, S. *Post-Fordism: A Reader*, Oxford: Blackwell, 1994.

Arrighi, G. *The Long Twentieth Century*, New York: Verso, 1994.

Baird, V. "Trash: inside the heap", *The New Internationalist*, vol. 295, 1997.

Banton, M. " UNESCO", in Ellis Cashmore, E. (ed.) Dictionary of Race and Ethnic Rasu, A. (ed.) *The Challenge of Local Feminisms*, Boulder, CO: Westview Press, 1995.

Beck, U. *The Risk Society: Towards a New Modernity*, London: Sage, 1992.

Beck, U. "The cosmopolitan manifesto", *New Statesman*, vol. 20, 1998.

Bienefeld, M. "Capitalism and the nation state in the dog days of the twentieth century", in Miliband, R. and Panitch, L. (eds) *Soccialist Register: Between Globalism and Nationalism*, London: Merlin, 1994.

Bush, R. "The politics of food and starvation", *Review of African Political Economy*, vol. 23, No. 68, 1996.

Byrne, P. *Social Movements in Britain*, London: Routledge, 1997.

Cairncross, F. "Telecommunications", *The Economaist*, vol. 13, 1997.

Clapp, J. "Threats to the environment in an era of globalization: an end to state sovereignty?", in Schrecker, T. (ed.) *Surviving Globalism*, Basingstoke: Macmillan, 1997.

Cohen, R. *Global Diasporas: An Introduction*, London: UCL Press, 1997.

Findlay, A. M. "Skilled transients: the invisible phenomenon?", in Cohen, R. (ed.) *The Cambridge Survey of World Migration*, Cambridge: Cambridge University Press, 1995.

Freedland, J. "Shangri-la. It's quite a European place-name, the way it splits in two", *Guardian*, vol. 24, 1999.

Gereffi, G. "Global production systems and Third World development", in Stallings, B. (ed.) *Global Change, Regional Response: the New International Context of Development*, Cambridge: Cambridge University Press, 1995.

三 统计年鉴类

中华人民共和国国家统计局编：《中国统计年鉴》，中国统计出版社 2008—2015 年版。

中华人民共和国民政部编：《中国民政统计年鉴（中国社会服务统计资料）》，中国统计出版社 2008—2015 年版。

国家统计局社会和科技统计司编：《中国社会统计年鉴》，中国统计出版社 2008—2015 年版。

国家统计局人口和就业统计司编：《中国人口和就业统计年鉴》，中国统计出版社 2008—2015 年版。

国家统计局城市社会经济调查司编：《中国城市统计年鉴》，中国统计出版社 2008—2015 年版。

国家统计局国民经济综合统计司等编：《中国区域经济统计年鉴》，中国统计出版社 2008—2014 年版。

国家卫生和计划生育委员会编：《中国卫生和计划生育统计年鉴》，中国协和医科大学出版社 2011—2015 年版。

北京市统计局、国家统计局北京调查总队编：《北京统计年鉴》，中国统计出版社 2008—2015 年版。

中华人民共和国文化部编：《中国文化文物统计年鉴》，国家图书馆出版社 2008—2015 年版。

中华人民共和国文化部编：《中国文化年鉴》，新华出版社 2012—2015 年版。

国家图书馆编：《国家图书馆年鉴》，国家图书馆出版社 2012—2015 年版。

中华人民共和国国家统计局编：《金砖国家联合统计手册》，

中国统计出版社 2012—2015 年版。

联合国开发计划署：《人类发展报告》（2010—2013 年）。

中华人民共和国国家统计局编：《国际统计年鉴》，中国统计出版社 2011—2015 年版。

中国省市经济发展年鉴编委会编：《中国省市经济发展年鉴》，中国财政经济出版社 2013—2015 年版。